A - 34

A

Schriftenreihe

Studien zum Familienrecht

Band 38

ISSN 1613-0995

Verlag Dr. Kovač

Anne-Kathrin Bauer

Kindeswohlgefährdung durch religiös motivierte Erziehung

Verlag Dr. Kovač

Hamburg 2012

VERLAG DR. KOVAČ GMBH
FACHVERLAG FÜR WISSENSCHAFTLICHE LITERATUR

Leverkusenstr. 13 · 22761 Hamburg · Tel. 040 - 39 88 80-0 · Fax 040 - 39 88 80-55

E-Mail info@verlagdrkovac.de · Internet www.verlagdrkovac.de

Dekanin: Prof. Dr. Adelheid Puttler
Erstberichterstatter: Prof. Dr. Peter A. Windel
Zweitberichterstatter: Prof. Dr. Andreas Jurgeleit
Tag der mündlichen Prüfung: 04.10.2011

Bibliografische Information der Deutschen Nationalbibliothek
Die Deutsche Nationalbibliothek verzeichnet diese Publikation
in der Deutschen Nationalbibliografie;
detaillierte bibliografische Daten sind im Internet
über http://dnb.d-nb.de abrufbar.

ISSN: 1613-0995
ISBN: 978-3-8300-6457-2

Zugl.: Dissertation, Ruhr-Universität Bochum, 2011

© VERLAG DR. KOVAČ GmbH, Hamburg 2012

Meinen Eltern

Vorwort

Die vorliegende Arbeit lag der Juristischen Fakultät der Ruhr-Universität Bochum im Jahr 2011 als Dissertation vor. Die Arbeit beleuchtet Problembereiche kindlicher Erziehung, die durch religiöse Überzeugungen der Eltern entstehen. Dass diese Thematik sehr aktuell ist, zeigt sich nicht zuletzt an der erst kürzlich ergangenen Entscheidung des VG Stuttgart vom 27.04.2012 (Az. 12 K 718/11) zur religiös motivierten Schulverweigerung, auf die an dieser Stelle hingewiesen werden soll, da sie leider in der Druckfassung keine Berücksichtigung mehr finden konnte.

Zu danken habe ich in erster Linie Herrn Prof. Dr. Peter A. Windel für die Betreuung der vorliegenden Arbeit. So unterstützte er nicht nur die Auswahl des Themas, sondern gab überdies zahlreiche Hinweise auf aktuelle Literatur. Auch für die zügige Erstellung des Erstgutachtens möchte ich mich herzlich bedanken. Mein Dank gilt auch Herrn Prof. Dr. Andreas Jurgeleit, der die Erstellung des Zweitgutachtens übernommen hat. Ganz besonders möchte ich Henning Wilts danken, der mir als Diskussionspartner immer zur Seite stand, mich unterstützte und wohl auch das ein oder andere Mal ertrug. Im Übrigen habe ich vielen Freunden, Bekannten und Kollegen zu danken, die dafür sorgten, dass die Pausen nie langweilig wurden. Stellvertretend nennen möchte ich Gesine Röder, die einen nicht unwesentlichen Beitrag dazu geleistet hat, dass ich die Arbeit trotz Umzugs nahezu ungehindert fertigschreiben konnte. Nicht zuletzt danke ich meinen Eltern und meiner gesamten Familie, die mich mit ganzem Herzen unterstützten, an mich geglaubt haben und mir immer wieder Mut machten. Erwähnen möchte ich an dieser Stelle noch meinen Opa, der sich so mit mir gefreut hat, für den die Veröffentlichung aber leider nicht mehr schnell genug kam.

Darmstadt, im April 2012   Anne-Kathrin Bauer

7

Inhaltsübersicht

Inhaltverzeichnis

19

20

Abkürzungsverzeichnis

a.A.	andere Ansicht
a.a.O.	am angegebenen Ort
Abs.	Absatz
AcP	Archiv für die civilistische Praxis
a.E.	am Ende
AEMR	Allgemeine Erklärung der Menschenrechte
a.F.	alte Fassung
AG	Amtsgericht
AK	Arbeitskreis
Anm.	Anmerkung
AöR	Archiv des öffentlichen Rechts
Art.	Artikel
AufenthG	Aufenthaltsgesetz
Az.	Aktenzeichen
Bay	Bayern
BayObLG	Bayrisches Oberstes Landesgericht
Bb.	Brandenburg
Berl.	Berlin
Beschl.	Beschluss
BGB	Bürgerliches Gesetzbuch
BGH	Bundesgerichtshof
BGHSt	Entscheidungen des Bundesgerichtshofs in Strafsachen
BGHZ	Entscheidungen des Bundesgerichtshofs in Zivilsachen
BMFSFJ	Bundesministerium für Familien, Senioren, Frauen und Jugend
BR-Drucks.	Bundesratsdrucksache
Brem.	Bremen
Bspw.	beispielsweise

BT-Drucks.	Bundestagsdrucksache
BVerfG	Bundesverfassungsgericht
BVerfGE	Entscheidungen des Bundesverfassungsgerichtes
BVerwG	Bundesverwaltungsgericht
BVerwGE	Entscheidungen des Bundesverwaltungsgerichtes
BW	Baden-Württemberg
BZGA	Bundeszentrale für gesundheitliche Aufklärung
Bzgl.	bezüglich
Bzw.	beziehungsweise
Ca.	circa
DAVorm	Der Amtsvormund
Ders.	Dieselbe
DÖV	Die öffentliche Verwaltung
DVBl.	Deutsches Verwaltungsblatt
EGBGB	Einführungsgesetz zum Bürgerlichen Gesetzbuch
EGMR	Europäischer Gerichtshof für Menschenrechte
EUG	Bayerisches Besetz über das Erziehungs- und Unterrichts- wesen
EuGRZ	Europäische Grundrechtezeitschrift
f.	folgende
FamFG	Gesetz über das Verfahren in Familiensachen und in Ange- legenheiten der freiwilligen Gerichtsbarkeit
FamRZ	Zeitschrift für das gesamte Familienrecht
ff.	fortfolgende
FF	Forum Familienrecht
FGC	Female Genital Cutting
FGG	Gesetz über die freiwillige Gerichtsbarkeit
FGM	Female Genital Mutilation
FPR	Familie Partnerschaft Recht
FS	Festschrift
FuR	Familie und Recht

24

GewaltSchG	Gewaltschutzgesetz
GG	Grundgesetz
Ggf.	gegebenenfalls
Hess.	Hessen
HH	Hamburg
HLSDA	Home School Legal Defense Association
h.M.	herrschende Meinung
HP-Virus	Humanes Pappiloma Virus
Insb.	Insbesondere
IPBPR	Internationaler Pakt über bürgerliche und politische Rechte
IPWSKR	Internationaler Pakt über wirtschaftliche, soziale und kulturelle Rechte
i.S.d.	im Sinne der
i.V.m.	in Verbindung mit
JAmt	Das Jugendamt
JuS	Juristische Schulung
JZ	Juristen Zeitung
Kap.	Kapitel
KG	Kammergericht
Kind-Prax	Kindschaftsrechtliche Praxis
KJHG	Kinder- und Jugendhilfegesetz
KritV	Kritische Vierteljahresschrift für Gesetzgebung und Rechtswissenschaft
LG	Landgericht
LVerf	Landesverfassung
MedR	Medizinrecht
MSA	Minderjährigenschutzabkommen
MV	Mecklenburg-Vorpommern
m.w.N.	mit weiteren Nennungen
NJW	Neue Juristische Wochenschrift

NJWE-FER	Neue Juristische Wochenschrift Entscheidungsdienst Familien- und Erbrecht
NJW-RR	Neue Juristische Wochenschrift Rechtsprechungs-Report Zivilrecht
Nr.	Nummer
NS	Niedersachsen
NStZ	Neue Zeitschrift für Strafrecht
NVwZ	Neue Zeitschrift für Verwaltungsrecht
NVwZ-RR	Neue Zeitschrift für Verwaltungsrecht Rechtsprechungs-Report Verwaltungsrecht
NW	Nordrhein-Westfalen
NWVBl	Nordrheinwestfälische Verwaltungsblätter
o.ä.	oder ähnlich
OLG	Oberlandesgericht
OVG	Oberverwaltungsgericht
RdJB	Recht der Jugend und des Bildungswesens
RegE	Regierungsentwurf
Resp.	Respektive
RKEG	Gesetz über die religiöse Kindererziehung
RP	Rheinland-Pfalz
Rn.	Randnummer
S.	Seite
SA	Sachsen-Anhalt
Saarl.	Saarland
Sachs.	Sachsen
SchulG	Schulgesetz
SchulpflG	Schulpflichtgesetz
SGB	Sozialgesetzbuch
SH	Schleswig-Holstein
s.o.	siehe oben
StGB	Strafgesetzbuch

St. Rspr.	Ständige Rechtsprechung
Thür.	Thüringen
u.a.	unter anderem
UNAIDS	Joint United Nations Programme on HIV/AIDS
UNICEF	United Nations International Children's Emergency Fund
UNFPA	United Nations Population Fund
Urt.	Urteil
v.	vom
Var.	Variante
VBlBW	Verwaltungsblätter für Baden-Württemberg
VG	Verwaltungsgericht
VGH	Verwaltungsgerichtshof
Vgl.	vergleiche
WHO	World Health Organisation
WRV	Weimarer Reichsverfassung
ZAR	Zeitschrift für Ausländerrecht und Ausländerpolitik
z.B.	zum Beispiel
ZevKR	Zeitschrift für evangelisches Kirchenrecht
ZKJ	Zeitschrift für Kindschaftsrecht und Jugendhilfe
ZPO	Zivilprozessordnung
ZRP	Zeitschrift für Rechtspolitik
ZUM	Zeitschrift für Urheber- und Medienrecht

Einleitung

Die Arbeit beschäftigt sich mit Konflikten, die durch religiös motivierte Erziehungsmethoden von Eltern aufkommen können. Anlass zu dem Thema haben verschiedene Entwicklungen gegeben, die eine Auseinandersetzung hiermit aktuell machen.

Zum einen hat es in den vergangenen Jahren mehrere erschreckende Fälle von Kindesmisshandlungen gegeben, die Politik und Bevölkerung für die teilweise desaströsen Lebenssituationen von Kindern sensibilisiert haben. Die bekannt gewordenen Fälle hatten alle gemein, dass die betroffenen Familien den zuständigen Behörden durchs Raster gefallen waren. Es fand keine oder zumindest keine ausreichende staatliche Intervention statt, der Ernst der Lage der betroffenen Kinder fiel viel zu spät auf. Daher kam es in der Öffentlichkeit zu Diskussionen, in denen verschiedene Wünsche vorgetragen wurden: Zum einen thematisierten vor allem die Jugendämter, dass die Personalausstattung für eine weitergehende Kontrolle viel zu knapp bemessen wäre. Zum anderen kam wie so häufig der Wunsch auf, die gesetzlichen Grundlagen zu ändern. Der Gesetzgeber sollte Möglichkeiten schaffen, früher und effektiver in das Familiengefüge einzugreifen. Daher wurde das „Gesetz zur Erleichterung familiengerichtlicher Maßnahmen bei Gefährdung des Kindeswohls" im Sommer 2008 erlassen.

Zum anderen sind neben die altbekannten Fälle von Kindeswohlgefährdungen vermehrt Fälle getreten, deren Gemeinsamkeit darin besteht, dass Eltern ihr Verhalten mit einem religiösen Ge- oder Verbot begründen. Doch nicht nur im Bereich des elterlichen Sorgerechts ist seit einigen Jahren diese Bezugnahme auf religiöse Aspekte zu bemerken, generell ist eine Rückkehr des religiösen in die Gesellschaft festzustellen[1]. Lange haben

---

[1] Ausführlich hierzu und zu den Folgen im Allgemeinen Ladeur/Augsberg, Toleranz, Religion, Recht, S. 1ff.

sich immer mehr Menschen von Religionen und Kirchen abgewandt, neuerdings scheint die Religion wieder im Trend zu liegen. Der Anteil derer, die sich auf der Sinnsuche befinden, wächst. Dabei findet die neue Zuwendung zu Religionen nicht im Verborgenen statt, der Gemeinschaftsaspekt des Glaubens tritt in den Vordergrund, so dass Glaube in der Öffentlichkeit gelebt wird. Neben den christlichen Glaubensgemeinschaften in all ihren Schattierungen sind auch zunehmend Gemeinden anderer Religionen anzutreffen, die durch die Migration ihrer Mitglieder nun auch in Deutschland Fuß fassen. Kommen diese Religionen aus einem gänzlich anderen Kulturkreis, so können die religiösen Gebote ein erhöhtes Konfliktpotential bergen.

A. Das Problem

Die Arbeit verknüpft beide Themenfelder und wendet sich der Fragestellung zu, wie potentielle Kindeswohlgefährdungen durch religiös motivierte Verhaltensweisen der Eltern zu beurteilen sind. Dabei sind unter religiös motivierten Verhaltensweisen im hier verwendeten Sinne solche zu verstehen, die ihren Ursprung und Grund in der religiösen Überzeugung der Eltern haben und die sich auf die Entwicklung des Kindes auswirken. Die hier zu beantwortende Frage ist in einer Vielzahl von Fällen in den vergangenen Jahren vor die Gerichte getragen und in der Öffentlichkeit diskutiert worden. So ging es um religiös motivierte Schulverweigerung, Verweigerung von medizinischen Behandlungen, Zwangsehen usw. Dabei ist auffällig, dass über die Lösung der Einzelfälle ein weitgehender Konsens herrscht, die dogmatische Herleitung der Ergebnisse jedoch oftmals ausgeklammert bleibt. So ist in vielen Urteilen die fast schon floskelhafte Formulierung zu finden, dass auch die religiöse Motivation einer Maßnahme an dieser oder jener Beurteilung nichts zu ändern vermöge. Der Frage, warum dem so ist, wird seltener nachgegangen. Dabei ließe sich auf den ersten Blick vermuten, dass die religiöse Motivation eine besondere Wirkung nach sich zieht, die sich in irgendeiner Form auf die Beurteilung auswirken muss. Immerhin handelt es sich um eine grundrechtlich geschützte Freiheit, der grundlegende Bedeutung zukommt. Warum also die pauschale Ablehnung der Berücksichtigung religiöser Motivation bei Erziehungsmaßnahmen? In diesem Punkt wird ein deutliches Unwohlsein der beteiligten Akteure sichtbar, denn eine wie auch immer geartete besondere Berücksichtigung religiöser Motivationen könnte zu Lasten des Kindesschutzes gehen. Die bekannt gewordenen Fälle von Kindesmisshandlungen und –vernachlässigungen haben diesen tendenziell restriktiven Ansatz noch verstärkt. Zudem ist auch in der Öffentlichkeit eine Unsicherheit gegenüber unbekannten oder ungewöhnlichen Lebensmodellen feststellbar. Wie in diesem Rahmen die religiöse Motivation einer Erziehungsmaßnahme zu gewichten ist, soll in der vorliegenden Arbeit untersucht werden.

B. Ziel und Gang der Untersuchung

Letztlich gilt es, einen Weg zu finden, der Kindern größtmöglichen Schutz zukommen lässt und gleichzeitig die elterliche Religionsfreiheit berücksichtigt. Auf welchem Weg dieses Ziel zu erreichen ist, soll durch eine umfassende Untersuchung der zu berücksichtigenden Komponenten erreicht werden. Daher ist zunächst ein theoretischer Rahmen zu erarbeiten, der die mögliche Behandlung religiös motivierter Erziehungsmethoden vorgibt, bevor anhand von ausgewählten Beispielen dieses Ergebnis überprüft und angewendet werden soll.

Hierbei ist zunächst § 1666 BGB, die Zentralnorm des Kinderschutzes, näher zu beleuchten und die Auswirkungen des Reformgesetzes entsprechend zu untersuchen. Danach sollen die verfassungsrechtlichen Rahmenbedingungen der hier interessierenden Fragestellung abgesteckt werden, um Rückschlüsse für die weitere Prüfung zu ermitteln. Dabei ist insbesondere von Bedeutung, in welchem Verhältnis die betroffenen grundgesetzlichen Bestimmungen stehen. Daraus kann dann die Antwort auf die Frage gewonnen werden, ob religiös motivierte Verhaltensweisen einer besonderen Berücksichtigung im Rahmen des § 1666 BGB zugänglich sind und wie diese aussehen könnte.

An diesen allgemeinen Teil schließen sich einige Fallbeispiele an, die aufzeigen sollen, wie sich der hier verfolgte Lösungsansatz auswirken kann. Hier

31

wurden bewusst aktuell in der Diskussion stehende Fälle ausgesucht. Dabei soll Schwerpunkt der Beurteilung die religiös motivierte Schulverweigerung sein. Die Tatsache, dass in diesen Fällen christliche Familien in Konflikte geraten, ermöglicht einen unverstellten Blick auf die religiöse Komponente der Fragestellung. In vielen anderen Fällen ist neben der religiösen Motivation immer wieder der Verweis auf kulturelle Gepflogenheiten zu finden. Um zunächst eine vollständige Konzentration auf die religiösen Aspekte zu gewährleisten, werden Fälle mit Auslandsbezug erst im Anschluss behandelt. Neben der Schulverweigerung wird die weibliche und männliche Beschneidung untersucht, die Zwangsheirat und schließlich die Verweigerung medizinischer Hilfe, hier von Bluttransfusionen, aufgrund von Glaubensgeboten. So ergibt sich ein abgerundetes Bild der Interventionsmöglichkeiten bei religiös motivierter Erziehung.

Kapitel 1: § 1666 BGB als Zentralnorm des Kindesschutzes

Das System staatlichen Kinderschutzes baut auf verschiedenen Pfeilern auf, die auf der Erkenntnis basieren, dass Kinder am besten bei ihren Eltern aufgehoben sind, diese jedoch nicht immer ihrer Aufgabe gerecht werden können. Diesen Familien können und sollen Hilfen angeboten werden, durch die die Situation der Kinder verbessert wird. Nicht in allen Fällen besteht jedoch die Möglichkeit, auf Hilfen zurückzugreifen, sei es, dass die Zeit drängt oder die Eltern nicht einsichtig sind. Um auch hier den Schutz der Kinder gewährleisten zu können, ist dem Staat mit § 1666 BGB eine Eingriffsgrundlage gegeben, die zum Ergreifen von Maßnahmen gegenüber den Eltern berechtigt. Dass es in bestimmten Konstellationen zum Schutz der Kindesinteressen einer solchen Möglichkeit bedarf, war dabei schon dem historischen Gesetzgeber des BGB bewusst. Im Verlauf der letzten 110 Jahre hat die Norm allerdings zahlreiche Änderungen erfahren, die Aufschluss über die Auslegung geben können.

A. Historische Entwicklung des Kindesschutzes

I. § 1666 BGB bei Inkrafttreten des BGB

Bereits bei Inkrafttreten des Bürgerlichen Gesetzbuches im Jahre 1900 entsprach es allgemeiner Ansicht, dass Kinder auch vor ihren Eltern geschützt werden müssen. So gehört § 1666 BGB zu den Normen, die zwar mehrfach Reformen erfahren haben, in ihrem Grundaussagegehalt aber immer im BGB verankert waren.

Die ursprüngliche Version des § 1666 Abs. 1 BGB lautete:

„Wird das geistige oder leibliche Wohl des Kindes dadurch gefährdet, dass der Vater das Recht der Sorge für die Person des Kindes missbraucht, das Kind vernachlässigt oder sich eines ehrlosen oder unsittlichen Verhaltens schuldig macht, so hat das Vormundschaftsgericht die zur Abwendung der Gefahr erforderlichen Maßregeln zu treffen. Das Vormundschaftsgericht kann

insbesondere anordnen, dass das Kind zum Zwecke der Erziehung in einer ge-
eigneten Familie oder in einer Erziehungsanstalt oder einer Besserungsanstalt
untergebracht wird. "

Diskussionsgrundlage für diese Fassung der Norm war ein Vorentwurf
Plancks, der sich hierfür wiederum an bereits bestehenden Rechten orientiert
hatte[2]. In den Beratungen war insbesondere umstritten, ob in dem neu zu schaf-
fenden § 1666 BGB ein ungeschriebenes Verschuldenselement enthalten sei[3].
Einig war man sich darüber, dass sowohl die Missbrauchs- als auch die Ver-
nachlässigungsalternative verlangten, dass der Vater nicht alles in seiner Macht
stehende getan hat, um für sein Kind zu sorgen[4]. Nur bei der im Entwurf ent-
haltenen Verwahrlosungsvariante[5] konnte keine Einigkeit erzielt werden, was
schließlich dazu führte, dass sie nicht in die Norm aufgenommen wurde[6].

II. Änderungen durch das Gleichberechtigungsgesetz

Diese Regelung bestand lange, seine erste Änderung erfuhr § 1666 BGB durch
das Gleichberechtigungsgesetz im Jahr 1958. Wo bisher nur geregelt war, dass
der Vater das Kindeswohl gefährden könne, wurde nun auch die Mutter mit in
die Pflicht genommen. Gleichzeitig wurde die Möglichkeit, das Kind in einer
Besserungsanstalt unterzubringen, aus den beispielhaft aufgeführten Anordnungen entfernt.

---

[2] *Hirsch*, Entzug und Beschränkung des elterlichen Sorgerechts, S. 78, mit Darstellung der
zugrunde liegenden Regelungen, S. 78ff.
[3] *Hirsch*, Entzug und Beschränkung des elterlichen Sorgerechts, S. 82.
[4] *Hirsch*, a.a.O. S. 82f.
[5] Diese sah vor, dass bei Verwahrlosung des Kindes, die sich insbesondere durch Straffälligkeit
des Kindes zeigen konnte, in die elterliche Sorge eingegriffen werden konnte, vgl. *Hirsch*, Entzug
und Beschränkung des elterlichen Sorgerechts, S. 78.
[6] Ausführlich zu den sich gegenüberstehenden Positionen, *Hirsch*, Entzug und Beschränkung des
elterlichen Sorgerechts, S. 82ff.

III. Änderungen durch das Gesetz zur Neuregelung des Rechts der elterlichen Sorge von 1979

Eine wesentliche inhaltliche Änderung erfuhr die Regelung des § 1666 BGB allerdings erst durch das Gesetz zur Neuregelung der elterlichen Sorge von 1979[7]. Reformbestrebungen hatte es bereits 1974 gegeben, als die damalige Bundesregierung dazu einen ersten Gesetzesentwurf vorgelegt hatte[8]. Dieser wurde allerdings in dieser Legislaturperiode nicht mehr verabschiedet und fiel daher dem Grundsatz der Diskontinuität zum Opfer. In der folgenden Legislaturperiode wurde der Entwurf jedoch wieder durch die Koalitionsfraktionen in den Bundestag eingebracht[9]. Diese nutzten dabei den älteren Regierungsentwurf fast unverändert und bezogen sich ausdrücklich auf den Entwurf, die Begründungen und Stellungnahmen hierzu[10].

Die gesellschaftlichen Verhältnisse hatten sich seit der Reform von 1958 umfassend gewandelt, die Regelungen des Sorgerechts hinkten diesen Entwicklungen allerdings hinterher[11]. So wurde als oberstes Ziel ausgegeben, das Sorgerecht an die gesellschaftliche Wirklichkeit anzupassen[12]. Insbesondere die uneingeschränkte Gewalt von Eltern über ihre Kinder wurde als nicht mehr zeitgemäß angesehen. Kinder wurden immer mehr als Individuen mit Grundrechten angesehen, deren Rechte auch gegenüber den eigenen Eltern gestärkt werden mussten[13].

Im Bereich des § 1666 BGB sollte durch die Reform ein besserer Schutz für gefährdete Kinder erreicht werden[14]. Denn die Rechtsprechung zum bisherigen § 1666 BGB fügte der Norm ein ungeschriebenes Schuldprinzip hinzu, wonach

---

[7] Ausführlich hierzu *Jans/Happe*, Gesetz zur Neuregelung des Rechts der elterlichen Sorge.
[8] BT-Drucks. 7/2060.
[9] BT-Drucks. 8/111.
[10] BT-Drucks. 8/111, S. 13.
[11] So bereits die Begründung im Gesetzentwurf der Bundesregierung zur Neuregelung des Sorgerechts in der 7. Wahlperiode, vgl. BT-Drucks. 7/2060, S. 13.
[12] BT-Drucks. 7/2060, S. 1; *Jans/Happe*, Gesetz zur Neuregelung der elterlichen Sorge, S. 3; *Röchling*, Vormundschaftsgerichtliches Eingriffsrecht und KJHG, S. 8.
[13] BT-Drucks. 7/2060, S. 13.
[14] Staudinger/*Coester*, BGB, § 1666 Rn. 6.

ein Eingriff durch das Vormundschaftsgericht nur dann zulässig sein sollte, wenn den Eltern nachzuweisen war, dass sie die Kindeswohlgefährdung verschuldet hatten[15]. Da ein solcher Nachweis in den meisten Fällen schwierig zu führen war, blieb der Kindesschutz häufig hinter der gesetzgeberischen Intention zurück[16]. Dies wollte man nicht weiter hinnehmen. Zwar war man sich bewusst, dass auch der Wortlaut der bisherigen Regelung keineswegs das Verschuldensprinzip enthielt, sondern dieses seitens der Rechtsprechung hineingelesen wurde. Zur Klarstellung sollte trotzdem das Verschulden explizit „abgeschafft" werden.

Das Verschuldensprinzip bereitete nicht zuletzt hinsichtlich der Beweislast Probleme: Sofern ein Verfahren seitens des Jugendamtes an das Gericht herangetragen wurde und das Gericht sich der Ansicht des Jugendamtes anschloss und Eingriffe anordnete, war damit ein Schuldvorwurf an die Eltern verbunden. Die betroffenen Eltern fühlten sich durch diesen Vorwurf diskriminiert, so dass eine vertrauensvolle Zusammenarbeit mit dem Jugendamt hieran häufig scheiterte[17].

Die Lösung der Problematik wurde darin gesehen, drei Tatalternativen in die Regelung aufzunehmen, die zu einer Kindeswohlgefährdung führen konnten. Hiervon lautete die Dritte „durch unverschuldetes Versagen der Eltern".

Der Begriff des Versagens ist allerdings auch in Art. 6 Abs. 3 GG enthalten, welcher für die Trennung des Kindes von der Familie als stärksten Eingriff in das elterliche Sorgerecht einen qualifizierten Gesetzesvorbehalt aufstellt. So stellt sich die Frage, ob diese Bestimmung zumindest für die Fälle der Trennung des Kindes von der Familie weiterhin ein Verschulden erfordert. Denn Art. 6 Abs. 3 GG erwähnt nicht explizit, dass auch ein „unverschuldetes Versagen" der Eltern ausreichen würde. Das Versagen im Sinne des Art. 6 Abs. 3 GG bezeichnet eine objektiv nachhaltige und dauerhafte Nichterfüllung der Er-

---

[15] So z.B. BGHZ 20, 313, 320.
[16] BT-Drucks. 7/2060, S. 28, dort auch zum folgenden Text.
[17] *Jans/Happe*, Gesetz zur Neuregelung des Rechts der elterlichen Sorge, S. 138.

ziehungspflichten, die nicht nur gelegentlich auftritt[18]. Auch wenn Eltern bei solch gravierenden Pflichtverletzungen, wie sie für das Versagen erforderlich sind, diese häufig auch verschuldet haben werden, kommt es auf das Verschulden im Ergebnis nicht an. Kann der Gefährdung für das Kind nämlich nicht auf andere Art und Weise als durch Trennung von der Familie begegnet werden, ist unerheblich, ob den Eltern ein Verschulden vorwerfbar ist[19]. Demnach ist auch nach der verfassungsrechtlichen Vorgabe in Art. 6 Abs. 3 GG ein Verschulden der Eltern nicht erforderlich.

Allerdings wurde, um dem verfassungsrechtlichen Gebot aus Art. 6 Abs. 2 S. 1 GG zu entsprechen und die Eingriffsmöglichkeiten nicht zu sehr auszudehnen, gleichzeitig ein Korrektiv in die Neuregelung des § 1666 BGB eingefügt[20]: Das Gericht sollte nur dann Maßnahmen treffen können, wenn „die Eltern nicht gewillt oder nicht in der Lage sind, die Gefahr abzuwenden". Die Frage der Verfassungskonformität des § 1666 BGB beschäftigte den Gesetzgeber bei dieser Reform noch an anderer Stelle. Der Bundesrat machte in einer Stellungnahme den Vorschlag, vor dem Wort „gefährdet" das Adjektiv „erheblich" einzufügen[21]. Zwar bestand auch in der bisherigen Fassung die allgemeine Überzeugung, dass die Gefährdung des Kindeswohls erheblich sein müsse. Der Vorschlag sollte daher zu einer Konkretisierung der Eingriffsschwelle führen und die verfassungskonforme Auslegung der Norm garantieren[22]. Der Vorstoß des Bundesrates fand jedoch keine Mehrheit[23]; zwar wurde auch gesehen, dass das Einfügen dieses Adjektivs zu einer Klarstellung führen könnte. Weit

---

[18] Sachs/*von Coelln*, GG, Art. 6 Rn. 85; Epping/Hillgruber/*Uhle*, GG, Art. 6 Rn. 62; Friauf/Höfling/*Burgi*, Art. 6 Rn. 147.
[19] BVerfG NJW 1982, 1379; Epping/Hillgruber/*Uhle*, GG, Art. 6 Rn. 62; Friauf/Höfling/*Burgi*, GG, Art. 6 Rn. 147.
[20] Darstellung der Diskussion bei *Jans/Happe*, Gesetz zur Neuregelung des Rechts der elterlichen Sorge, S. 138f.; *Röchling*, Vormundschaftsgerichtliches Eingriffsrecht und KJHG, S. 28; Staudinger/*Coester*, BGB, § 1666 Rn. 6.
[21] BT-Drucks. 7/2060, S. 53.
[22] BT-Drucks. 7/2060, S. 53.
[23] Ablehnend bereits die Stellungnahme des Rechtsausschusses, BT-Drucks. 8/2788, S. 40.

größer war allerdings die Sorge, dass der Zusatz missverstanden und die Gefährdungsschwelle heraufgesetzt würde[24].

Schließlich wurde die Möglichkeit in § 1666 Abs. 1 S. 2 BGB gestrichen, das Kind in einer geeigneten Familie oder Erziehungsanstalt unterzubringen. Die Nennung einer solchen Maßnahme sei überflüssig, da sie bereits in § 1666 Abs. 1 S. 1 BGB erfasst sei[25]. Stattdessen wurde an diese Stelle eine Erweiterung des Kindesschutzes gesetzt: Den Gerichten wurde die Möglichkeit eingeräumt, Maßnahmen auch gegenüber einem Dritten anzuordnen, der das Kindeswohl gefährdet. Sinn und Zweck der Regelung war auch hier die Effektivierung des Schutzes des Kindes[26]. Bis dahin mussten die Eltern zivilgerichtlich eine Unterlassungsklage gegen einen solchen Dritten anstreben oder das Vormundschaftsgericht musste eine Anordnung gegenüber den Eltern erlassen – sofern sie nicht von allein tätig wurden –, dass diese gegen den Dritten vorgehen. Dieser Umweg wurde nun gespart[27].

IV. Änderungen durch das Kindschaftsrechtsreformgesetz von 1997

Das Kindschaftsrechtsreformgesetz, das am 01. Juli 1998 in Kraft trat, führte zur nächsten umfassenden Änderung – diesmal nicht nur des Sorgerechts, sondern tatsächlich des gesamten Kindschaftsrechts. Ziel dieser Reform war es wiederum, die Rechte der Kinder zu stärken und das Kindeswohl bestmöglich zu fördern[28]. Daneben sollten auch die Elternrechte möglichst gestärkt und vor unnötigen staatlichen Eingriffen geschützt werden sowie die Gleichstellung ehelicher und unehelicher Kinder hergestellt werden[29]. Letzterer Verfassungsauftrag aus Art. 6 Abs. 5 GG war bis zu diesem Zeitpunkt nicht erfüllt worden. All diese Änderungen berührten § 1666 BGB jedoch kaum, dieser wurde nur

---

[24] BT-Drucks. 7/2060, S. 65, zum Ganzen auch *Jans/Happe*, Gesetz zur Neuregelung des Rechts der elterlichen Sorge, S. 142f.
[25] BT-Drucks. 7/2060, S. 28f.
[26] Staudinger/*Coester*, BGB, § 1666 Rn. 6.
[27] BT-Drucks. 8/2788, S. 39; *Jans/Happe*, Gesetz zur Neuregelung des Rechts der elterlicher Sorge, S. 138.
[28] *Greßmann*, Neues Kindschaftsrecht, Rn. 3.
[29] *Greßmann*, Neues Kindschaftsrecht, Rn. 3.

marginal geändert: In § 1626 Abs. 1 S. 2 BGB wurden die beiden Bereiche der elterlichen Sorge, Personen- und Vermögenssorge, zusammengeführt. Dies findet sich auch in § 1666 BGB, der nunmehr in Abs. 2 die bisherige Regelung des § 1667 enthielt, welcher das Vermögen des Kindes schützt. Eine inhaltliche Änderung fand hiermit jedoch nicht statt[30].

V. Änderungen durch das Gesetz zur Erleichterung familiengerichtlicher Maßnahmen bei Gefährdung des Kindeswohls von 2008

Eine tiefgreifende Änderung erfuhr der § 1666 BGB nun wieder in jüngerer Vergangenheit. Nachdem sich Fälle gehäuft hatten, in denen Kinder aufgrund von Vernachlässigung oder Misshandlung ums Leben gekommen waren, wurde seitens des Bundesjustizministeriums eine Arbeitsgruppe eingesetzt, die sich mit der Optimierung der staatlichen Eingriffsmöglichkeiten bei Kindeswohlgefährdungen beschäftigen sollte[31]. Die Vorschläge aus dem Abschlussbericht der Arbeitsgruppe fanden nahezu vollständig im Regierungsentwurf Niederschlag und wurden vom Bundestag auch in dieser Form verabschiedet.

1. Abbau von Tatbestandshürden durch Streichung des elterlichen Erziehungsversagens

Oberstes Ziel der Reform war es, Tatbestandshürden für die Anrufung der Familiengerichte abzubauen, um so u.a. den Jugendämtern die frühzeitige Anrufung des Familiengerichtes zu erleichtern[32]. Untersuchungen der Verfahren wegen Kindeswohlgefährdungen an Familiengerichten hatten verdeutlicht, dass in mehr als zwei Drittel der Fälle ein vollständiger oder teilweiser Entzug der elterlichen Sorge angeordnet wurde[33]. Die Familienrichter führten hierzu aus, dass sie häufig erst in einem Stadium einbezogen würden, in dem keine ande-

---

[30] So auch *Greßmann*, Neues Kindschaftsrecht, Rn. 265; MüKo/*Olzen*, BGB, § 1666 Rn. 3.
[31] Vgl. hierzu Abschlussbericht der Arbeitsgruppe „Kindeswohl" vom 17. November 2006, S. 3; BT-Drucks. 16/6815, S. 7; hierauf verweist auch der Bundesrat in seiner Stellungnahme BR-Drucks. 550/07, S. 1; auch die Medien greifen dies so auf vgl. bspw. *Schmidt*, Der Spiegel 22/2007, S. 36f.
[32] BT-Drucks. 16/6815, S. 7; so bereits Arbeitsgruppe, Abschlussbericht „Kindeswohl", S. 5.
[33] Arbeitsgruppe, Abschlussbericht „Kindeswohl", S. 24f.

ren Maßnahmen mehr erfolgversprechend wären. Deshalb war es ein primäres Ziel, den Zugang zu den Familiengerichten zu erleichtern.

Daher streicht die Neuregelung die Handlungsalternativen Missbrauch, Vernachlässigung und unverschuldetes Versagen als Ausdruck elterlichen Erziehungsversagens in § 1666 Abs. 1 S. 1 BGB. Nunmehr ist nur noch entscheidend, dass das Kindeswohl gefährdet ist, nicht aus welchem Grund[34]. Denn das Erziehungsversagen bereitete in der Praxis Probleme. Die weitaus meisten Sorgerechtsverfahren an Familiengerichten werden von Jugendämtern angeregt[35]. Hier sah sich das Jugendamt bisher einem Dilemma gegenüber, da ein zu früher Antrag beim Familiengericht in zweierlei Hinsicht zu nachteiligen Folgen für das Kind führen konnte: Zum einen bestand die Möglichkeit, dass das Familiengericht die Situation anders einschätzt als das Jugendamt und die Gefährdungsgrenze noch nicht überschritten sieht. Da das Familiengericht nicht an die Einschätzungen des Jugendamtes gebunden ist, sondern eine selbstständige Prüfung der Situation vornimmt, sind solch abweichende Beurteilungen möglich. Für das Jugendamt hat dies allerdings die unangenehme Konsequenz, dass seine Kompetenz im Verhältnis zu den Eltern nachhaltig untergraben ist. Es besteht die Gefahr, dass die Eltern sich durch die Entscheidung des Gerichts in ihren Erziehungsmethoden bestätigt sehen und künftige Hilfsangebote des Jugendamtes nicht annehmen[36]. Auf der anderen Seite konnte auch ein erfolgreich angestrengtes Verfahren dazu führen, dass sich das Verhältnis zwischen Jugendamtsmitarbeitern und Eltern nachteilig entwickelt, denn ein Antrag beim Familiengericht beinhaltete durch das elterliche Erziehungsversagen einen Verschuldensvorwurf gegenüber den Eltern[37]. Selbst wenn das Gericht zur Abwendung der Gefährdung lediglich anordnete, Hilfen des Jugendamtes in Anspruch zu nehmen, war das Vertrauensverhältnis zwi-

---

[34] *Coester* in Lipp/Schumann/Veit, Kindesschutz, S. 19, 25; *Meysen*, NJW 2008, 2673; *Veit*, FPR 2008, 598, 599.
[35] Eine Übersicht findet sich bei Arbeitsgruppe, Abschlussbericht „Kindeswohl", S. 16, demnach wird das Gericht in 75,5 % der Fälle vom Jugendamt informiert.
[36] So auch *Fellenberg*, FPR 2008, 125, 126f.; *Meysen*, NJW 2008, 2673, 2677.
[37] Arbeitsgruppe, Abschlussbericht „Kindeswohl", S. 28; *Fellenberg*, FPR 2008, 125, 126.

schen den Beteiligten häufig derart geschädigt, dass diese nicht mehr fruchten konnten[38].[39]

Neben dieser praktischen Problematik wurde verbreitet ein zusätzliches Kausalitätserfordernis in die Norm hineingelesen, wonach die Kindeswohlgefährdung auf eine elterliche Pflichtwidrigkeit oder das Verhalten eines Dritten zurückzuführen sein musste[40]. Eine kausale Verknüpfung war allerdings wiederum schwer nachweisbar, so dass auch hierin häufig ein Grund für die verzögerte Anrufung des Familiengerichtes zu sehen war[41].

Hinzu kam, dass die Gerichte in den meisten Fällen ohnehin nicht mehr genau prüften, welches konkrete elterliche Verhalten zu einer Gefährdung geführt hat und unter welche Tatbestandsalternative dieses zu subsumieren sei, sondern dies häufig mit dem Hinweis dahinstehen ließen, dass zumindest durch unverschuldetes Versagen der Eltern eine Gefährdung verursacht wurde[42]. Da die Alternativen demnach ohnehin nur noch in den seltensten Fällen zur Anwendung kamen, wurde hierin eher ein Hindernis zur Anrufung des Familiengerichtes gesehen. Nunmehr ist nur noch erforderlich, dass das Kindeswohl gefährdet ist.

2. „Niedrigschwellige Maßnahmen" als Rechtsfolgen

Durch die Änderung wurde weiterhin ein neuer Absatz 3 eingefügt, welcher Maßnahmen aufzählt, die durch das Familiengericht angeordnet werden können. Bei den aufgezählten Maßnahmen handelt es sich nicht um Neuerungen, vielmehr ist der Entschluss, einen solchen Absatz einzufügen, auf die einge-

---

[38] BT-Drucks. 16/6815, S. 9.
[39] Zu den begleitenden prozessualen Änderungen der Reform, durch die auch das angesprochene Dilemma vermieden werden soll, vgl. unten Kap. 1 A.V.3.; umfassend zu den neuen Aufgaben des Jugendamtes im familiengerichtlichen Verfahren *Hoffmann*, FPR 2011, 304ff.
[40] *Beitzke*, FamRZ 1979, 8, 9; *Erichsen/Reuter*, Elternrecht, S. 55f. und 69ff.; *Hinz*, Kindesschutz, S. 21f., 31; kritisch hierzu Staudinger/*Coester*, BGB (2004), § 1666 Rn. 53ff.; *Zenz*, Kindesmisshandlung, S. 320ff.; *Knöpfel*, FamRZ 1977, 600, 604f.
[41] Staudinger/*Coester*, BGB, § 1666 Rn. 59.
[42] Vgl. die Nachweise hierzu bei Staudinger/*Coester*, BGB (2004), § 1666 Rn. 49.

schränkten Anordnungen der Gerichte in der Vergangenheit zurückzuführen[43].
Durch die beispielhafte Aufzählung, die – wie das Wort „insbesondere" schon
zeigt – nicht abschließend ist, sollen die Familiengerichte auf die Vielfalt der
möglichen Maßnahmen aufmerksam gemacht werden[44]. Gleichzeitig wird
hierdurch den anrufenden Stellen verdeutlicht, dass das Familiengericht bereits
zu einem Zeitpunkt eingeschaltet werden kann – und auch soll –, zu dem der
Kindeswohlgefährdung noch mit weniger eingriffsintensiven Anordnungen begegnet werden kann[45]. Zusammen mit dem erleichterten Zugang zu den Familiengerichten wird so das Ziel gefördert, die Familiengerichte früher einzu-
schalten und Gefährdungen möglichst im Zusammenwirken mit den Familien
anzugehen.

3. Prozessuale Änderungen

Um das angestrebte Ziel des effektiveren Kindesschutzes durch die frühzeitige
Anrufung des Familiengerichtes und das Ergreifen niedrigschwelliger Maßnahmen zu erreichen, wurde nicht nur die Regelung in § 1666 BGB geändert,
vielmehr wurden gleichzeitig weitere kindesschutzrechtliche Bestimmungen
angepasst. Auch das FGG hat Änderungen erfahren, die für das Erreichen des
Gesetzeszweckes erforderlich waren. So wurde in § 50e FGG ein Vorrang- und
Beschleunigungsgebot aufgenommen, § 50f FGG legte fest, dass in der Regel
in einem gemeinsamen Termin mit den Eltern erörtert werden sollte, wie einer
Kindeswohlgefährdung am besten begegnet werden könnte. Darüber hinaus
wurde in § 1696 Abs. 3 S. 2 BGB eine Regelung eingeführt, die sicherstellte,
dass für den Fall, dass keine Maßnahmen seitens des Gerichts angeordnet wurden, dieses seine Entscheidung nach einem gewissen Zeitabstand zu überprüfen hatte. Die Neuregelungen des FGG hatten allerdings nur kurzzeitig Bestand, existierte doch bereits im Mai 2007 ein Regierungsentwurf zur Reform
des Verfahrens in Familiensachen und in den Angelegenheiten der freiwilligen

---

[43] Vgl. hierzu Arbeitsgruppe, Abschlussbericht „Kindeswohl", S. 24 f.
[44] BT-Drucks. 16/6815, S. 11.
[45] *Fellenberg*, FPR 2008, 125, 126; *Meysen*, NJW 2008, 2673, 2674.

Gerichtsbarkeit[46]. Durch das am 01.09.2009 in Kraft getretene FGG-Reformgesetz wurde das FGG aufgehoben. Das neue „Gesetz über das Verfahren in Familiensachen und in den Angelegenheiten der freiwilligen Gerichtsbarkeit" (FamFG) fasst Vorschriften des alten FGG, der ZPO, des BGB und weiterer Gesetzen nun in einem umfassenden Regelwerk zusammen. Die Änderungen durch das Gesetz zur Erleichterung familiengerichtlicher Maßnahmen bei Gefährdung des Kindeswohls sind in dieser Reform inhaltlich beibehalten worden. Insofern kann neben den Gesetzesmaterialien zur FGG-Reform weiterhin auf die Materialen des Gesetzes zur Erleichterung familiengerichtlicher Maßnahmen bei Gefährdung des Kindeswohls zurückgegriffen werden. Die für das Verfahren nach § 1666 BGB wesentlichen Änderungen sollen hier kurz dargestellt werden.

a) Überprüfung und Abänderung von gerichtlichen Maßnahmen, § 166 FamFG i.V.m. § 1696 BGB

Die zunächst in § 1696 Abs. 3 S. 2 BGB eingeführte Überprüfungspflicht für Entscheidungen des Familiengerichtes wurde durch die FGG-Reform in § 166 Abs. 3 FamFG verortet. Sieht das Familiengericht davon ab, eine Maßnahme gegen die Eltern zu ergreifen, so soll es diese Entscheidung nach einer gewissen Zeit, in der Regel nach drei Monaten, überprüfen. Die Neuregelung folgt logisch aus der Zielvorgabe der Reform: Soweit die Jugendämter und andere Stellen aufgefordert werden, frühzeitig das Familiengericht anzurufen, können vermehrt Fälle auftreten, in denen das Gericht die Gefährdungssituation oder – intensität anders beurteilt. Darüber hinaus hatte die Arbeitsgruppe bei ihren Recherchen erkannt, dass sich das Absehen von Maßnahmen negativ auf das Kindeswohl auswirken kann[47]. Denn es besteht auch in diesen Fällen die bereits oben geschilderte Gefahr, dass die Eltern sich nach einer für sie positiven

---

[46] Vgl. hierzu den ersten Regierungsentwurf abrufbar unter http://www.famrb.de/RegE_FGG_RG.pdf (Abrufdatum 30.03.2012). Der Gesetzesentwurf wurde dann am 07.09.2007 verabschiedet, BT-Drucks. 16/6308.
[47] *Bartels/Altenkirch*, JZ 2009, 991, 992.

Entscheidung des Gerichtes vollständig vom Jugendamt abwenden und keine Hilfen in Anspruch nehmen[48]. Folglich „soll" das Gericht seine Entscheidung nun überprüfen, wobei die Vorschrift allein deshalb als „Soll"-Vorschrift eingeführt wurde, um in offensichtlich unbegründeten Fällen hiervon absehen zu können[49].

Auch wenn die Neuregelung dem Ziel des effektiveren Kindesschutzes dient[50], ist sie nicht unproblematisch. Die Erweiterung des gerichtlichen Handlungsspielraums hin zu einer „Gefahrenvorsorge"[51] führt dazu, dass auch Eltern-Kind-Verhältnisse erfasst werden, in denen die Familiengerichte zu Recht keine Veranlassung zur Intervention gesehen haben. Ein erneuter Eingriff in solche Strukturen kann zu großer Verunsicherung in der betroffenen Familie führen. Dies wird zwar dadurch abgemildert, dass eine Überprüfung nur einmalig statthaft ist[52]. An der verfassungsrechtlichen Zulässigkeit der voraussetzungslosen Überprüfung der familiären Verhältnisse werden trotzdem Bedenken angemeldet[53]. Denn die Gefahrenvorsorge bedürfe zumindest konkreter Verdachtsmomente, um den Eingriff in ein Grundrecht rechtfertigen zu können[54]. Da § 166 Abs. 3 FamFG allerdings als Soll-Vorschrift ausgestaltet ist, ist eine verfassungskonforme Auslegung möglich, dass in den entsprechenden Fällen von einer Überprüfung abgesehen werden kann und muss[55].

---

[48] S.o. Kap. 1 A.V.1.; außerdem RegE (FGG-Reform) BT-Drucks. 16/6308, S. 242f.; *Meysen*, JAmt 2008, 233, 240.

[49] Arbeitsgruppe, Abschlussbericht „Kindeswohl", S. 37.

[50] *Meysen* bezeichnet sie als „vielleicht substanziellste Verbesserung des Kinderschutzes", NJW 2008, 2673, 2677.

[51] *Bartels/Altenkirch*, JZ 2009, 991, 994.

[52] *Seier*, FPR 2008, 483, 487; *Willutzki*, FPR 2009, 327, 330; a.A. *Veit*, FPR 2008, 598, 600.

[53] *Bartels/Altenkirch*, JZ 2009, 991, 994; *Veit*, FPR 2008, 598, 600 m.w.N.

[54] *Bartels/Altenkirch*, JZ 2009, 991, 994 mit Verweis auf die Rechtsprechung des BVerfG, das insofern eine hinreichende Eintrittswahrscheinlichkeit fordert, vgl. BVerfGE 115, 320, 360.

[55] *Bartels/Altenkirch*, JZ 2009, 991, 995.

b) Vorrang- und Beschleunigungsgebot, § 155 Abs. 1 FamFG

Verfahren in Kindschaftssachen[56], die § 151 FamFG aufzählt, sind nach § 155 Abs. 1 FamFG (§ 50e FGG a.F.) nunmehr vorrangig zu behandeln. Dies betrifft auch Verfahren bei Kindeswohlgefährdungen. Denn es erscheint wenig sinnvoll, wenn eine an das Familiengericht herangetragene potentielle Kindeswohlgefährdung aufgrund der Arbeitsüberlastung des zuständigen Richters erst verzögert bearbeitet werden könnte. Darüber hinaus gilt das Gebot auch in Verfahren, die die Herausgabe, den Umgang oder den Aufenthalt des Kindes betreffen, § 155 Abs. 1 FamFG. Die Vorrangregelung ist dem Umstand geschuldet, dass die Hauptbetroffenen in diesen Verfahren Kinder sind, die ein anderes Zeitempfinden haben als Erwachsene[57]. Deshalb regelt § 155 Abs. 1, 2 FamFG, dass der erste Termin spätestens einen Monat nach Beginn des Verfahrens stattfinden muss.[58] Zu diesem Termin müssen die Beteiligten persönlich erscheinen (§ 155 Abs. 3 FamFG), eine vorherige Stellungnahme ist nicht erforderlich – und im Übrigen auch nicht gewünscht[59]. Hierdurch erhofft man sich, dass alle Beteiligten unvoreingenommen zum 1. Termin erscheinen, um dort mündlich Stellung zu nehmen, ohne dass es vorher etwa durch anwaltliche Schriftsätze zu Verstimmungen kommen konnte, die die Einigungsbereitschaft der Beteiligten beeinträchtigen könnten[60]. Der frühe erste Termin dient aber nicht nur der Beschleunigung des Kindschaftsverfahrens, vielmehr folgt aus dem Gebot des persönlichen Erscheinens und dem Umstand, dass aufgrund der frühen Terminierung möglichst keine schriftlichen Stellungnahmen vorliegen, dass der Termin insbesondere gütliche, am Gebot des Kindeswohls orientierte

---

[56] Zum Begriff der „Kindschaftssachen" vgl. *Willutzki*, FPR 2009, 327, 328; *Flemming* ist der Ansicht, dass allein dadurch, dass das Kind erstmals als Adressat des Verfahrens genannt wird, die bisherigen Verfahren „förmlich auf den Kopf gestellt" würden, FPR 2011, 309.

[57] *Willutzki*, FPR 2009, 327.

[58] Zu der Problematik, dass sich aufgrund des Vorrang- und Beschleunigungsgebotes andere Verfahren automatisch in die Länge ziehen, vgl. *Willutzki*, FPR 2009, 327, 328.

[59] *Flemming*, FPR 2009, 339, 342; *Willutzki*, FPR 2009, 327, 328.

[60] *Bergmann*, FPR 2011, 297, 298; *Willutzki*, FPR 2009, 327, 328; Bundeskonferenz Erziehungsberatung, ZKJ 2009, 121.

Einigungen ermöglichen soll[61]. Der frühe erste Termin dürfe nicht als „zielfreie Beschleunigung"[62] verstanden werden, sondern habe sich daran zu orientieren, eine kindeswohlgerechte Lösung zu erreichen[63]. Weil in diesem frühen Verfahrensstadium allerdings auch noch keine abschließenden Entscheidungen getroffen werden können, stelle sich der Termin in der Praxis als Einladung des Familiengerichts, gemeinsam mit den Beteiligten eine nachhaltige Entscheidung für das Kind zu erarbeiten, dar[64].

c) Erörterung der Kindeswohlgefährdung, § 157 FamFG

In § 157 FamFG (§ 50f FGG a.F.) wurde eine neue Verfahrensvorschrift aufgenommen, die sicherstellen soll, dass in einem Gespräch[65] eine „Erörterung der Kindeswohlgefährdung" bei einer „möglichen Gefährdung des Kindeswohls" stattfindet[66]. Die Eltern müssen zu diesem Termin persönlich erscheinen, das Jugendamt soll geladen werden, § 157 Abs. 1 S. 2, Abs. 2 S. 1 FamFG. Hiermit soll erreicht werden, dass die Eltern möglichst frühzeitig in die Pflicht genommen[67], darüber hinaus aber auch an der Auswahl der Maßnahmen beteiligt werden[68]. Sind die Eltern in die Auswahl der zu ergreifenden Maßnahmen involviert, lässt dies auf eine größere Akzeptanz der Anordnung hoffen. Gleichzeitig verpflichtet § 157 Abs. 3 FamFG das Gericht, immer auch den Erlass einer einstweiligen Anordnung zu prüfen, um der Gefahr vorzubeugen, durch den Erörterungstermin das Gefährdungspotenzial für das Kind aus den Augen zu verlieren.

---

[61] *Bergmann*, FPR 2011, 297, 298; *Flemming*, FPR 2011, 309, 310.

[62] *Flemming*, FPR 2011, 309, 310.

[63] *Bergmann*, FPR 2011, 297, 298.

[64] *Flemming*, FPR 2011, 309, 310.

[65] Zu möglichen Verläufen des Gesprächs und anzuwendenden Gesprächstechniken *Wagner*, FPR 2008, 605ff.

[66] Der Erörterungstermin kann schon im Vorfeld einer konkreten Gefährdung durchgeführt werden, also wenn die Voraussetzungen für Maßnahmen nach § 1666 Abs. 1 BGB noch nicht gegeben sind, hierzu Staudinger/*Coester*, BGB, § 1666 Rn. 264ff. m.w.N.

[67] BT-Drucks. 16/1815, S. 12; ebenso *Fellenberg*, FPR 2008, 125, 127.

[68] *Willutzki*, FPR 2009, 327, 329; Bundeskonferenz Erziehungsberatung, ZKJ 2009, 121, 124; *Meysen*, NJW 2008, 2673, 2675.

4. Resümee zur Reform

Die durch das Gesetz zur Erleichterung familiengerichtlicher Maßnahmen bei Gefährdung des Kindeswohls vorgenommenen Änderungen erscheinen hinsichtlich des verfolgten Zieles als gelungen[69]. Das Abweichen vom Versagensvorwurf gegenüber den Eltern erleichtert das Verhältnis zwischen den Beteiligten und der Familie und lässt auf ein besseres Zusammenwirken hoffen. Gleichzeitig wird Jugendämtern, Schulen oder anderen potentiellen Stellen, denen eine Kindeswohlgefährdung auffallen kann, so die Weitergabe der Einschätzung an das Gericht erleichtert. Sie stehen nicht mehr in der gefühlten Verantwortung, als Beleg einer Gefährdung deren Hintergründe recherchieren zu müssen, sondern können sich auf ihre Beobachtung konzentrieren.

Dabei ist allerdings zu beachten, dass die Konzentration auf die Kindeswohlgefährdung dazu führt, dass das elterliche Verhalten in den Hintergrund rückt. Dies kann aber nicht zur Folge haben, dass es vollständig ausgeklammert wird. Spätestens bei der Gefahrabwendungsbefugnis ist zu prüfen, ob die Eltern selbst die Gefahr abwenden können oder wollen oder warum sie dies nicht tun[70]. Auch bei der Anordnung der erforderlichen Maßnahmen spielt das elterliche Verhalten eine wesentliche Rolle[71]. Denn welche Maßnahmen die Gefährdung am besten beseitigen, hängt auch davon ab, wodurch die Gefährdung verursacht wurde. Insofern kommt es für die Stellen, die eine mögliche Gefährdung an das Gericht melden, zwar nicht auf die Ursache der Gefährdung an, das Familiengericht muss diese jedoch weiterhin ermitteln[72].[73]

---

[69] So auch *Gernhuber/Coester-Waltjen*, Familienrecht, § 57 Rn. 105; Staudinger/*Coester*, BGB, § 1666 Rn. 61.

[70] *Veit*, FPR 2008, 598, 599f.; *Röchling*, FamRZ 2007, 431, 433, der aus diesem Grund auch für die Beibehaltung der Tatbestandalternativen plädiert hat.

[71] *Veit*, FPR 2008, 598, 600.

[72] *Rosenboom/Rotax*, ZRP 2008, 1, *Veit*, FPR 2008, 598, 600; Staudinger/*Coester*, BGB, § 1666 Rn. 64.

[73] Ausführlich zur Bedeutung des Elternverhaltens unten Kap.1 C.III.2.

Unklarheiten bleiben lediglich bei der Anordnung der erforderlichen Maßnahmen. Denn in der Gesetzesbegründung ist von frühem, niedrigschwelligem Eingreifen die Rede[74], das die frühzeitige Anrufung des Familiengerichts fördern soll. Gleichzeitig wird darauf hingewiesen, dass eine zu frühe Anrufung des Familiengerichts wiederum das Vertrauensverhältnis zu den Eltern belasten und damit dem Kindeswohl zuwiderlaufen könne[75]. Diese Gegenüberstellung verschiedener Optionen dürfte in Zukunft den Jugendämtern wenig helfen: Zwar sollen sie nun die Familiengerichte früher einschalten, allerdings werden sie mit den potentiellen Konsequenzen einer zu frühen Anrufung wieder allein gelassen. Ein größerer Mut der Jugendamtsmitarbeiter zur Anrufung des Familiengerichtes wird so kaum gefördert. Darüber hinaus ist die Wortwahl „niedrigschwellig" unglücklich[76], sie lässt eine geringere Eingriffsschwelle als in anderen Fällen vermuten, doch genau dies bezweckt der Gesetzgeber gerade nicht[77]. Insofern wäre an dieser Stelle eine etwas deutlichere Formulierung wünschenswert gewesen.

B. Anwendungsbereich der Norm und Konkurrenzen

Das System zivilrechtlichen Kindesschutzes besteht aus einer Vielzahl gesetzlicher Bestimmungen, die die Entwicklungsmöglichkeiten des Kindes sichern. § 1666 BGB ist zentraler Bestandteil dieses Systems. Allerdings existieren zwischen den übrigen Bestimmungen und § 1666 BGB teilweise Überschneidungen, die die Frage nach dem Verhältnis der verschiedenen Kindesschutzbestimmungen zueinander aufwerfen.

---

[74] BT-Drucks. 16/6815, S. 7.
[75] BT-Drucks. 16/6815, S. 11.
[76] *Coester* in Lipp/Schumann/Veit, Kindesschutz, S. 19, 32; *Veit*, FPR 2008, 598, 600; *Meysen* weist darauf hin, dass die frühe Anrufung des Familiengerichts, selbst wenn eine Gefährdung nur erörtert wird, von den Eltern wohl nie als „niedrigschwellig" empfunden würde, NJW 2008, 2673, 2676.
[77] BT-Drucks. 16/6815, S. 14.

I. Generalklausel des zivilrechtlichen Kindesschutzes

§ 1666 BGB ist nach allgemeiner Auffassung die direkte Umsetzung des staatlichen Wächteramtes aus Art. 6 Abs. 2 S. 2 GG[78]. Die Vorschrift dient dem umfassenden Schutz von Kindern und ist in dieser Funktion weit formuliert. Allgemein wird § 1666 BGB deshalb auch als Generalklausel des zivilrechtlichen Kindesschutzes bezeichnet[79]. Konstituierendes Merkmal von Generalklauseln sind unbestimmte Rechtsbegriffe, die der Norm eine gewisse Offenheit geben[80]. Bei den Begriffen Kindeswohl und Gefährdung handelt es sich um solche wertausfüllungsbedürftigen unbestimmten Rechtsbegriffe[81]. Insofern ist der Einordnung als Generalklausel zuzustimmen.

II. Vorrang spezieller Eingriffsnormen und Auffangfunktion

Diese Normqualität hat zur Folge, dass die neben § 1666 BGB stehenden spezielleren Normen jeweils in ihrem Bereich die Anwendung des § 1666 BGB verdrängen. Für die übrigen Bereiche kommt der Regelung eine Auffangfunktion zu, die sich auch auf die nicht erfassten Sachverhalte der Sondertatbestände erstreckt[82].

1. Verhältnis zu §§ 1671, 1672 BGB

Während § 1666 BGB allgemein staatliche Eingriffe bei Kindeswohlgefährdungen regelt, behandelt § 1671 BGB die Übertragung des alleinigen Sorgerechts auf einen Elternteil bei dauerhaftem Getrenntleben der Eltern. Die Übertragung erfolgt nur auf Antrag eines Elternteils und gemäß § 1671 Abs. 2 Nr. 1

---

[78] Vgl. etwa Staudinger/*Coester*, BGB, § 1666 Rn. 1; MüKo/*Olzen*, BGB, § 1666 Rn. 1; Palandt/*Diederichsen*, BGB, § 1666 Rn. 2.

[79] Staudinger/*Coester*, BGB, § 1666 Rn. 1; Jauernig/*Berger*, BGB § 1666 Rn. 1.

[80] *Kamanabrou*, AcP 202 (2002), 662, 665; *Ohly*, AcP 201 (2001), 1, 5.

[81] Wertausfüllungsbedürftig unbestimmte Rechtsbegriffe sind solche, für deren Auslegung es auf außerrechtliche Maßstäbe ankommt, vgl. zum Begriff und zur Abgrenzung *Kamanabrou*, AcP 202 (2002), 662, 664; zur Auslegung der unbestimmten Rechtsbegriffe des § 1666 Abs. 1 BGB unten Kap.1 C.I und II.

[82] Staudinger/*Coester*, BGB, § 1666 Rn. 1.

BGB dann, wenn der andere Teil dem Antrag zustimmt. Alternativ kann einem Antrag stattgegeben werden, wenn durch die Übertragung dem Wohl des Kindes am ehesten gedient ist, vgl. § 1671 Abs. 2 Nr. 2 BGB.

Soll das Sorgerecht mit Zustimmung des anderen Elternteils auf den beantragenden Elternteil übertragen werden, findet grundsätzlich keine Kindeswohlprüfung statt[83]. Im Fall des § 1671 Abs. 2 Nr. 1 BGB ist dem Gericht eine Sachprüfung zwar verwehrt, selbst eine Begründung des elterlichen Antrags kann es nicht verlangen, es ist allein an diesen gebunden[84]. Aber wenn sich sonst Anhaltspunkte ergeben, dass durch die beantragte Sorgerechtsregelung das Wohl des Kindes gefährdet würde, ist das Gericht gemäß §§ 1666, 1671 Abs. 3 BGB von Amts wegen verpflichtet, dies zu untersuchen[85]. Dabei ist für eine vom Antrag abweichende Entscheidung des Gerichts nicht ausreichend, dass der elterliche Antrag dem Kindeswohl widerspricht, vielmehr muss dann auch die Gefährdungsschwelle des § 1666 Abs. 1 BGB[86] überschritten sein[87]. Unter Beachtung dieser Prämissen lässt sich folgendes Verhältnis der Regelungen in § 1671 BGB und § 1666 BGB feststellen:

Sofern eine Kindeswohlgefährdung im Anwendungsbereich des § 1671 BGB durch eine solche Entscheidung beseitigt werden kann, tritt § 1666 BGB zurück. Erst wenn auch die beantragte Entscheidung nicht zu einer Abwendung der Kindeswohlgefährdung führt oder hierdurch die Gefährdung erst ausgelöst würde, kommt gemäß § 1671 Abs. 3 BGB § 1666 BGB zum Tragen[88]. Wird durch beide Elternteile das Kindeswohl gefährdet und es erfolgt ein einver-

---

[83] BGH DAVorm 2000, 704, 707; OLG Dresden FamRZ 2000, 501; Staudinger/*Coester*, BGB, § 1671 Rn. 65; Prütting/Wegen/Weinreich/*Ziegler*, BGB, § 1671 Rn. 9; Johannsen/Henrich/*Jaeger*, Eherecht, § 1671 Rn. 30.

[84] MüKo/*Finger*, BGB, § 1671 Rn. 61; Palandt/*Diederichsen*, BGB, § 1671 Rn. 11; Prütting/Wegen/ Weinreich/*Ziegler*, BGB, § 1671 Rn. 9; Staudinger/*Coester* § 1671 Rn. 65; *Schwab*, Familienrecht, Rn. 751.

[85] BGH DAVorm 2000, 704, 707; Palandt/*Diederichsen*, BGB, § 1671 Rn. 11; Prütting/Wegen/ Weinreich/*Ziegler*, BGB, § 1671 Rn. 10;

[86] Hierzu ausführlich unter Kap.1 C.II.

[87] Prütting/Wegen/Weinreich/*Ziegler*, BGB, § 1671 Rn. 10; Staudinger/*Coester*, BGB, § 1671 Rn. 66.

[88] MüKo/*Olzen*, BGB, § 1666 Rn. 8; *Schlüter*, Familienrecht, Rn. 358; Staudinger/*Coester*, BGB, § 1666 Rn. 40f.

nehmlicher Antrag nach § 1671 Abs. 1 Nr. 1 BGB, so ist dieser Antrag abzulehnen und sind zugleich Maßnahmen nach § 1666 Abs. 3 BGB zu ergreifen[89].

Ähnlich gestaltet sich das Verhältnis des § 1672 BGB zu der Regelung in § 1666 BGB: Nur dann, wenn die Mutter die Zustimmung gem. § 1672 Abs. 1 S. 1 BGB verweigert und hierdurch das Kindeswohl gefährdet wird, muss das Familiengericht den Antrag des Vaters nach § 1672 BGB ablehnen, aber auf Grundlage des § 1666 BGB eine Entscheidung treffen[90].

2. Verhältnis zu §§ 1627, 1628 BGB

§§ 1627, 1628 BGB genießen Vorrang vor den Eingriffsmöglichkeiten des § 1666 BGB. Hiernach müssen die Eltern bei differierenden Ansichten über eine Angelegenheit von erheblicher Bedeutung zunächst versuchen, sich untereinander zu einigen. Gelingt dies nicht, können sie gemäß § 1628 S. 1 BGB beim Familiengericht beantragen, die Entscheidung auf einen Elternteil zu übertragen. Bei einfachen Meinungsverschiedenheiten zwischen den Eltern ist daher vorrangig nach §§ 1627, 1628 BGB zu entscheiden[91]. Selbst wenn die Vorschläge beider Eltern eine Gefährdung des Kindeswohls darstellten, kommt § 1666 BGB nicht zur Anwendung, denn zur Abwendung der Gefahr genügt bereits die Ablehnung des elterlichen Antrags nach § 1628 S. 1 BGB[92]. Auf § 1666 BGB ist nur dann zurückzugreifen, wenn auch die bisherige Situation das Kindeswohl gefährdet[93], beispielsweise wenn schon die Spannungen zwischen den Eltern zu einer Kindeswohlgefährdung führen[94].

3. Weitere Kindesschutzbestimmungen

Auch nach den übrigen Kindesschutzbestimmungen, wie z.B. der §§ 1629 Abs. 2 S. 3 i.V.m. 1796 BGB, wonach das Familiengericht im Falle der Kollision

---

[89] Staudinger/*Coester*, BGB, § 1666 Rn. 41.
[90] Staudinger/*Coester*, BGB, § 1666 Rn. 46; Erman/*Michalski*, BGB, § 1666 Rn. 2.
[91] Palandt/*Diederichsen*, BGB, § 1666 Rn. 3; MüKo/*Olzen*, BGB, § 1666 Rn. 12.
[92] Staudinger/*Coester*, BGB, § 1666 Rn. 53.
[93] Staudinger/*Coester*, BGB, § 1666 Rn. 53.
[94] MüKo/*Olzen*, BGB, § 1666 Rn. 12.

zwischen Eltern- und Kindesinteressen die Vertretungsmacht entziehen kann oder des § 1632 Abs. 4 BGB, welcher das Familiengericht ermächtigt, das Verbleiben des Kindes in der Pflegefamilie anzuordnen, wenn durch die Rückkehr zu den leiblichen Eltern das Kindeswohl gefährdet würde, kann bei einem wesentlich geringeren Gefährdungsgrad eine gerichtliche Entscheidung beantragt und ausgesprochen werden als bei Maßnahmen nach § 1666 BGB[95]. Demnach gehen diese Vorschriften auch als leges speciales der allgemeinen Kindesschutzbestimmung vor. Diese greift nur insofern ein, als der Sachverhalt in den übrigen Normen nicht geregelt ist oder wenn durch eine Entscheidung nach der spezielleren Norm die Kindeswohlgefährdung nicht beseitigt werden kann.

III. Spezielle Rechtsschutzmöglichkeit für gefährdete Kinder

Die vorhergehenden Ausführungen haben gezeigt, dass die zentrale Kindesschutzvorschrift des § 1666 BGB auch eine Auffangfunktion im System des zivilrechtlichen Kindsschutzes einnimmt. Die Zielsetzung, Kinder zu schützen, sagt jedoch noch nichts darüber aus, wie dieser Schutz zu erreichen ist.

Teilweise wird davon ausgegangen, dass Kinder einen Anspruch auf die bestmögliche Erziehung gegen ihre Eltern haben[96]. Doch selbst wenn man einer solchen Ansicht zustimmte, führt dies nicht dazu, dass dieser Anspruch durchsetzbar wäre[97]. Denn das familiäre Verhältnis ist ein grundlegend anderes als Verhältnisse zwischen Vertragspartnern. Darüber hinaus stellt es sich als überaus schwierig dar, den Inhalt einer solchen Verpflichtung zu bestimmen. Zwar haben Kinder einen Anspruch auf Achtung des Kindeswohls, doch liegt das Erziehungsrecht gemäß Art. 6 Abs. 2 S. 1 GG primär in der Hand der Eltern, welche dessen Inhalt ausgestalten können[98]. Dieser Interpretationsprimat

---

[95] Eine ähnliche Regelung findet sich in § 1682 Abs. 2 BGB. Weitere Kindesschutzbestimmungen finden sich in §§ 1631a, 1631b BGB.

[96] *Hinz*, Kindesschutz als Rechtsschutz, S. 23f.

[97] Staudinger/*Coester*, BGB, § 1666 Rn. 11; in diese Richtung auch *Gernhuber/Coester-Waltjen*, Familienrecht, § 57 Rn. 101; so auch *Hinz*, Kindesschutz als Rechtsschutz, S. 24 ff.

[98] *Erichsen/Reuter*, Elternrecht, S. 51.

findet seine Grenze erst in Verhaltensweisen, die auch bei weitester Auslegung nicht mehr unter das Elternrecht und die Begriffe Pflege und Erziehung zu subsumieren sind[99]. § 1666 BGB beinhaltet daher eine spezielle Rechtsschutzform für gefährdete Kinder:

Begründet wird hierdurch eine Amtsermittlungspflicht des Familiengerichts – sobald es Kenntnis von Umständen erlangt, welche auf eine Kindeswohlgefährdung hindeuten, muss es von Amts wegen Ermittlungen aufnehmen[100]. Gleichzeitig kann es aber auch auf Antrag des Jugendamts tätig werden. Denn dieses ist seinerseits verpflichtet, Kindeswohlgefährdungen dem Gericht anzuzeigen, wenn es dies zur Gefahrabwendung für erforderlich hält, § 8a Abs. 3 S. 1 SGB VIII. Darüber hinaus kann das Gericht auch durch andere Personen oder Stellen Informationen erhalten, die zur Einleitung eines Verfahrens nach § 1666 Abs. 1 BGB führen. Solche Anregungen stellen keine Sachanträge dar, sondern sind tatsächlich „nur" als Anregungen zu behandeln[101]. Schließlich ermöglicht die Vorschrift, Maßnahmen direkt an die Eltern zu richten, vgl. § 1666 Abs. 3 BGB.

Insofern stellt die Ausgestaltung des § 1666 BGB eine spezielle Rechtsschutzmöglichkeit für gefährdete Kinder dar, die einen stärkeren Schutz als im sonstigen Zivilrecht ermöglicht.

C. Voraussetzungen des § 1666 BGB

Voraussetzung für das Eingreifen des Familiengerichts ist das Vorliegen einer Kindeswohlgefährdung und die mangelnde Gefahrabwendung durch die Eltern. Die Kindeswohlgefährdung markiert die Grenze, bei der das elterliche Erziehungsrecht hinter dem staatlichen Wächteramt zurücktreten muss und der Staat zum Eingreifen berechtigt und verpflichtet ist[102]. Der Begriff der Kindeswohlgefährdung ist gesetzlich nicht definiert, vielmehr handelt es sich um einen

---

[99] *Erichsen/Reuter*, Elternrecht, S. 36.
[100] MüKo/*Olzen*, BGB, § 1666 Rn. 215; Erman/*Michalski*, BGB, § 1666 Rn. 2.
[101] BayObLG FamRZ 1993, 1350, 1351; *Oelkers*, FamRZ 1997, 779, 785.
[102] *Rosenboom*, Gefährdung des Kindeswohls, S. 5; *Coester*, Kindeswohl, S. 134ff.

wertausfüllungsbedürftigen unbestimmten Rechtsbegriff. Um die Eingriffsgrenze des Staates zu ermitteln, bedarf es demnach einer genaueren Untersuchung, was das Kindeswohl ausmacht und wann es gefährdet ist.

I. Kindeswohl

An Versuchen, den Begriff des Kindeswohls zu definieren, hat es bisher nicht gemangelt[103]. Doch der Begriff bleibt kaum greifbar, eine allgemeine Definition konnte bisher nicht gefunden werden. Dettenborn bezeichnet ihn als „definitorische Katastrophe"[104]. Die Problematik liegt zum einen darin, dass es sich beim Kindeswohl um einen unbestimmten Rechtsbegriff handelt, der als solcher naturgemäß schwer zu fassen ist. Darüber hinaus handelt es sich beim Kindeswohl allerdings um einen wertausfüllungsbedürftigen Begriff, der nicht allein unter Zuhilfenahme juristischer Auslegungsmethoden mit Inhalt gefüllt werden kann. Wenn die Auslegung des Kindeswohls nicht durch eine starre Definition getätigt werden kann, ist sich dem Inhalt des Begriffs auf andere Weise zu nähern. Dazu ist es notwendig, auch Erkenntnisse aus anderen Wissenschaftsdisziplinen heranzuziehen[105].

1. Wertungen aus § 1666 BGB

§ 1666 Abs. 1 BGB spricht vom körperlichen, geistigen und seelischen Wohl des Kindes. Hierin ist nicht etwa eine Einschränkung zu sehen, nur diese Teilbereiche unter das Kindeswohl zu fassen. Die Aufzählung verdeutlicht vielmehr beispielhaft, dass auch Dinge, die nicht mit bloßem Auge zu erkennen sind – wie das seelische Wohl – zum Kindeswohl zu rechnen sind[106]. Geschützt sind grundsätzlich die für die Entwicklung des Kindes wesentlichen Elemente. Welche dies explizit sind, wird in der Vorschrift allerdings nicht explizit gere-

---

[103] Ausführlich hierzu mit entsprechenden Verweisen *Coester*, Kindeswohl, S. 176; *Köster*, Sorgerecht, S. 116ff.
[104] *Dettenborn*, Kindeswohl und Kindeswille, S. 47.
[105] *Dettenborn*, Kindeswohl und Kindeswille, S. 48, *Rosenboom*, Gefährdung des Kindeswohls, S. 10.
[106] Palandt/*Diederichsen*, BGB, § 1666 Rn. 9.

gelt. Daher ist zu erwägen, ob § 1666 BGB neben den genannten Komponenten des Kindeswohls noch anderweitige Anhaltspunkte liefert, wie das Wohl des Kindes auszulegen ist.

In der bisherigen Fassung des § 1666 Abs. 1 BGB waren verschiedene Ursachen aufgeführt, die zu einer Gefährdung des Kindeswohls führen konnten. Diese Ursachen ließen Rückschlüsse darauf zu, was unter Kindeswohl zu verstehen war[107]. Die Alternativen Missbrauch der elterlichen Sorge, Kindesvernachlässigung und unverschuldetes Versagen zeigten bereits einige Problemfelder elterlicher Erziehung auf. Deutlich wurde hierdurch etwa, dass das Kindeswohl nicht nur durch aktives Tun beeinträchtigt werden kann, sondern auch durch Unterlassen einer bedürfnisorientierten Versorgung, nämlich der Vernachlässigung. Insofern ließen sich aus den Alternativen Anhaltspunkte für die Beurteilung des Kindeswohls ableiten.

Nach der Neufassung der Regelung sind die verschiedenen Verursachungsbeiträge jedoch gestrichen worden, so dass die Frage gestellt werden kann, ob dies Auswirkungen auf den Inhalt des Kindeswohls hat. Aufschluss hierüber bieten die Gesetzgebungsmaterialien[108]. Die Begründung für die Herausnahme der Gefährdungsursachen weist darauf hin, dass sie unter anderem deshalb entfernt wurden, weil sie in der bisherigen Rechtspraxis eher eine Hürde zur Anrufung des Familiengerichts darstellten, als dass sie eine klarstellende Funktion gehabt hätten[109]. Dies und die Schwierigkeit der Zuordnung eines elterlichen Verhaltens zu einer der Gefährdungsursachen führten dazu, dass den Gefährdungsursachen schon vorher kaum Bedeutung zukam und sich die Gerichte in der Regel auf das Auffangkriterium des unverschuldeten Versagens beriefen[110]. Diese Erwägungen lassen keine Rückschlüsse dahingehend zu, dass sich an den Inhalten des Kindeswohls etwas ändern sollte. Vielmehr wurden die Verursachungsbeiträge auch deshalb entfernt, weil durch die gerichtliche Praxis

---

[107] So zur alten Fassung Palandt/*Diederichsen*, BGB (2008), § 1666 Rn. 7.
[108] BT-Drucks. 16/6815.
[109] BT-Drucks. 16/1815, S. 9; Arbeitsgruppe, Abschlussbericht „Kindeswohl", S. 27.
[110] Staudinger/*Coester*, BGB, § 1666 Rn. 59; ausführlich hierzu oben Kap.1 A.V.1.

inzwischen eine ausreichende Konkretisierung des Begriffs eingetreten war, weshalb es ihrer nicht mehr bedurfte[111].

In der Neufassung des § 1666 BGB wurden nun allerdings erstmals in Absatz 3 mögliche Maßnahmen benannt, die das Gericht bei Feststellung einer Kindeswohlgefährdung treffen kann. Möglicherweise können hieraus Rückschlüsse auf das Kindeswohl gezogen werden. Denn die aufgeführten Maßnahmen führen nach Ansicht des Gesetzgebers zur Abwehr der Kindeswohlgefährdung, es müssen also Maßnahmen sein, die dem Wohl des Kindes dienen. Allerdings beinhalten nur § 1666 Abs. 3 Nr. 2, 3 und 4 BGB derart konkrete Anordnungen, dass hieraus Informationen gewonnen werden können. Die übrigen Maßnahmen zählen lediglich exemplarisch die üblichen Instrumente der Kinder- und Jugendhilfe auf. In welche Richtung öffentliche Hilfen im konkreten Fall bspw. auszurichten wären, lässt sich aus dem Gesetzeswortlaut nicht folgern. § 1666 Abs. 3 Nr. 2 BGB verdeutlicht die Wertung des Gesetzgebers, dass der Besuch der Schule dem Kindeswohl dienlich ist, aus Nr. 3 und Nr. 4 lässt sich folgern, dass bestimmte Kontakte das Kindeswohl beeinträchtigen und insofern verhindert oder untersagt werden können. In diesen Teilbereichen können die konkretisierten Maßnahmen des Absatzes 3 Hinweise auf den Inhalt des Kindeswohls geben.

2. Heranziehung von Erziehungszielen

Darüber hinaus stellt sich die Frage, ob die Auslegung des Kindeswohls durch gesetzlich nicht explizit verankerte Moralvorstellungen, die sich in Erziehungszielen wiederfinden, vorgenommen werden kann.

Die Diskussion über staatliche Erziehungsziele wird in Deutschland sehr kontrovers geführt. Teilweise wird sie als „Sakrileg"[112] bezeichnet und Erziehungsziele als verfassungswidriger Eingriff in das elterliche Erziehungsrecht

---

[111] Arbeitsgruppe, Abschlussbericht „Kindeswohl", S. 28.
[112] *Coester*, Kindeswohl, S. 183; *Zenz*, AcP 173 (1973), 527, 541; Staudinger/*Salgo*, BGB, § 1631 Rn. 26.

56

abgelehnt[113]. Den Streit um die Grenzen der staatlichen Eingriffsmöglichkeiten in die Erziehung gibt es jedoch bereits seit der Antike[114]. Im steten Wechsel wurde einmal der Vorrang der staatlichen Erziehung vor den Eltern betont, um dann wieder das elterliche Erziehungsrecht vor dem Staat in Schutz zu nehmen[115]. Das Bürgerliche Gesetzbuch folgt den individualistischen Ansätzen der Aufklärung, wonach die Erziehung pflichtgebundenes Elternrecht ist[116]. Die hierzulande anzutreffenden Schwierigkeiten der Anerkennung staatlicher, überindividueller Erziehungsziele gehen auf den Missbrauch dieses Instruments in der jüngeren deutschen Vergangenheit zurück. So beanspruchten die Nationalsozialisten trotz der Regelungen des BGB das Recht der Kindererziehung für sich und legten staatliche Erziehungsziele fest[117]: Ziel der Erziehung war demnach „der körperlich und seelisch gesunde, geistig entwickelte, beruflich tüchtige deutsche Mensch, der rassebewußt in Blut und Boden wurzelt und Volk und Reich verpflichtet und verbunden ist", § 1 Abs. 1 Verordnung über Jugendwohlfahrt. Die Proklamation solcher Erziehungsziele führte dazu, dass Eltern, die ihre Kinder nicht im geforderten nationalsozialistischen Sinne erzogen, mit staatlichen Eingriffen nach § 1666 BGB zu rechnen hatten[118].

Doch dieser Missbrauch staatlicher Macht zur Heranbildung im damaligen Sinne staatstreuer Bürger ist nicht das, was heute mit Erziehungszielen gemeint ist. Dass die Erziehung in einer freiheitlich-demokratischen Grundordnung nicht vom Staat gelenkt werden darf, steht außer Frage[119]. Jedoch ist auch in

---

[113] Hierzu *Zenz*, AcP 173 (1973), 527, 541.
[114] Vergleiche hierzu die Darstellung von *Schlüter*, Elterliches Sorgerecht, S. 2 ff.
[115] Während man in der griechischen Polis und auch im antiken Rom die Erziehung als Privatangelegenheit der Familie betrachtete, wurde in Sparta das genaue Gegenteil gelebt – die Erziehung wurde ab dem 7. Lebensjahr allein vom Staat übernommen. Im Mittelalter sah man wiederum die Erziehung als Aufgabe der Eltern an, erst Luther wollte auch dem Staat neben der Familie ein ureigenes Erziehungsrecht zuerkennen, um die Funktionsfähigkeit und den Fortbestand des weltlichen Regiments zu sichern. In der Aufklärung wurden die verschiedenen Modelle neu durchdacht, es entstanden differente Theorien über das Verhältnis von staatlicher und elterlicher Erziehung; ausführlich zu diesen Entwicklungen *Schlüter*, Elterliches Sorgerecht, S. 2ff.
[116] *Schlüter*, Elterliches Sorgerecht, S. 16ff.
[117] *Schlüter*, Elterliches Sorgerecht, S. 19.
[118] *Schlüter*, Elterliches Sorgerecht, S. 19.
[119] BVerwG FamRZ 1977, 541, 542; *Coester*, Kindeswohl, S. 183.

einem freiheitlichen Staat Raum für Werte und staatliche Interessen. Welche dies sind und ob und ggf. wie sich diese auf die Erziehung auswirken, ist im Folgenden zu untersuchen.

a) Erziehungsziele aus Landesverfassungen

Das Grundgesetz formuliert keine ausdrücklichen Erziehungsziele. Im Gegensatz hierzu wurden Erziehungsziele explizit in einige Landesverfassungen aufgenommen, wobei die Ziele in den unterschiedlichen Verfassungen nicht einheitlich formuliert sind[120]. So wird in Art. 7 Abs. 1 LVerf NW „Ehrfurcht vor Gott, Achtung der Würde des Menschen und Bereitschaft zum sozialen Handeln zu wecken" als vornehmstes Ziel der Erziehung ausgegeben[121]. Andere Länder geben in ihren Verfassungen beispielsweise die „sittliche und gesellschaftliche Tüchtigkeit" als Erziehungsziel vor[122]. Da die Landesverfassungen ihre jeweiligen Erziehungsziele so genau benennen, wäre zu erwarten, dass sie eine gewisse normative Wirkung auf das elterliche Erziehungsrecht entfalten. Dies wird jedoch nach allgemeiner Auffassung richtigerweise verneint[123]. Zur Begründung kann zunächst auf den allgemeinen Geltungsvorrang der grundgesetzlichen Bestimmungen – und somit auch des Art. 6 Abs. 2 GG – gegenüber den Normen der Landesverfassungen verwiesen werden[124]. Dieser Vorrang ergibt sich aus Art. 31 i.V.m. Art. 142 GG. Demnach bleiben Bestimmungen in den Landesverfassungen entgegen der allgemeinen Kollisionsnorm des Art. 31 GG auch dann in Kraft, wenn sie in Übereinstimmung mit den Art. 1 – 18 GG Grundrechte gewährleisten. Hieraus folgt im Umkehrschluss, dass landesver-

---

[120] Eine Aufstellung der unterschiedlichen Erziehungsziele in den Landesverfassungen gibt *Evers* in tabellarischer Form in „Die Befugnis des Staates zur Festlegung von Erziehungszielen in der pluralistischen Gesellschaft", S. 37.
[121] Ähnlich auch Art. 12 Abs. 1 LVerf BaWü, Art. 131 Abs. 2 LVerf Bayern, Art. 30 LVerf Saarland.
[122] Vgl. Art. 25 Abs. 1 LVerf Rheinland-Pfalz. Gesamtüberblick bei *Evers*, Befugnis des Staates zur Festlegung von Erziehungszielen, S. 82 ff.
[123] *Erichsen/Reuter*, Elternrecht, S. 37; *Abramowski*, Staatliche Schutzmaßnahmen für Kinder ausländischer Eltern, S. 119, Fn. 392.
[124] *Böckenförde*, Essener Gespräche, Bd. 14, 55, 58; *Ossenbühl*, Elterliches Erziehungsrecht, S. 39.

fassungsrechtliche Bestimmungen keine Wirkung entfalten, sofern sie Grundrechte einschränken. Die Vorgabe von Erziehungszielen bewirkt aber eine Einschränkung des elterlichen Erziehungsrechts aus Art. 6 Abs. 2 S. 1 GG. Insofern werden diese Regelungen verdrängt[125].

Darüber hinaus führt auch die konkurrierende Gesetzgebungskompetenz in Art. 74 Abs. 1 Nr. 1, Nr. 7 GG zu dem Ergebnis, dass der Landesgesetzgeber nicht berechtigt ist, Regelungen zu erlassen, sofern der Bundesgesetzgeber diese Gebiete bereits in Anspruch genommen hat[126]. Auf Bundesebene existieren Normen, die sich mit Erziehung beschäftigen, allein das Bürgerliche Gesetzbuch enthält hierzu mehrere Titel. Daher können die Erziehungsziele aus den Landesverfassungen auf Bundesebene – und somit auch für die Auslegung des Kindeswohlbegriffs in § 1666 Abs. 1 BGB – keinerlei Wirkung entfalten.

b) Abgeleitete Erziehungsziele aus dem Grundgesetz

Erziehungsziele könnten jedoch aus dem Grundgesetz abgeleitet werden. Wie bereits oben erwähnt wurde, sind solche dort nicht ausdrücklich aufgenommen worden. Allerdings enthält auch das Grundgesetz Normen und Werte, deren Förderung im Interesse des Staates liegt. Hieraus könnten sich Ziele für die elterliche Erziehung ableiten lassen.

Einige Autoren betonen, dass die Verpflichtung der Eltern, ihr Erziehungsrecht auf ein bestimmtes Ziel auszurichten, bereits aus Art. 6 Abs. 2 S. 1 GG selbst folgt. Wenn dort von „Erziehung" die Rede sei, impliziere schon der Wortstamm „ziehen" die Zielgerichtetheit des Vorhabens[127]. Welche Ziele oder Werte nun aber zu berücksichtigen sind, wird nicht durchgängig einhellig beurteilt.

---

[125] Maunz/Dürig/*Badura*, GG, Art. 6 Rn. 90; *Ossenbühl*, Elterliches Erziehungsrecht, S. 39.
[126] *Böckenförde*, Essener Gespräche, Bd. 14, S. 55, 60f.; *Erichsen/Reuter*, Elternrecht, S. 37.
[127] *Erichsen/Reuter*, Elternrecht, S. 35.

Das Bundesverfassungsgericht hat früh formuliert, dass die elterliche Erziehung das „Menschenbild des Grundgesetzes"[128] in den Blick nehmen müsse. Demnach findet sich die Rechtfertigung der Elternverantwortung und der damit verbundenen Rechte darin, dass das Kind schutz- und hilfebedürftig sei, um sich zu einer eigenverantwortlichen Persönlichkeit innerhalb der staatlichen Gemeinschaft entwickeln zu können[129]. Aus diesem Grund ist dieses „Menschenbild des Grundgesetzes" als Erziehungsziel allgemein anerkannt[130]. Hinter der Formulierung verbirgt sich die Überlegung, dass das Grundgesetz dem Einzelnen Rechte einräumt, die er nur dann wahrnehmen kann, wenn er entsprechende Fähigkeiten entwickelt hat. Das Menschenbild des Grundgesetzes soll daher durch die Entwicklung zu einer gemeinschaftsfähigen, selbständigen, eigenverantwortlich handelnden Persönlichkeit gekennzeichnet sein[131]. Dieses Ziel wurde einfachgesetzlich z.b. in § 1626 Abs. 2 BGB aufgenommen.

Weitaus umstrittener ist die Überlegung, ob weitere Ziele aus der Verfassung hergeleitet werden können[132]. Solche Ziele könnten aus der freiheitlich demokratischen Grundordnung abzuleiten sein: Zu überlegen ist hierbei, ob z.b. eine staatsfeindliche Erziehung nicht mehr den Schutz des elterlichen Erziehungsrechts verdient und – als gegen ein Erziehungsziel verstoßend – dem Kindeswohl zuwiderläuft. Für die Beurteilung dieser Frage weist Abramowski zutref-

---

[128] BVerfGE 7, 198, 205; 24, 119, 144; 56, 363, 384.
[129] BVerfGE 24, 119, 144.
[130] BVerfG FamRZ 2008, 845, 848; BVerfG FamRZ 2008, 1737, 1738; *Abramowski*, Staatliche Schutzmaßnahmen für Kinder ausländischer Eltern, S. 120 f.; *Coester*, Kindeswohl, S. 184 f.; *Erichsen/Reuter*, Elternrecht, S. 39; Staudinger/*Peschel-Gutzeit*, BGB, § 1626 Rn. 115.
[131] BVerfG FamRZ 2008, 845, 848; BVerfG FamRZ 2008, 1737, 1738; BGH, NJW 1974, 1947, 1949; *Abramowski*, Staatliche Schutzmaßnahmen für Kinder ausländischer Eltern, S. 120 f.; *Böckenförde*, Essener Gespräche 14, 55, 65; *Coester*, Kindeswohl, S. 184 f.; *Erichsen/Reuter*, Elternrecht, S. 39f.; Staudinger/*Peschel-Gutzeit*, BGB, § 1626 Rn. 115.
[132] Teilweise werden diese weitergehenden Wertungen als „materiale Erziehungsziele" bezeichnet. Die Unterscheidung zwischen „materialen" und „formalen" Erziehungszielen führt jedoch zu neuen Einordnungsproblemen. Formale Erziehungsziele sollen solche Ziele sein, die sich quasi „selbstverständlich" aus der Verfassung ergeben und damit zulässig sein, während materiale Ziele darüber hinausgehen und bspw. ethische oder politische Ziele bezeichnen, die meist als unzulässig abgelehnt werden. Allerdings erleichtert eine solche Regel keineswegs die Einordnung, welcher Verfassungswert als formal oder material anzusehen ist, vgl. hierzu auch *Abramowski*, Staatliche Schutzmaßnahmen für Kinder ausländischer Eltern, S. 121 f.

fend darauf hin, dass es entscheidend darauf ankomme, ob die elterliche Erziehungstätigkeit nur einen familieninternen Zweck erfüllt – nämlich das Heranwachsen des Kindes – oder ob sie darüber hinaus auch den Interessen des Staates dient[133]. Hier muss deutlich zwischen elterlicher Erziehung und staatlichem Erziehungsauftrag abgegrenzt werden: Das nach Art. 6 Abs. 2 S. 1 GG „natürliche" Recht der Eltern ist am Wohl des Kindes auszurichten, nicht an den Interessen des Staates. Die Konzeption des Grundgesetzes hat den staatlichen Erziehungsauftrag, der in Art. 7 GG seine Ausgestaltung findet, eigenständig und gleichberechtigt neben das elterliche Erziehungsrecht gestellt. In Rahmen seines Erziehungsauftrages kann der Staat eigene Ziele verfolgen, weitergehende Ziele als das Menschenbild des Grundgesetzes aber nicht den Eltern auferlegen. Auch die freiheitlich demokratische Grundordnung kann nur Richtschnur für die Ausrichtung der staatlichen Erziehung sein.

c) Fazit

Festzuhalten ist im Ergebnis, dass allgemeine Ziele – wie das Menschenbild des Grundgesetzes – Wirkung auf das Erziehungsrecht entfalten. Insofern wird auch der Begriff des Kindeswohls durch sie geprägt und konkretisiert. Verhaltensweisen oder Erziehungsmethoden, die es verhindern, eine verantwortungsbewusste und selbstständig denkende Person heranzuziehen, dienen demnach nicht dem Kindeswohl. Dieses Erziehungsziel hat auch einfachgesetzlich Ausprägung in § 1626 Abs. 2 BGB gefunden.

3. Gesetzliche Wertungen

Der Gesetzgeber hat den Begriff des Wohls des Kindes nicht allein in § 1666 Abs. 1 BGB gebraucht, sondern darüber hinaus in zahlreichen weiteren Vorschriften des Kindesschutzrechts. Aus diesen lassen sich weitere Kriterien herleiten, was vom Kindeswohl umfasst ist. Aber auch andere Normen, die die Eltern-Kind-Beziehungen regeln, geben Aufschluss über die Auslegung.

---

[133] *Abramowski*, Staatliche Schutzmaßnahmen für Kinder ausländischer Eltern, S. 124.

a) Stabilität und Kontinuität der Beziehung zum Sorgeberechtigten

Verschiedene Normen lassen den Rückschluss zu, dass eine stabile und kontinuierliche Beziehung dem Kindeswohl dienlich ist, vgl. §§ 1632 Abs. 4, 1666a, 1682, 1684 Abs. 4, 1685 BGB[134]. Als Beispiel soll hier § 1632 Abs. 4 BGB näher beleuchtet werden[135]: Die Norm regelt das Herausgabeverlangen der Eltern gegenüber den Pflegeeltern, bei denen das Kind lebt. Das Familiengericht kann dieses ablehnen, wenn sich das Kind „seit längerer Zeit" in Familienpflege befindet und die Herausnahme nicht dem Wohl des Kindes dienen würde. Den Eltern soll es also nicht möglich sein, ihr Kind nach längerer Zeit wieder aus seinem Umfeld zu reißen, wenn zu erwarten ist, dass das Kind hierunter zu leiden hat. Dies verdeutlicht die Wertung des Gesetzgebers, dass das Kindeswohl auch durch stabile und kontinuierliche Beziehungen geprägt ist, die nicht beliebig gewechselt werden dürfen. Dieser Zweck erlangt vor dem Hintergrund, dass es die leiblichen Eltern sind, die das Kind wieder zu sich holen wollen, die demnach also den Schutz des Art. 6 Abs. 2 S. 1 GG genießen, noch eine besondere Bedeutung[136]. Dabei bedeutet Kontinuität nicht, dass das Kind nicht einem neuen Umfeld ausgesetzt werden darf. Bei der Prüfung des Kontinuitätsgrundsatzes kommt es vielmehr darauf an, eine Stetigkeit im Leben des Kindes herzustellen. Entscheidend muss hierbei sein, für die Zukunft eine einheitliche, stetige und gleichmäßige Betreuung und Erziehung des Kindes zu gewährleisten[137].

Daher lässt sich festhalten, dass Stabilität und Kontinuität der Beziehungen für das Kindeswohl von entscheidender Bedeutung sind.

---

[134] MüKo/*Olzen*, BGB, § 1666 Rn. 43, 85; Staudinger/*Coester*, BGB, § 1666 Rn. 72.

[135] Ausführlich zur Verbleibensanordnung und den daraus resultierenden Konsequenzen für die Sorgerechtsregelung *Windel*, FamRZ 1997, 713, 722ff.

[136] Die Pflegeeltern sind nicht Träger des Elternrechts, vgl. BVerfGE 79, 51, 60; *Windel*, FamRZ 1997, 713, 714.

[137] BVerfG FamRZ 1982, 1179, 1183; BGH FamRZ 90, 392, 393; Prütting/Wegen/Weinreich/*Ziegler*, BGB, § 1671 Rn. 47. *Windel,* FamRZ 1997, 713, 723 weist deshalb darauf hin, dass eine Verbleibensanordnung gemäß § 1632 Abs. 4 BGB grundsätzlich mit einer Sorgerechtsregelung zugunsten der Pflegeeltern nach § 1666 BGB einhergehen muss.

b) Bindungen des Kindes

Entscheidend in der Beurteilung des Kindeswohls sind auch die bestehenden Bindungen des Kindes. Für Entscheidungen im Rahmen eines Sorgerechtsstreits nach § 1671 Abs. 2 Nr. 2 BGB oder über eine Verbleibensanordnung nach § 1682 S. 1 BGB oder auch zur Frage der Umgangsberechtigung, §§ 1684f. BGB, gehört zu den wesentlichen Kriterien für die richterliche Entscheidung, welche Bindungen zwischen dem Kind und den jeweils involvierten Personen bestehen. Hinter dieser Gewichtung steht die Überzeugung, dass es für ein Kind nicht förderlich ist, von seiner Bezugsperson getrennt zu werden[138].

c) Förderungsgrundsatz

Auch der Förderungsgrundsatz wird immer wieder in Verfahren berücksichtigt, in denen eine Kindeswohlbeurteilung stattfindet, so z.B. bei Entscheidungen nach §§ 1671 Abs. 2 Nr. 2, 1687 Abs. 2, 1696 BGB. Hieraus lässt sich folgern, dass die Förderung des Kindes seinem Wohl dienlich ist. Dies steht im Einklang mit dem grundgesetzlichen Erziehungsziel der Heranbildung eines selbstständigen und eigenverantwortlichen jungen Menschen. Denn nur ein Kind, das entsprechend gefördert wird, kann dieses Ziel erreichen. Allerdings ist der Förderungsgrundsatz nicht in der Hinsicht zu verstehen, dass dem Kindeswohl immer dort am besten gedient ist, wo dem Kind die bestmögliche Förderung zukommt. Dies hätte zur Folge, dass bildungsschwächere Eltern häufiger den Verlust des Sorgerechts fürchten müssten, unabhängig davon wie sich ihr sonstiges Verhältnis zum Kind darstellt. Das BVerfG spricht in diesem Zusammenhang davon, dass die Eltern und das jeweilige Lebensumfeld zum „Lebensrisiko"[139] eines jeden Kindes gehören und ein Kind keinen Anspruch

---

[138] Ausführlich hierzu Staudinger/*Coester*, BGB, § 1671 Rn. 213ff. Da dem Bindungsgrundsatz für die hier zu beurteilenden Fälle kein größeres Gewicht zukommt, kann nicht vertieft dazu Stellung genommen werden.
[139] Staudinger/*Coester*, BGB § 1666 Rn. 84.

auf die bestmögliche Erziehung habe[140]. Allein die Tatsache, dass ein Kind in besseren sozialen Verhältnissen aufwachsen könnte als bei den eigenen Eltern[141], oder dass das Kind bei Dritten besser betreut würde[142], stellt noch keine Gefährdung des Kindeswohls dar. Selbst wenn die Eltern durch eine geistige Behinderung ihr Kind nicht optimal fördern können, kann dieses Defizit durch eine liebevolle Beziehung oder eine besonders enge Bindung aufgewogen werden[143].

d) Pflichten des Kindes im Familienverband

Aus den §§ 1618a, 1619 BGB ist abzuleiten, dass das Kindeswohl aus objektiver Sicht zu bestimmen ist. Es geht demnach nicht um die Individualinteressen des Kindes, Schutzobjekt ist vielmehr sein Gesamtwohl[144]. Wo § 1618a BGB noch ganz allgemein festlegt, dass Eltern und Kinder einander Beistand und Rücksicht schuldig sind, schränkt § 1619 BGB dies insofern ein, dass das Kind „in einer seinen Kräften und seiner Lebensstellung entsprechenden Weise den Eltern in ihrem Hauswesen und Geschäft Dienste zu leisten" hat. Die beiden Vorschriften verdeutlichen, dass sich der Familienalltag nicht ausschließlich um die Kinder drehen kann, sondern dass auch Kindern Pflichten auferlegt werden[145]. Als Anhaltspunkt für die Interesseneinbußen, die noch hinnehmbar sind, kann hierbei das angesehen werden, was ein Erwachsener im Interesse der Gemeinschaft hinnehmen würde[146]. Aus dieser Sichtweise folgt ein gewisser Interpretationsspielraum der Eltern bezüglich der konkreten Lebensverhältnisse[147].

---

[140] BVerfGE 24, 119, 144f.; 34, 165, 184.
[141] BayObLG FamRZ 1990, 304.
[142] BayObLG FamRZ 1996, 1031 bzgl. Betreuung im Heim; OLG Hamburg FamRZ 2001, 1088, 1089 bzgl. Betreuung im Internat; OLG Celle FamRZ 2003, 549, 550 betreffend Betreuung durch Pflegeeltern.
[143] *Gernhuber/Coester-Waltjen*, Familienrecht, § 57 Rn. 108.
[144] Staudinger/*Coester*, BGB, § 1666 Rn. 73.
[145] MüKo/*Olzen*, BGB, § 1666 Rn. 44.
[146] Staudinger/*Coester*, BGB, § 1666 Rn. 69.
[147] MüKo/*Olzen*, BGB, § 1666 Rn. 44.

e) Beachtlichkeit des Kindeswillens

Bereits aus §§ 1626 Abs. 2, 1631a BGB folgt, dass der Wille des Kindes bei der Bestimmung seines Wohls nicht unbeachtet bleiben kann[148]. Verstärkt wird diese Position durch § 159 Abs. 1 S. 1 FamFG, der das Familiengericht verpflichtet, das Kind ab Vollendung des 14. Lebensjahres persönlich anzuhören. Denn das Kind kann nur dann zu einer verantwortungsbewussten und selbstständig denkenden Persönlichkeit heranreifen, wenn ihm die Möglichkeit gegeben wird, seine Meinung kundzutun[149].

Problematisch bei der Berücksichtigung des Kindeswillens ist, dass das Kind, welches bestenfalls beschränkt geschäftsfähig ist, nach den Vorstellungen des BGB nicht oder nur mit Zustimmung seiner gesetzlichen Vertreter in der Lage ist, eine wirksame Willenserklärung abzugeben, vgl. §§ 105ff. BGB. Allerdings ist zwischen Willenserklärungen, die auf die Herbeiführung einer Rechtsfolge gerichtet sind und dem tatsächlichen Willen zu differenzieren. Auch wenn Kinder ihren rechtsgeschäftlichen Willen nicht in jeder Konstellation in rechtlich verbindlicher Weise äußern können, dient der tatsächliche Wille doch als Indiz für die Gefühlslage der Kinder[150]. Auch der Gesetzgeber sieht, welche Bedeutung der Wille des Kindes zumindest ab einem gewissen Alter erlangen kann: Einem elterlichen Antrag auf Übertragung der alleinigen Sorge auf den beantragenden Elternteil muss das Gericht stattgeben, sofern der andere Elternteil zustimmt, § 1671 Abs. 2 Nr. 1 BGB. Solange durch den Antrag nicht die Gefährdungsgrenze des § 1666 BGB überschritten ist, ist der Richter – selbst wenn er die alleinige Sorge des beantragenden Elternteils als nachteilig für das Wohl des Kindes ansieht – an diesen Antrag gebunden[151]. Widerspricht das 14jährige Kind allerdings diesem Antrag, führt der Wider-

---

[148] MüKo/*Olzen*, BGB, § 1666 Rn. 45.
[149] BVerfG NJW 1981, 217, 218; Staudinger/*Coester*, BGB, § 1666 Rn. 74; *Dettenborn*, Kindeswohl und Kindeswille, S. 63.
[150] *Röchling*, FPR 2008, 481, 482; *Köster*, Sorgerecht, S. 127 will dem Kindeswillen über eine Indizwirkung hinaus Wirkung zuschreiben.
[151] Ausführlich oben Kap.1 B.II.1.

spruch des Kindes gemäß § 1671 Abs. 2 Nr. 1 BGB dazu, dass er nunmehr an den Voraussetzungen des § 1671 Abs. 2 Nr. 2 BGB zu messen ist[152]. Dann ist die Sorgerechtsübertragung am Kindeswohl auszurichten, wobei dem Willen entsprechendes Gewicht zukommen muss.

Ein zu beachtender Wille des Kindes muss allerdings gewisse Anforderungen erfüllen[153]. Denn Kinder sind leichter beeinflussbar als Erwachsene[154]. Daraus folgt, dass in diesem Bereich vorsichtig ermittelt werden muss, ob der geäußerte Wille des Kindes selbstbestimmt ist oder ihm auferlegt wurde. Der manipulierte „Wille" des Kindes ist unbeachtlich, weil er sich streng genommen nicht mehr als eigener Wille darstellt[155]. Der Wille des Kindes muss demnach selbstbestimmt sein, d.h. auf einer selbst getroffenen Entscheidung beruhen. Selbst wenn die Entscheidung des Kindes unvernünftig ist, weil es z.b. die Tragweite noch nicht überblickt, wird der geäußerte Wille hierdurch nicht etwa unbeachtlich, sondern nur von anderen Kindeswohlkriterien überlagert[156].

4. Fazit

Der Begriff des Kindeswohls ist keiner eindeutigen Definition zugänglich. Es gibt jedoch zahlreiche gesetzliche Normen und Wertungen, die die Auslegung erleichtern und hierfür herangezogen werden können. Hierbei besteht zwischen den verschiedenen aus den Normen abzuleitenden Grundsätzen kein Rangverhältnis, vielmehr stehen sie gleichberechtigt nebeneinander. Am grundgesetzlichen Erziehungsziel des Heranbildens einer selbstständigen und eigenverantwortlichen Persönlichkeit sind die Erziehungsmethoden auszurichten. Eine Erziehung, die dieses Ziel verhindert, dient nicht dem Kindeswohl. Auch die gesetzlichen Wertungen orientieren sich an diesem Ziel, so dass die Außerachtlassung der gesetzlichen Wertungen dem Wohl des Kindes nicht dienlich ist.

---

[152] Prütting/Wegen/Weinreich/*Ziegler*, BGB, § 1671 Rn. 12.
[153] Ausführlich hierzu aus psychologischer Sicht *Dettenborn*, Kindeswohl und Kindeswille, S. 69f.
[154] *Köster* weist darauf hin, dass jeder Wille von der Umwelt beeinflusst wird, Sorgerecht, S. 127.
[155] Staudinger/*Coester*, BGB, § 1666 Rn. 80.
[156] Staudinger/*Coester*, BGB, § 1666 Rn. 79; *Dettenborn*, Kindeswohl und Kindeswille, S. 81; *Röchling*, FPR 2008, 481.

II. Gefährdung

1. Gefährdungsbegriff

Mit der Bestimmung des Kindeswohlbegriffs allein ist die Eingriffsschwelle noch nicht festgelegt, dem Kindeswohl muss vielmehr eine Gefährdung drohen. Die Gefährdung bezeichnet die Grenze zwischen Erziehungsprimat der Eltern und staatlichem Wächteramt[157]. Die Bestimmung der Gefährdungsschwelle erweist sich hierbei als ähnlich schwierig wie die Definition desjenigen, was unter Kindeswohl zu fassen sein soll.

Nach der Rechtsprechung liegt eine Gefährdung des Kindeswohls bei einer gegenwärtigen, in solchem Maß vorhandenen Gefahr vor, dass sich bei weiterer Entwicklung eine erhebliche Schädigung mit ziemlicher Sicherheit voraussehen lässt[158]. Dieser Definition hat sich die Literatur, teilweise mit leichten sprachlichen Abweichungen, weitestgehend angeschlossen[159]. Ob diese Voraussetzungen vorliegen, muss für jede konkrete Situation in einem Abwägungsprozess festgestellt werden[160].

Dabei liegt die Problematik der Feststellung einer Gefährdungslage in der Natur der Sache: Eine Gefährdung muss zukünftig drohen, es muss daher eine Prognose angestellt werden, in welche Richtung sich eine aktuelle Situation entwickelt. Ein bereits eingetretener Schaden kann zwar Indiz für die Wahrscheinlichkeit auch zukünftiger Schadenseintritte sein, allerdings reicht er allein nicht aus, um eine Gefährdung zu bejahen[161]. Eine gegenwärtige Gefahr wird auch nicht dadurch begründet, dass Situationen denkbar sind, in denen ein elterliches Verhalten sich unter bestimmten Umständen zu einer Gefahr entwi-

---

[157] Staudinger/*Coester*, BGB, § 1666 Rn. 81.
[158] BGH FamRZ 1956, 350, 351; FamRZ 2005, 344, 345; OLG Köln FamRZ 2004, 827; BayObLG FamRZ 1977, 473, 474; OLG Celle FamRZ 2003, 1490, 1491.
[159] Vgl. Erman/*Michalski*, BGB, § 1666 Rn. 6ff.; *Gernhuber/Coester-Waltjen*, Familienrecht, § 57 Rn. 106; vgl. auch die ausführliche Darstellung bei *Röchling*, FamRZ 2007, 1775, 1778; *Coester* in Lipp/Schumann/Veit, S. 19, 24.
[160] Staudinger/*Coester*, BGB, § 1666 Rn. 81; *Gernhuber/Coester-Waltjen*, Familienrecht, § 57 Rn. 106.
[161] OLG Stuttgart FamRZ 2002, 1278, 1280; Staudinger/*Coester*, BGB, § 1666 Rn. 82; Palandt/*Diederichsen*, BGB, § 1666 Rn. 10.

ckeln könnte, wenn keine Anhaltspunkte dafür bestehen, dass solche Umstände konkret bevorstehen. Daher begründet z.b. die allgemeine Ablehnung von Bluttransfusionen seitens der Angehörigen der Glaubensgemeinschaft der Zeugen Jehovas keine gegenwärtige Gefährdungslage[162]. Nur wenn eine medizinische Behandlung bevorsteht oder sonst absehbar ist, dass das Kind Bluttransfusionen benötigen könnte, kann hierdurch die Gegenwärtigkeit gegeben sein[163]. Es bedarf demnach einer Prognose, ob der Eintritt eines Schadens hinreichend wahrscheinlich ist. Dabei kann es auch ausreichen, dass der Schaden erst später eintritt, wenn nur zum Beurteilungszeitpunkt bereits gesichert ist, dass er eintreten wird[164].

Das elterliche Erziehungsprimat aus Art. 6 Abs. 2 S. 1 GG verlangt, dass ein Eingriff nur erfolgen darf, sofern ein erheblicher Schaden droht. Denn den Eltern wird aus der Verfassung ein weiter Interpretationsspielraum zugestanden, was sie als dem Kindeswohl dienlich erachten[165]. Erst wenn Maßnahmen oder Erziehungsmethoden der Eltern unter keinen denkbaren Umständen mehr als förderlich für das Wohl des Kindes angesehen werden können und somit den Vertretbarkeitsrahmen überschreiten, kann vom Erreichen der Erheblichkeitsschwelle ausgegangen werden. Wann diese Schwelle konkret erreicht wird, ist allerdings wiederum schwierig zu bestimmen. Daher wird teilweise auch vertreten, dass das Kriterium der Erheblichkeit des drohenden Schadens aus Kindesschutzgründen gar nicht oder zumindest für bestimmte Schäden nicht gelten soll[166]. Insbesondere die Ausmaße seelischer Schäden könnten aus der ex ante Perspektive nicht ausreichend sicher beurteilt werden, daher könne hierfür das Kriterium der Erheblichkeit nicht gelten. Denn verschiedene äußere Bedingungen und innere Faktoren ließen die Größe der Schädigung in diesem Bereich kaum prognostizieren. Stellte man in dieser un-

---

[162] AG Meschede FamRZ 1997, 958.
[163] OLG Celle NJW 1995, 792, 793; dazu später ausführlich unter Kap.4 C.II.
[164] OLG Dresden FamRZ 2003, 1862, 1863; OLG Brandenburg FamRZ 2008, 1557; *Gernhuber/Coester-Waltjen*, Familienrecht, § 57 Rn. 106.
[165] BVerfGE 24, 119, 145; *Jestaedt* in Lipp/Schumann/Veit, Kindesschutz, S. 5, 13ff.
[166] *Frey*, Personensorge und milieugefährdete Kinder, S. 73 ff., dort auch zum folgenden.

sicheren Situation eine Abwägung an zwischen dem Ausmaß der Schädigung, der dem Elternrecht durch einen unberechtigten Eingriff droht, und dem Schaden, der dem Kind zugefügt wird, wenn unberechtigterweise nicht eingegriffen wird, so müsse im Ergebnis das Elternrecht zurückstehen[167].

Dem ist entgegenzuhalten, dass allein Probleme in der Beurteilung nicht zu einer Abschwächung der Voraussetzungen für einen Eingriff in das Elternrecht führen können. Denn auch die Schwierigkeit der Abwägung ändert nicht die verfassungsrechtlichen Determinanten. Darüber hinaus kann bei den allermeisten Schädigungen des Kindeswohls zusätzlich zu befürchten sein, dass diese Auswirkungen auf das seelische Wohl zeitigen. Dann käme das Kriterium der Erheblichkeit aber nur noch in den seltensten Fällen zu Anwendung. Daher ist auch bei seelischen Schäden am Kriterium der Erheblichkeit festzuhalten. Dieses Ergebnis stimmt mit der Feststellung des Bundesverfassungsgerichts überein, dass Kinder keinen Anspruch auf die bestmöglichen Eltern oder die bestmögliche Erziehung haben[168]. Dem liegt, wie bereits oben dargelegt, die Ansicht zu Grunde, dass unvollkommene Eltern für die Entwicklung des Kindes und sein persönliches Wohlergehen immer noch besser sind als das Eingreifen des Staates[169].

2. Relativierung der Eingriffsschwelle

Die Ausführungen haben gezeigt, dass die Bestimmung der Eingriffsschwelle im Einzelfall nicht ohne Schwierigkeiten erfolgen kann. Es wurde deutlich, dass eine Gefährdung nur dann gegeben ist, wenn die Folgen der Erziehungsmethoden der Eltern den Vertretbarkeitsrahmen überschreiten und somit ein Schaden droht. Die Grenze zwischen noch und nicht mehr vertretbaren Maßnahmen ist jedoch nicht immer einfach zu bestimmen. Insbesondere stellt sich die Frage, ob es sich hierbei um eine starre Grenze handelt oder ob sie bei Vorliegen bestimmter Sachverhalte zu relativieren ist.

---

[167] *Frey*, Personensorge und milieugefährdete Kinder, S. 74f.
[168] BVerfGE 24, 119, 144f.; 34, 165, 184.
[169] *Gernhuber/Coester-Waltjen*, Familienrecht, § 57 Rn. 106; MüKo/*Olzen*, BGB, § 1666 Rn. 44.

In Betracht käme, dass die geringe Eingriffsintensität einer staatlichen Intervention in Relation zum drohenden Schaden zu einer Herabsetzung der Eingriffsschwelle führen könnte[170]. Coester formuliert, dass die Gefährdungsgrenze je nach der genannten Bezugsgröße „wie in einem System kommunizierender Röhren"[171] variiere.

Problematisch erscheint hieran, dass die Relativierung auf abstrakter Ebene zu einer Vorverlagerung staatlicher Schutzaktivitäten führen kann: Treffen verschiedene Bezugsgrößen, die für eine Absenkung sprechen, aufeinander, besteht die Gefahr, dass „der Staat als Wächter mitten in der Normalfamilie steht"[172]. Eine solche Auslegung wäre vor dem Hintergrund des elterlichen Erziehungsrechts in Art. 6 Abs. 2 S. 2 GG nicht hinnehmbar. Ein solch frühzeitiger Eingriff wäre auch nicht im Wege der Verhältnismäßigkeit durch die Anwendung lediglich wenig eingriffsintensiver Maßnahmen zu rechtfertigen.

Zwar war im Regierungsentwurf zur Neuregelung des § 1666 BGB häufig von niedrigschwelligen Eingriffen[173] die Rede, welche zu einem frühzeitigeren Eingreifen des Staates berechtigen sollen. Was genau sich hinter dem Begriff „niedrigschwellig" verbirgt, wurde allerdings nicht näher dargelegt[174]. Allerdings verdeutlicht die neue beispielhafte Aufzählung der anzuordnenden Maßnahmen in Absatz 3[175], dass ein niedrigschwelliger Eingriff nicht einen Eingriff unterhalb der Gefährdungsgrenze bezeichnet[176]. Denn dort sind explizit auch wenig eingriffsintensive Maßnahmen aufgeführt, wie das Gebot, öffentliche Hilfen in Anspruch zu nehmen in § 1666 Abs. 3 Nr. 1 BGB. Es kann bei einer möglichen Relativierung der Eingriffsschwelle also nicht darum gehen, von Voraussetzungen des § 1666 Abs. 1 BGB abzusehen.

---

[170] Dieses und weitere Beispiele bei Staudinger/*Coester*, BGB, § 1666 Rn. 91.

[171] *Coester* in Lipp/Schumann/Veit, Kindesschutz, S. 19, 33.

[172] *Coester* in Lipp/Schumann/Veit, Kindesschutz, S. 19, 33.

[173] BT-Drucks. 16/6815, S. 7.

[174] Kritisch insoweit auch *Coester* in Lipp/Schumann/Veit, Kindesschutz, S. 19, 34; *Veit*, FPR 2008, 598, 600; vgl. hierzu schon oben Kap.1 A.V.4.

[175] Ausführlich zu diesen Maßnahmen Kap.1 D.I.

[176] Zur alten Fassung des § 1666 BGB so schon Staudinger/*Coester*, BGB (2004), § 1666 Rn. 83; *Zenz*, Kindesmisshandlung, S. 382.

Andererseits ist nicht von der Hand zu weisen, dass Konstellationen denkbar sind, die auf abstrakter Ebene eine Verschiebung der Eingriffsschwelle denkbar erscheinen lassen. Dies ist nicht lediglich im Familienrecht der Fall, auch in anderen Rechtsgebieten wird mit dem Gefährdungsbegriff gearbeitet und auch dort werden Überlegungen angestellt, wo die Eingriffsgrenze verläuft. Insbesondere im Polizeirecht sind Ansätze erkennbar, wonach die Anforderungen an die Wahrscheinlichkeit eines Schadenseintritts von der Wichtigkeit des betroffenen Rechtsguts abhängig gemacht werden. So hat auch das Bundesverfassungsgericht in seiner Entscheidung zur Online-Durchsuchung darauf hingewiesen, dass ein solcher Eingriff dann möglich sei, wenn eine Gefahr für ein überragend wichtiges Rechtsgut vorliege, selbst wenn im konkreten Fall noch keine hinreichende Wahrscheinlichkeit bestehe, dass diese Gefahr in naher Zukunft eintrete[177]. Auch im Kontext des § 1666 BGB sind solche Überlegungen formuliert worden – je höher das zu schützende Rechtsgut einzustufen sei, desto geringer seien die Anforderungen an die konkrete Gefahr[178].

Für eine flexible Handhabung der Gefährdungsschwelle spricht auch, dass es sich hierbei nicht um einen feststehenden, subsumierbaren Begriff handelt, sondern um einen, der im Einzelfall der Konkretisierung bedarf[179]. Allerdings muss es auf abstrakter Ebene gewisse Anhaltspunkte und Vorgaben geben, die das Erreichen bzw. Überschreiten der Gefährdungsschwelle voraussehbar machen. Ansonsten mangelte es an ausreichender Rechtssicherheit. In Betracht kommt hier die Anknüpfung an die Faktoren der Eingriffsintensität und Schwere der drohenden Gefahr. Bei Berücksichtigung beider Faktoren besteht nicht die Gefahr, dass die Eingriffsschwelle bei schwerwiegenden Maßnahmen aufgrund einer schwerwiegenden Gefährdungslage geringer ausfällt oder sie zu hoch angesetzt wird, wenn ein schwerwiegender Eingriff droht[180]. Insofern ist

---

[177] BVerfG ZUM 2008, 301, 316.
[178] So z.B. bei drohender weiblicher Genitalverstümmelung OLG Karlsruhe NJW 2009, 3521, 3522; allgemein *Becker*, ZKJ 2009, 28, 29.
[179] *Coester* in Lipp/Schumann/Veit, Kindesschutz, S. 19, 31.
[180] Ausführlich hierzu in Bezug auf religiös motivierte Erziehungsmethoden und deren Auswirkung auf die Gefährdungsschwelle unter Kap. 2 C.I.2.b).

die Gefährdungsschwelle nicht starr, sondern kann in bestimmten Fällen variieren[181].

III. Gefährdungsursache

Die bisherige Version des § 1666 Abs. 1 BGB nannte drei Verhaltensweisen, durch die eine Kindeswohlgefährdung verursacht werden konnte. Bei der jüngsten Reform dieser Regelung wurden die Gefährdungsursachen ersatzlos gestrichen. Es stellt sich daher nunmehr die Frage, ob für das Vorliegen einer Kindeswohlgefährdung noch irgendeine Form einer Ursache gefordert wird oder ob die Kindeswohlgefährdung alleiniges zentrales Tatbestandsmerkmal der Generalklausel ist. Hierzu bietet sich ein Vergleich der früheren mit der heutigen Rechtslage an.

1. Fassung bis zum 11. Juli 2008

Eine Kindeswohlgefährdung konnte nach der alten Version des § 1666 Abs. 1 BGB durch die missbräuchliche Ausübung der elterlichen Sorge (1. Var.), Vernachlässigung (2. Var.) oder unverschuldetes Versagen (3. Var.) herbeigeführt werden.

Unter die Missbrauchsalternative wurde ein Verhalten gefasst, dass als falscher, rechts- und zweckwidriger Gebrauch des elterlichen Sorgerechts angesehen werden konnte, der dem Kindeswohl zuwiderläuft[182], bzw. das Ausnutzen der Sorge zum Schaden des Kindes[183]. Typische Anwendungsfälle dieser

---

[181] *Coester* in Lipp/Schumann/Veit, Kindesschutz, S. 19, 34; *Zenz*, Kindesmisshandlung, S. 387; *Tiedemann*, NJW 1988, 729, 735 bezüglich der möglichen HIV-Infektion eines Kindes. Sofern konkrete Anhaltspunkte dafür bestehen, dass ein Kind mit dem Virus infiziert sein könnte, die Eltern aber ihre Zustimmung zur Durchführung eines Tests verweigern, soll es möglich sein, die Einwilligung durch das Familiengericht zu ersetzen. Denn der Eingriff ist sowohl für die Eltern als auch das Kind in Relation zu dem drohenden Schaden – der nicht diagnostizierten und somit auch nicht behandelten Infektion – geringfügig.

[182] MüKo/*Olzen*, BGB (2008), § 1666 Rn. 58

[183] Staudinger/*Coester*, BGB (2004) § 1666 Rn. 88; Palandt/*Diederichsen*, BGB (2008) § 1666 Rn. 11; als zu weitgehend kritisiert von *Olzen* a.a.O.

Variante waren z.B. die Kindesmisshandlung[184], der sexuelle Missbrauch von Kindern[185] und die ohne sachlichen Grund erfolgte Umgangsbeschränkung[186], auch die Herausnahme des Kindes aus seiner gewohnten Umgebung konnte einen Sorgerechtsmissbrauch darstellen[187]. Zur Missbrauchsvariante waren darüber hinaus noch die Fälle zu zählen, in denen Eltern ihr Kind vom ordnungsgemäßen Schulbesuch abhielten[188].

Während der Missbrauch also ein aktives Verhalten der Eltern voraussetzte, war die Kindesvernachlässigung durch passives Verhalten der Eltern geprägt. In Fällen, in denen zum Wohl des Kindes ein Eingreifen erforderlich wäre, wird seitens der Eltern nichts unternommen[189]. Eine Vernachlässigung des Kindes lag z.B. vor bei Alkoholmissbrauch und dadurch resultierender mangelnder Versorgung des Kindes[190], bei Duldung schädlichen Umgangs[191], Nichtanhalten zum Schulbesuch[192], bei mangelnder Pflege[193], wobei hier nicht „schichtspezifische Vorurteile"[194] über das Vorliegen einer Vernachlässigung entscheiden dürfen[195]. Als Maßstab galt demnach das jeweilige Milieu der Eltern und nicht dasjenige Umfeld, in dem dem Kind die bestmöglichen Entwicklungschancen hätten zuteilwerden können[196].

---

[184] MüKo/*Olzen*, BGB (2008), § 1666 Rn. 59; Staudinger/*Coester*, BGB (2004) § 1666 Rn. 92; Palandt/*Diederichsen*, BGB (2008) § 1666 Rn. 14; Erman/*Michalski*, BGB, § 1666 Rn. 8; *Zenz*, Kindesmisshandlung, S. 83; *Rosenboom,* Gefährdung des Kindeswohls, S. 16.

[185] MüKo/*Olzen*, BGB (2008), § 1666 Rn. 61; Staudinger/*Coester*, BGB (2004) § 1666 Rn. 96; Palandt/*Diederichsen*, BGB (2008) § 1666 Rn. 15; Erman/*Michalski*, a.a.O.

[186] OLG Frankfurt/M. FamRZ 2001, 638, 639; MüKo/*Olzen*, BGB (2008), § 1666 Rn. 82.

[187] MüKo/*Olzen*, BGB (2008), § 1666 Rn. 89.

[188] BGH NJW 2008, 369, 370; BayObLG NJW 1984, 928; BayObLG FamRZ 1987 1080, 1082; MüKo/*Olzen*, BGB (2008), § 1666 Rn. 96; Erman/*Michalski*, BGB, § 1666 Rn. 8; ausführlich zu diesen Fällen unten Kap.3 insb. A.I, II.2.a.

[189] BayObLG FamRZ 2001, 562; Staudinger/*Coester*, BGB (2004) § 1666 Rn. 89; MüKo/*Olzen*, BGB (2008), § 1666 Rn. 102; Palandt/*Diederichsen*, BGB, (2008) § 1666 Rn. 16; Erman/*Michalski*, BGB, § 1666 Rn. 10.

[190] MüKo/*Olzen*, BGB (2008), § 1666 Rn. 104; Erman/*Michalski*, BGB, § 1666 Rn. 10.

[191] Erman/*Michalski*, BGB, § 1666 Rn. 10; Palandt/*Diederichsen*, BGB (2008), § 1666 Rn. 16.

[192] Palandt/*Diederichsen*, BGB (2008), a.a.O.

[193] Erman/*Michalski*, BGB, § 1666 Rn. 10.

[194] MüKo/*Olzen*, BGB (2008), § 1666 Rn. 103.

[195] *Mnookin*, FamRZ 1975, 1, 3f.; Staudinger/*Coester*, BGB (2004) § 1666 Rn. 107; MüKo/*Olzen*, BGB (2008), § 1666 Rn. 103.

[196] MüKo/*Olzen*, BGB, § 1666 Rn. 103; vgl. hierzu auch oben Kap.1, B.II.1.

Als Auffangtatbestand war die Variante des unverschuldeten Versagens vorgesehen[197]. Hiervon sollte jedwede Nichterfüllung elterlicher Pflichten unabhängig von der subjektiven Zurechenbarkeit erfasst sein[198]. Die dritte Variante sollte damit auch all die Fälle umfassen, die unter die beiden vorgenannten Gefährdungsursachen fielen, ein Eingreifen des Gerichtes aber an der subjektiven Vorwerfbarkeit scheiterte. Gemeint waren hiermit vor allem Sachverhalte, in denen den Eltern die Kindeswohlgefährdung nicht vorzuwerfen ist, weil sie z.b. aufgrund einer psychischen Erkrankung[199] oder Drogenabhängigkeit[200] das Ausmaß ihres Verhaltens nicht erkennen können oder eine körperliche Behinderung die Schwierigkeiten verursacht[201].

2. Fassung seit dem 12. Juli 2008

Mit der Reform des § 1666 BGB durch das Gesetz zur Erleichterung familiengerichtlicher Maßnahmen bei Gefährdung des Kindeswohls sind die Gefährdungsursachen gestrichen worden. Zu den Motiven dieser Änderung ist bereits ausführlich Stellung genommen worden[202], es ging demnach primär darum, erleichterten Zugang zu den Familiengerichten zu schaffen. Daraus folgt, dass sich durch die Streichung nichts an den Inhalten geändert hat, sondern dass all das, was bisher zu den Gefährdungsursachen gezählt wurde, weiterhin vom Tatbestand des § 1666 Abs. 1 BGB umfasst ist. Es kommt allerdings nicht mehr darauf an, dies konkret festzustellen. Darüber hinaus ist es auch nicht von Bedeutung, ob die Eltern überhaupt selbst etwas getan haben, was zur Gefährdung führt. Das elterliche Verhalten spielt für die Beurteilung der Kindeswohlgefährdung keine Rolle mehr.

---

[197] Vgl. Staudinger/*Coester*, BGB (2004) § 1666 Rn. 90 der hier von der „Sub-Generalklausel" spricht.

[198] Staudinger/*Coester*, BGB (2004) § 1666 Rn. 90; MüKo/*Olzen*, BGB (2008), § 1666 Rn. 105.

[199] BayObLG FamRZ 1997, 956; OLG Karlsruhe JAmt 2001, 192, 193; Erman/*Michalski*, BGB, § 1666 Rn. 11; Palandt/*Diederichsen*, BGB, § 1666 Rn. 14.

[200] Palandt/*Diederichsen*, BGB (2008) § 1666 Rn. 17; MüKo/*Olzen*, BGB (2008), § 1666 Rn. 107.

[201] Erman/*Michalski*, BGB, § 1666 Rn. 11.

[202] S. o. Kap.1 A.V.1.

Dies wirft die im Kontext dieser Arbeit interessierende Frage auf, ob dann auch die hinter dem elterlichen Verhalten stehende Motivation überhaupt noch von Bedeutung ist. Auch wenn diese für die Feststellung der Gefährdung zunächst völlig ausgeblendet werden kann[203], hat das Familiengericht sich für die Auswahl der anzuordnenden Maßnahmen mit ihr auseinanderzusetzen. Auch die nunmehr eigenständige Tatbestandsvoraussetzung der Gefahrabwendungsbefugnis fordert für die Beurteilung einen Blick auf die Eltern. Das Gericht ist demnach weiterhin gezwungen, den Gefährdungsauslöser zu ermitteln. Die Streichung bedeutet daher lediglich für Jugendämter und andere Stellen, die die Familiengerichte anrufen, dass sie bei der Meldung einer potentiellen Gefährdung nicht mehr auf die Eltern Bezug nehmen müssen, dies fällt erst in die Ermittlungspflicht des Gerichtes. Die Kausalität für die Gefährdung hat das Gericht nicht mehr nachzuweisen. Für die Auswahl der geeigneten Maßnahmen ist es allerdings auch hier nach wie vor erforderlich, die Kausalverläufe nachzuvollziehen.

3. Fazit

Die Begründung verdeutlicht, dass die Reform des § 1666 BGB den Schutz der Kinder verstärken will – jegliche Sachverhalte, die schon in der vorigen Fassung des § 1666 BGB den Tatbestand erfüllten, sind nun umso leichter unter die Voraussetzungen des § 1666 Abs. 1 BGB zu subsumieren. Nunmehr kommt es allerdings nicht mehr auf ein konkret festzustellendes Verhalten der Eltern an, dass eine Gefährdung verursacht. Trotzdem hat das Familiengericht die Hintergründe einer Gefährdung zu ermitteln, um die Möglichkeit der elterlichen Gefahrabwendung zu beurteilen und die erforderlichen Maßnahmen auszuwählen. Hierfür ist auch weiterhin die Motivation elterlichen Verhaltens von Bedeutung.

---

[203] Staudinger/*Coester*, BGB, § 1666 Rn. 64.

IV. Fehlende Gefahrabwendung durch die Eltern

Allein die Kindeswohlgefährdung reicht zum Eingreifen des Gerichtes nicht aus, vielmehr verlangt § 1666 Abs. 1 BGB, dass die Eltern darüber hinaus nicht gewillt oder nicht in der Lage sind, diese Gefahr abzuwenden. Der Gefahrabwendungsprimat liegt bei den Eltern. Hierdurch wurde bisher die nur subsidiäre Eingriffsbefugnis des Staates festgelegt, durch die Reform ist das Merkmal allerdings zu einer eigenständigen Voraussetzung aufgewertet worden[204]. Die Gefahrabwendungsbefugnis richtet den Fokus der Betrachtung in die Zukunft: Entscheidend ist nicht, wie es zur Gefährdung kam oder in welchem Maße die Eltern diese verschuldet haben, sondern ob die Eltern die Möglichkeit und den Willen haben, die Gefahr von ihrem Kind abzuwenden. Die Verursachung der Gefährdung allein reicht nicht aus, um die Gefahrabwendungsbefugnis auf den Staat zu übertragen[205]. Um zu ermitteln, ob die Eltern ihrer Pflicht zur Gefahrabwendung gerecht werden, muss das Gericht ihnen die Möglichkeit zur Äußerung geben. Dies geschieht im Rahmen der nun in § 157 Abs. 1 FamFG verorteten Anhörungs*obliegenheit* des Gerichtes[206]. Ein solches Gespräch dient der gemeinsamen Erörterung, wie die Kindeswohlgefährdung bestmöglich abgewendet werden kann. Denn das primäre und erstrebenswerte Ziel des Gerichtes ist nicht, ein Fehlverhalten der Eltern zu sanktionieren, sondern diesen die Gefahrabwendung zu ermöglichen[207]. Nur mit einer solchen Zielsetzung wird der im Grundgesetz verankerten Erkenntnis bestmöglich Rechnung getragen, dass grundsätzlich die Eltern am ehesten und besten das Kindeswohl wahren können. Schaffen sie dies nicht allein, kann der Staat zunächst versuchen, ihnen bei dieser Aufgabe zu helfen. Er leistet den Eltern Hilfe zur Selbsthilfe[208]. Erst wenn dies nicht fruchtet oder absehbar ist, dass sol-

---

[204] Staudinger/*Coester*, BGB, § 1666, Rn. 169; MüKo/*Olzen*, BGB, § 1666 Rn. 116.
[205] *Gernhuber/Coester-Waltjen*, Familienrecht, § 57 Rn 107.
[206] Staudinger/*Coester*, BGB, § 1666 Rn. 170.
[207] *Gernhuber/Coester-Waltjen*, Familienrecht, § 57 Rn. 107; Staudinger/*Coester,* BGB, § 1666 Rn. 173.
[208] MüKo/*Olzen*, BGB, § 1666 Rn. 116.

che Maßnahmen nicht zur Abwendung der Gefahr führen, greift die Gefahrabwendungsbefugnis des Staates ein.

Die mangelnde Gefahrabwendung durch die Eltern verdient nach der Reform des § 1666 Abs. 1 BGB größere Beachtung als früher. Weil für das Eingreifen des Staates nun kein spezifisches Verhalten der Eltern mehr erforderlich ist, sondern allein ausreichend ist, dass eine woraus auch immer resultierende Kindeswohlgefährdung vorliegt, sind Fälle denkbar, in denen die Eltern die Gefährdung möglicherweise nicht bemerkt haben, weil sie eben nicht an ihrer Entstehung beteiligt waren. Hier muss, um dem elterlichen Erziehungsrecht gerecht zu werden, genau betrachtet werden, ob die Eltern tatsächlich nicht gewillt oder in der Lage sind, die Gefahr abzuwenden. Dies war früher schon anerkannt für die Fälle, in denen die Gefährdung durch einen Dritten verursacht wurde. Hier wurde es als verfassungsrechtlich geboten angesehen, den Eltern zunächst die Möglichkeit zur Gefahrabwendung einzuräumen. Denn auch in dieser Konstellation ist denkbar, dass die Eltern erst durch das staatliche Eingreifen auf die Gefährdung für das Wohl ihres Kindes durch eine dritte Person aufmerksam werden. Diese Überlegung ist nun auf alle Sachverhalte zu übertragen, in denen die Gefahr von außen kommt, also nicht die Eltern die Verursacher sind[209].

Auffällig ist allerdings, dass die Gefahrabwendungsbefugnis nur in den Fällen die sichernde Wirkung für das Elternrecht entfalten kann, in denen die Eltern nicht aus einer bestimmten Überzeugung heraus eine Erziehungsmaßnahme durchführen. Die Voraussetzung kommt damit insbesondere Eltern zugute, die aus Unwissenheit oder Gleichgültigkeit die Gefährdung nicht bemerkt haben. Ein Beispiel für die Problematik der Konstellation, in denen die Eltern von ihrer Erziehung überzeugt sind, bieten die Fälle religiös motivierter Erziehung. Die Eltern handeln bewusst in einer bestimmten Weise und sind – anders als staatliche Stellen – der Überzeugung, hierdurch nicht das Kindeswohl zu gefährden. Darüber hinaus sehen sie sich durch ihren Glauben aufgefordert, in

---

[209] So auch Staudinger/*Coester*, BGB, § 1666 Rn. 176; MüKo/*Olzen*, BGB, § 1666 Rn. 118.

einer bestimmten Art und Weise zu handeln. Typischerweise werden diese Eltern nie gewillt oder in der Lage sein, die Kindeswohlgefährdung selbst abzuwenden[210]. Gerade die Voraussetzung, die nach Wegfall des elterlichen Erziehungsversagens als Kompensation für Eingriffe in das Elternrecht an Bedeutung gewonnen hat[211], verkehrt sich für Handlungsweisen von Eltern, die auf einer bestimmten Motivation beruhen, ins Gegenteil. Dies gibt in zweierlei Hinsicht zu denken: Zunächst erscheint es ungerecht, dass Eltern, die sich Gedanken um die Erziehung ihres Kindes machen und aus der Überzeugung, das Beste für ihr Kind zu tun, handeln, schlechter gestellt sind als Eltern, die ihr Kind vernachlässigt haben. Darüber hinaus trifft dies in Fällen religiös motivierter Erziehung gerade Eltern, die aufgrund ihrer verfassungsrechtlich geschützten Überzeugung schützenswerter wären als solche, die aus Gleichgültigkeit handeln. Ob und wie sich diese Problematik auf die Verfassungsmäßigkeit oder Auslegung des § 1666 Abs. 1 BGB auswirkt, wird daher zu prüfen sein[212].

D. Anordnung erforderlicher Maßnahmen als Rechtsfolge

Liegen die Voraussetzungen des § 1666 Abs.1 BGB vor, so hat das Gericht die zur Gefahrabwendung erforderlichen Maßnahmen zu treffen. Ziel jeglicher Anordnung muss die Beseitigung der Kindeswohlgefährdung sein, darüber hinausgehende Motivationen, wie die Sanktionierung elterlichen Fehlverhaltens sind im Rahmen des § 1666 BGB fehl am Platz. Bei der Auswahl der konkreten Anordnung ist der Richter an den Grundsatz der Verhältnismäßigkeit gebunden. Welche Maßnahme er im Rahmen seiner Entscheidungsmacht auswählt, liegt allein in seinem Ermessen.

---

[210] Hierzu ausführlich unter Kap.2 C.I.3.
[211] Arbeitsgruppe, Abschlussbericht Kindeswohl, S. 28.
[212] Vgl. hierzu Kap. 2 A.II.

I. Überblick über die Maßnahmen nach Absatz 3

Seit der jüngsten Reform des § 1666 BGB enthält der neue Absatz 3 einige mögliche Maßnahmen. Wie bereits erwähnt, handelt es sich um einen beispielhaften Katalog möglicher Maßnahmen, worauf das Wort „insbesondere" hinweist. Dies lässt sich auch daraus folgern, dass es nicht möglich ist, die zu ergreifenden Maßnahmen im Vorhinein abschließend gesetzlich festzulegen, da man der Vielzahl der Einzelfälle hierdurch nicht gerecht werden könnte.

Weil in früheren Verfahren zumeist lediglich auf die Möglichkeit, einen vollständigen oder teilweisen Sorgerechtsentzug anzuordnen, zurückgegriffen wurde[213], sollte den Beteiligten durch die Aufzählung einiger Maßnahmen die Bandbreite möglicher Anordnungen vor Augen geführt werden[214]. Der Gesetzgeber intendiert hiermit die Anrufung der Gerichte zu einem Zeitpunkt zu fördern, zu dem noch die beispielhaft aufgezählten wenig eingriffsintensiven Maßnahmen angeordnet werden können.

1. Gebote, öffentliche Hilfen in Anspruch zu nehmen

§ 1666 Abs. 3 Nr. 1 BGB enthält das Gebot an die Eltern, öffentliche Hilfen in Anspruch zu nehmen. Gemeint sind hiermit insbesondere die Hilfen, die das Jugendamt nach §§ 27ff. SGB VIII anbietet.

Hier wird sich in Zukunft zeigen müssen, wie sich das Verhältnis zwischen Familiengericht und Jugendamt entwickelt. Denn weder der Gesetzestext noch die Begründung verlieren ein Wort zu der Frage, ob das Familiengericht gegenüber den Eltern nur anordnen darf, öffentliche Hilfen in Anspruch zu nehmen, oder ob mit einer solchen Anordnung gleichzeitig eine konkrete Hilfe verbunden werden darf. Völlig unproblematisch ist dies der Fall, wenn das Jugendamt eine Hilfe anbietet, diese aber seitens der Eltern abgelehnt wird. In diesen Fällen wird das Gericht sich auf diese Hilfe beziehen können. Weniger eindeutig ist die Sachlage, wenn das Jugendamt bisher keine Maßnahme ins

---

[213] BT-Drucks. 16/5815, S. 9.
[214] BT-Drucks. 16/6815, S.11.

79

Auge gefasst hatte, das Gericht nun aber ein Gebot erlässt, eine konkrete Maßnahme zu befolgen oder wenn das Gericht eine vom Jugendamt angebotene Maßnahme nicht für die bestmögliche hält und daher die Befolgung einer seiner Ansicht nach geeigneteren Maßnahme anordnet. Es stellt sich die Frage, ob das Familiengericht hierzu befugt und das Jugendamt dadurch an die Maßnahme gebunden ist. Diese Frage wird seit längerem kontrovers diskutiert, eine Auseinandersetzung hiermit würde im Rahmen dieser Arbeit allerdings zu weit führen[215]. Festzuhalten bleibt hier lediglich, dass es wünschenswert gewesen wäre, wenn sich der Gesetzgeber in der Begründung des neuen § 1666 Abs. 3 Nr. 1 BGB zu der Anordnungskompetenz des Familiengerichtes gegenüber dem Jugendamt geäußert hätte, da die Unsicherheiten in diesem Bereich schon vor der Reform bestanden. Tritt der Zweck der Reform ein, nämlich vermehrt weniger eingriffsintensive Maßnahmen anzuordnen, kann die Relevanz des Problems allein durch die Häufigkeit der Anordnung öffentlicher Hilfen im Vergleich zur früheren Regelung deutlich zunehmen. Nehmen Jugendamt und Familiengericht ihre Aufgaben allerdings in enger Zusammenarbeit wahr, deren Stärkung auch ein Ziel der Reform war[216], besteht die begründete Hoffnung, dass der Streit in der Praxis keine allzu große Bedeutung entfaltet[217].

Beispiele öffentlicher Hilfen sind die Wahrnehmung von Früherkennungsuntersuchungen, die Erziehungsberatung oder auch das Angebot eines Kindergartenplatzes.

---

[215] Vgl. zu dieser Problematik Hauck/Noftz/*Stähr*, SGB VIII, K § 27 Rn. 8; MüKo/*Olzen*, BGB, § 1666 Rn. 175ff.; *Bergmann*, FPR 2011, 297, 298; *Coester*, FamRZ 1991, 253, 260.; ders. in Staudinger/*Coester*, BGB, § 1666a Rn. 16; *Röchling*, Vormundschaftsgerichtliches Eingriffsrecht, S. 239.

[216] BT-Drucks. 16/6815, S. 7 wo von einer „Verantwortungsgemeinschaft" zwischen Familiengerichten und Jugendämtern die Rede ist; zu diesem Begriff auch *Flemming*, FPR 2011, 309f.

[217] Auf die Verpflichtung zur Zusammenarbeit weist Olzen hin, vgl. MüKo/*Olzen*, BGB, § 1666 Rn. 177 a.E. hin; Modelle zu fallübergreifenden Zusammenarbeiten stellt *Bergmann*, FPR 2011, 297, 298, dar; konkrete Beispiele hierzu auch bei *Flemming*, FPR 2011, 309, 312.

2. Gebote, für die Einhaltung der Schulpflicht zu sorgen

Bei der zweiten Maßnahme, die beispielhaft aufgeführt ist, handelt es sich um das „Gebot, für die Einhaltung der Schulpflicht zu sorgen". Obwohl in der Gesetzesbegründung keine Motive zu dieser Regelung zu finden sind, lässt sich vermuten, dass die Regelung in § 1666 Abs. 3 Nr. 2 BGB vor dem Hintergrund aktueller Fälle von Schulverweigerung und Schulschwänzen aufgenommen wurde. Hiermit wird die allgemeine Ansicht, dass die Verletzung der Schulpflicht eine Gefährdung des Kindeswohls darstellt, mittelbar vom Gesetzgeber bestätigt. Dies ist ein Signal an die betroffenen Eltern: Wo häufig – insbesondere in Fällen, in denen ein Kind vielleicht sogar unbemerkt von den Eltern die Schule nicht besucht – die eigene Verantwortung nicht ausreichend erkannt wird, ist nun klargestellt, dass schon durch mangelnde Kontrolle des Schulbesuchs das Kindeswohl gefährdet wird. Auch werden die Beteiligten an Verfahren nach § 1666 BGB darauf aufmerksam gemacht, dass der Erlass eines solchen Gebotes eine Option bei der Behandlung dieser Problemfälle ist. Anwendung finden wird diese Maßnahme jedoch nur in Fällen von Schulschwänzen, wenn die Eltern bisher das Ausmaß des Problems nicht erkannt haben. Handelt es sich dagegen um aktive Schulverweigerung, die von den Eltern veranlasst oder unterstützt wird, wird ein einfaches Gebot in der Regel nicht ausreichen und werden weitergehende Maßnahmen ergriffen werden müssen[218].

3. Aufenthalts- und Kontaktbeschränkungen

Die Verbote, einen bestimmten Ort aufzusuchen oder Kontakt mit dem Kind aufzunehmen, entstammen dem Gewaltschutzgesetz und sind in § 1666 Abs. 3 Nr. 3 und 4 BGB als potentielle gerichtliche Maßnahmen verankert worden. Da das Gewaltschutzgesetz im Verhältnis zu den Eltern keine Anwendung findet

---

[218] Zu diesen Fällen ausführlich unten Kap. 3 A.; *Röchling*, FamRZ 2007, 431, 433 geht davon aus, dass auch in den Schulschwänzer Fällen ein solches Gebot regelmäßig nicht in Betracht kommen wird, da zum Zeitpunkt der Beteiligung der Gerichte das Jugendamt regelmäßig schon versucht haben wird, mit milderen Mitteln auf Kinder und Eltern einzuwirken. Betrachtet man aber die Zielsetzung, die Familiengericht frühzeitig zu beteiligen, so sind – wie oben dargestellt – Fälle denkbar, in denen ein solches Gebot geeignet und erforderlich wäre.

und selbst in § 3 Abs. 1 GewaltSchG auf das allgemeine Kindesschutzrecht verweist, ist die Aufzählung an dieser Stelle sinnvoll[219].

4. Ersetzung von Erklärungen

§ 1666 Abs. 3 Nr. 5 BGB eröffnet die Möglichkeit, zur Abwendung einer Gefahr für das Kindeswohl Erklärungen der Sorgeberechtigten zu ersetzen. Diese Maßnahme war auch schon in der alten Fassung des § 1666 Abs. 3 BGB enthalten. Das Ersetzen von Erklärungen kommt in Fällen in Betracht, in denen eine Erklärung des Sorgeberechtigten zur Abwendung einer Kindeswohlgefährdung erforderlich ist, dieser sich aber weigert, diese Erklärung abzugeben. Die konkrete Erklärung kann dann durch das Familiengericht ersetzt werden. Ein typischer Fall, in dem eine solche Maßnahme erfolgversprechend ist, ist die Verweigerung der Einwilligung in eine notwendige medizinische Behandlung[220].

5. Teilweiser oder vollständiger Sorgerechtsentzug

Schließlich wird der teilweise oder vollständige Entzug der elterlichen Sorge in § 1666 Abs. 3 Nr. 6 BGB genannt. Diese Möglichkeit ist den Familiengerichten unbenommen und wird dann zu wählen sein, wenn andere Maßnahmen keine Wirkung gezeigt haben oder von vornherein nicht erfolgversprechend sind. Entscheidend ist, dass im Falle einer erheblichen Gefährdung für das Kindeswohl auch direkt der Entzug des Sorgerechts – vollständig oder teilweise – angeordnet werden kann. Die Aufzählung in § 1666 Abs. 3 BGB ist nach dem ausdrücklichen Willen des Gesetzgebers nicht so zu verstehen, dass zunächst weniger intensive Maßnahmen erfolglos ausprobiert werden müssten[221].

---

[219] Vgl. hierzu auch die Begründung in BT-Drucks. 16/6815, S. 15.
[220] Zu der Problematik der Verweigerung der Einwilligung in eine lebensrettende Bluttransfusion bei Angehörigen der Glaubensgemeinschaft der Zeugen Jehovas vgl. unten Kap. 4 C.
[221] BT-Drucks. 16/6815, S. 11.

II. Auswahlermessen des Gerichts

Welche Maßnahme das Familiengericht anordnet, liegt in seinem Ermessen. Die Entscheidung über die geeignete Maßnahme ist an der Zielsetzung des gerichtlichen Verfahrens, nämlich der Gefahrabwendung für das Kind, auszurichten und muss dem Gebot der Verhältnismäßigkeit genügen.

1. Kindeswohlprinzip

Zwischen mehreren in Betracht kommenden Maßnahmen hat das Gericht diejenige zu wählen, die dem Kindeswohl am ehesten dient. Dies sind regelmäßig Maßnahmen, die auf Unterstützung und Refunktionalisierung der Familie gerichtet sind[222]. Soweit möglich sollten die Maßnahmen also nicht nur kurzfristige Hilfe für das Kind bezwecken, sondern die gesamte Familie erfassen und hierdurch die Eltern in die Lage versetzen, zukünftig selbst Gefahren für das Kindeswohl von ihrem Kind fernzuhalten. Die Orientierung der Maßnahmen am Kindeswohl bewirkt auch, dass Übergangssituationen, in denen die Folgen für das Kind nicht abschließend geklärt sind, niemals lange anhalten dürfen, da sie sonst zu einer Destabilisierung des Kindes führen können[223].

2. Verhältnismäßigkeit

Das Ermessen des Gerichtes ist weiterhin am Verhältnismäßigkeitsgrundsatz auszurichten: Für besonders schwerwiegende Maßnahmen wie die Trennung des Kindes von der Familie oder dem Entzug der Personensorge ist dies einfachgesetzlich in § 1666a BGB normiert. Dass auch bei den übrigen Maßnahmen immer nur diejenige angeordnet werden darf, die geeignet, erforderlich und angemessen ist, folgt aus dem verfassungsrechtlich in Art. 6 Abs. 1 GG verankerten Schutz der Familie[224] und dem Elternrecht aus Art. 6 Abs. 2 S. 1

---

[222] BVerfG FamRZ 1989, 145, 146; Staudinger/*Coester*, BGB, § 1666 Rn. 209; *Zenz*, Kindesmisshandlung, S. 351.
[223] Staudinger/*Coester*, BGB, § 1666 Rn. 210.
[224] *Erichsen/Reuter*, Kindeswohl, S. 58f.; Staudinger/*Coester*, BGB, § 1666 Rn. 211.

GG[225]. Als Begründung gleichermaßen heranzuziehen ist das Kindesrecht, welches in den Art. 1, 2 GG verankert ist[226].

Das Gebot der Verhältnismäßigkeit führt bei mehreren in Betracht kommenden Maßnahmen dazu, dass diejenige zu wählen ist, die den geringstmöglichen Eingriff darstellt ohne weniger erfolgversprechend zu sein. Zu beachten ist, dass die Beurteilung der Verhältnismäßigkeit immer am Kindeswohl auszurichten ist.

Bei der Untersuchung einer möglichen Kindeswohlgefährdung und der Auswahl entsprechender Maßnahmen ist das Gesamtwohl des Kindes im Blick zu behalten. Das Gericht muss sich immer fragen, ob durch die Anordnung einer Maßnahme die konkrete Gefahr abgewendet wird. Das Gebot der Verhältnismäßigkeit erfordert, dass eine Maßnahme geeignet ist, also den verfolgten Zweck fördert. Ist die angeordnete Maßnahme nicht geeignet, wird der Verhältnismäßigkeit nicht genügt. Darüber hinaus ist zu prüfen, ob durch die Anordnung geeigneter Maßnahmen nicht nur die aktuelle Gefährdung beseitigt, sondern auch keine neue geschaffen wird. Das Familiengericht kann nicht eingreifen, wenn die Nachteile des Eingriffs zu ähnlich schweren Belastungen führen wie die Belastungen des Kindes bei Nichteingreifen[227]. Nur wenn sich die Situation des Kindes durch die Anordnung bestimmter Maßnahmen objektiv verbessert, kann ein Eingreifen statthaft sein.

E. Zwischenfazit

§ 1666 BGB hat die Aufgabe, den umfassenden Schutz des Kindes zu sichern. Die Vorschrift bietet dem Staat eine Eingriffsmöglichkeit, um Gefährdungen von Kindern möglichst fernzuhalten. Dass dies nicht lückenlos gelingt, ist bedauerlich, aber vor dem Hintergrund eines nicht vollständig kontrollierbaren Familienlebens hinzunehmen. Der Gesetzgeber bemüht sich allerdings, erkann-

---

[225] BVerGE 24, 119 (145); 60, 79 (89); Staudinger/*Coester*, a.a.O.; MüKo/*Olzen*, BGB, § 1666 Rn. 155.
[226] Staudinger/*Coester*, a.a.O.; MüKo/*Olzen*, a.a.O.
[227] BGH NJW-RR 1986, 1264, 1265; Staudinger/*Coester*, BGB, § 1666 Rn. 212.

te Schwächen durch Reformen zu beseitigen oder zumindest zu minimieren. Allen bisherigen Reformbestrebungen im Rahmen des § 1666 BGB war gemein, dass sie den Schutz von Kindern optimieren wollten. Interessant wird sein, diese Entwicklung weiter zu verfolgen, geht doch mit jedem besseren Schutz eine potentielle Einschränkung der Elternrechte einher. Schon jetzt hat sich der Gesetzgeber erkennbar schwer getan, sowohl früheres und effektiveres Eingreifen anzustreben als auch gleichzeitig die Gefährdungsschwelle im Blick auf das Elternrecht nicht abzusenken. Zukünftig wird man hier an die Grenzen des verfassungsrechtlich Zulässigen geraten und sich vermehrt auf andere Instrumente effektiven Kindesschutzes konzentrieren müssen. Insofern wird bereits seit langem von den meisten Experten eine Aufstockung von Personal, finanziellen Mitteln und Fortbildungsmöglichkeiten bei Jugendämtern und Familiengerichten gefordert.

Kapitel 2: Kindeswohlgefährdung durch religiös motivierte Erziehung

Im vorhergehenden Kapitel wurde deutlich, unter welchen Prämissen der Staat in das elterliche Erziehungsrecht eingreifen kann. Liegt eine hinreichend konkrete Gefährdung des Kindeswohls vor, so ordnet das Familiengericht Maßnahmen an, um die Gefährdung abzuwenden. Ein solcher Eingriff ist nicht nur im Rahmen des § 1666 BGB relevant, sondern berührt auch auf verfassungsrechtlicher Ebene eine Vielzahl von Grundrechten und –pflichten, die die Frage nach der Verfassungskonformität der Eingriffsnorm aufwerfen. Hierbei ist insbesondere zu untersuchen, ob durch die jüngste Reform des § 1666 BGB die verfassungsrechtlich gebotenen Grenzen im Blick behalten wurden.

Neben dieser Ausgangsfrage soll im Folgenden das Augenmerk auf bestimmte Konstellationen potentieller Kindeswohlgefährdungen gerichtet werden: Interessieren sollen hier religiös motivierte Verhaltensweisen der Eltern und deren Beurteilung im Rahmen des § 1666 BGB. In diesem Kontext stellt sich die Frage, wie sich die Religionsfreiheit in das Geflecht aus Rechten und Pflichten integriert und dieses beeinflusst.

Für beide Fragestellungen ist es von Bedeutung, zunächst die verfassungsrechtlichen Rahmenbedingungen abzustecken und darzustellen, um im Anschluss konkret die Verfassungskonformität der Norm zu untersuchen und die Auswirkungen der Religionsfreiheit darzustellen.

A. Verfassungsrechtliche Rahmenbedingungen

I. Widerstreitende grundgesetzlich verbürgte Rechte und Pflichten

In der vorliegend zu untersuchenden Fallkonstellation kollidieren verschiedene grundgesetzlich verbürgte Rechte und Pflichten miteinander. Hierbei ist zu überlegen, wie die einzelnen Rechte zu gewichten sind, welche Möglichkeiten existieren, um die Konfliktlage aufzulösen und welche Argumente hierfür vorzubringen sind. Dafür soll der verfassungsrechtliche Hintergrund der Beteiligten zunächst dargestellt werden, bevor auf dieser Grundlage verschiedene Lösungsmöglichkeiten aufgezeigt werden.

1. Grundrechte auf Seiten der Eltern

a) Elterliches Erziehungsrecht, Art. 6 Abs. 2 S. 1 GG

Das elterliche Erziehungsrecht in Art. 6 Abs. 2 S. 1 GG gesteht den Eltern bei der Erziehung ihrer Kinder einen weiten Interpretationsspielraum zu[228]. Soweit ihre Erziehung das Kindeswohl nicht gefährdet, darf der Staat sich in die Erziehung nicht einmischen. Insofern stellt das elterliche Erziehungsrecht ein klassisches Abwehrrecht dar, dass einen Freiheitsbereich vor ungerechtfertigten staatlichen Eingriffen schützt[229]. Art. 6 Abs. 2 S. 1 GG hat allerdings nicht nur den Charakter eines Abwehrrechts, es erlegt den Eltern gleichzeitig die Verpflichtung zur Erziehung ihrer Kinder auf, daher wird es auch als Pflichtrecht bezeichnet[230]. Aus diesem Grund existiert beim elterlichen Erziehungsrecht keine negative Freiheit, das Grundrecht nicht auszuüben[231]. Die Verpflichtung erlangt darüber hinaus für die inhaltliche Ausgestaltung des Erziehungsrechts Bedeutung: Sie verdeutlicht, dass es nicht nur um der Eltern willen besteht, sondern auch und vor allem für das jeweilige Kind[232]. Das bedeutet, dass das Elternrecht seine Rückbindung im Kindeswohl erfährt[233].

[228] Friauf/Höfling/*Burgi*, GG, Art. 6 Rn. 108.

[229] BVerfGE 4, 52, 57; 61, 358, 371; Maunz/Dürig/*Badura*, GG, Art. 6 Rn. 97; Dreier/*Gröschner*, GG, Art. 6 Rn. 95; v.Münch/Kunig/*Coester-Waltjen*, GG, Art. 6 Rn. 61; Schmidt-Bleibtreu/*Hofmann*, GG, Art. 6 Rn. 41; Epping/Hillgruber/*Uhle*, GG, Art. 6 Rn. 46.

[230] Maunz/Dürig/*Badura*, GG, Art. 6 Rn. 94; Dreier/*Gröschner,* GG, Art. 6 Rn. 98; v.Münch/Kunig/*Coester-Waltjen*, GG, Art. 6 Rn. 77; Sachs/*von Coelln*, GG, Art. 6 Rn. 53; Schmidt-Bleibtreu/*Hofmann*, GG, Art. 6 Rn. 41; BVerfGE 24, 119, 143 spricht insofern von „Elternverantwortung"

[231] BVerfG NJW 1968, 2233; BVerfG NJW 2008, 1287, 1288f.; Epping/Hillgruber/*Uhle*, GG, Art. 6 Rn. 46; Sachs/*von Coelln*, GG, Art. 6 Rn. 53.

[232] Maunz/Dürig/*Badura*, GG, Art. 6 Rn. 94f.

[233] BVerfG NJW 1974, 1609; NJW 1981,1201; BVerfGE 60,79, 88; BVerfG NJW 2003, 2004; NJW 2008, 1287, 1288; Friauf/Höfling/*Burgi*, GG, Art. 6 Rn. 120; v.Münch/Kunig/*Coester-Waltjen*, GG, Art 6 Rn 77; v.Mangoldt/Klein/Starck/*Robbers*, GG Art 6 Rn 149; *Tettinger,* NWVBl 2005, 332, 333.

Teilweise wird hierüber hinausgehend vertreten, dass das Elternrecht eine Einschränkung durch die in Art. 2 GG verankerten Grundrechte des Kindes erfahre[234]. Dies ist jedoch dogmatisch schwer haltbar: Gemäß Art. 1 Abs. 3 GG binden die Grundrechte jegliche staatliche Gewalt, nicht jedoch Privatpersonen. Insofern binden die Grundrechte des Kindes den Staat und nicht die Eltern. Die Pflichtgebundenheit des Elternrechtes erlaubt es jedoch, hierüber die Kindesrechte zu berücksichtigen[235]. Denn wenn das Elternrecht schon zu einer Pflicht wird, so muss es entsprechend pflichtgemäß ausgeübt werden, so dass auf diesem Wege die Kindesrechte Berücksichtigung erlangen können.

Dem elterlichen Erziehungsrecht wird aber noch eine dritte Funktion zugesprochen: Es ist als Institutsgarantie ausgestaltet, die gewährleistet, dass die Kindererziehung grundsätzlich in der Familie stattzufinden hat[236]. Dies findet sich auch darin wieder, dass Art. 6 Abs. 2 S. 1 GG von einem „natürlichen" Recht der Eltern spricht. Hierdurch sollen nicht etwa naturrechtliche Aspekte betont werden, deutlich wird lediglich, dass die Elternschaft das Recht begründet und dieses nicht erst erworben werden muss[237]. Der Verfassungsgeber geht davon aus, dass die Erziehung des Kindes bei seinen Eltern in den besten Händen ist[238]. Dies wird verstärkt durch den Begriff „zuvörderst". In erster Linie sind die Eltern für die Erziehung zuständig, nur wenn diese ihr Recht entgegen ihrer Verpflichtung nicht ausüben, in der Ausübung behindert sind oder aus sonstigen Gründen ausfallen, können andere – insbesondere der Staat über das Wächteramt – einschreiten.

Die Tatsache, dass Art. 6 Abs. 2 GG den Eltern nicht nur ein einzelnes Recht zugesteht, sondern darüber hinausgehend auch Pflichtcharakter hat und nur un-

---

[234] *Scholz,* FPR 1998, 62, 63 und 70.

[235] Sachs/*Schmitt-Kammler/von Coelln*, GG, Art. 6 Rn. 41.

[236] Dreier/*Gröschner*, GG, Art. 6 Rn. 95; v.Münch/Kunig//*Coester-Waltjen,* GG, Art. 6 Rn. 58; Epping/Hillgruber/*Uhle*, GG, Art. 6 Rn. 47; *Windel*, FamRZ 1997, 713, 714.

[237] Maunz/Dürig/*Badura*, GG, Art. 6 Rn. 24; Friauf/Höfling/*Burgi,* GG, Art. 6 Rn. 102; dies gilt natürlich bei leiblichen Eltern, Adoptiveltern erwerben das Recht durch die Adoption und ihre Elternstellung.

[238] BVerfGE 24, 119, 150; 59, 360, 376; 99, 216, 232; Maunz/Dürig/*Badura*, GG, Art. 6 Rn. 96; Sachs/*von Coelln*, GG, Art. 6 Rn. 42b; Friauf/Höfling/*Burgi*, GG, Art. 6 Rn. 109.

ter Berücksichtigung der Belange des Kindes konkretisiert werden kann, lässt Überlegungen aufkommen, ob die Kategorisierung in Abwehrrecht- bzw. Pflichtrecht hierauf zutrifft oder ob es nicht treffender als Erziehungsrechtsverhältnis bezeichnet werden kann[239]. Hintergrund ist die These, dass verfassungsrechtliche Institutsgarantien privatrechtliche Fragen auf Ebene des Verfassungsrechts angemessen ausgestalten[240]. Komplexe Strukturen des Privatrechts werden am besten durch die dogmatische Figur des Rechtsverhältnisses erfasst[241]. Die klassische Definition des Rechtsverhältnisses, nämlich dass es sich hierbei um ein rechtlich bestimmtes Verhältnis handelt, verlangt nach einer rechtlichen Bestimmung des Verhältnisses durch Vorschriften, die in ihrer Gesamtheit als Rechtsinstitute bezeichnet werden[242]. Ein solches Institut findet sich, wie bereits erwähnt, im verfassungsrechtlichen Erziehungsrecht. Die Ausgestaltung als Erziehungsrechtsverhältnis führt dazu, dass die zugrundeliegenden Bestimmungen unmittelbar die inhaltliche Ausgestaltung des Rechtsverhältnisses beeinflussen. Für die Inhalte des Erziehungsrechts führen die Auffassungen jedenfalls materiellrechtlich kaum zu unterschiedlichen Ergebnissen[243].

Der Inhalt des elterlichen Erziehungsrechts bestimmt sich aus den Begriffen „Pflege und Erziehung" und „Kind". Das Elternrecht bezieht sich nur auf das Kind, weshalb von Bedeutung ist, was Art. 6 Abs. 2 S. 1 GG unter einem „Kind" versteht. Nach vorzugswürdiger Auffassung wird hierdurch ein – nicht

---

[239] So *Windel*, FamRZ 1997, 713, 714.
[240] *Windel*, Der Staat 37 (1998), S. 385, 396.
[241] *Windel*, aaO. S. 395.
[242] *Windel*, Der Staat 37 (1998), 385, 396.
[243] *Windel*, Der Staat 37 (1998), 385, 400ff. will weitergehend die eigenständige Bedeutung der Institutsgarantien gegenüber der These stärken, dem abwehrrechtlichen Charakter der Grundrechte komme Vorrang zu. Im Ergebnis führe eine konsequente Berücksichtigung der Institutsgarantien dazu, dass die Prägungen, die die Privatrechtsordnung durch Institutsgarantien erfahre, nicht durch die Verfassungsbeschwerde angegriffen werden könnten, da die Einrichtungsgarantien keine Individualrechte enthalten, sondern einen allgemeinen Regelungsrahmen darstellten, S. 405f.

notwendigerweise leiblicher – Abkömmling in gerade absteigender Linie verstanden[244].

Auch das Begriffspaar „Pflege und Erziehung" wird nicht einheitlich ausgelegt. Allgemein anerkannt ist lediglich, dass beide Begriffe zusammen das Erziehungsrechtsverhältnis inhaltlich bestimmen. Eine Möglichkeit besteht darin, zwischen Pflege und Erziehung in der Weise zu unterscheiden, dass Pflege all jenes bezeichnet, was Auswirkungen auf das körperliche Wohlbefinden des Kindes hat, Erziehung hingegen die Dinge erfasst, die das geistige Heranwachsen betreffen[245]. Andere sind hingegen der Ansicht, dass unter Pflege all das fällt, was sowohl der Erhaltung der physischen Existenz als auch der psychischen Entwicklung des Kindes dient, wohingegen Erziehung Einwirkungen auf das Kind bezeichnet, die zur Entfaltung der Persönlichkeit im Rahmen der sozialen Gemeinschaft befähigen[246].

Die genannten Auffassungen differieren hinsichtlich der Zuordnung bestimmter Maßnahmen zum Pflege- oder Erziehungsbegriff. Da das Grundgesetz allerdings keine unterschiedlichen Rechtsfolgen an Pflege- oder Erziehungsmaßnahmen knüpft, kommt es im Ergebnis nicht darauf an, wie die Zuordnung exakt vorgenommen wird[247]. Daher kann dies im hier interessierenden Zusammenhang dahinstehen. Pflege und Erziehung eines Kindes umfasst jedenfalls all das, was die Lebens- und Entwicklungsbedingungen des Kindes beeinflusst und gestaltet[248]. Erfasst ist demnach die gesamte Personen- und Vermögenssorge[249]. Wie diese umfassende Befugnis auszuüben ist, steht im

---

[244] Ausführlich hierzu und zu der Gegenansicht, die den Begriff funktional auslegt und von der Minderjährigkeit des Kindes abhängig macht: BK/*Jestaedt*, GG, Art. 6 Abs. 2 und 3, Rn. 101.

[245] Friauf/Höfling/*Burgi*, GG, Art. 6 Rn. 111; *Erichsen/Reuter*, Elternrecht, S. 31f. m.w.N.; *Schmitt-Kammler*, Elternrecht und schulisches Erziehungsrecht, S. 19.

[246] Maunz/Dürig/*Badura*, GG, Art. 6 Rn. 107, *Horndasch*, Zum Wohle des Kindes, S. 52.

[247] So im Ergebnis auch BK/*Jestaedt*, GG, Art. 6 Abs. 2 und 3, Rn. 102 m.w.N.

[248] BK/*Jestaedt* GG, Art. 6 Abs. 2 und 3, Rn. 103

[249] Zum Teil wird vertreten, die Vermögenssorge sei nicht vom Erziehungsrecht erfasst. Allerdings können auch Einwirkungen im Bereich des Vermögenssorge Auswirkungen auf die Entwicklung des Kindes nehmen. Insofern erscheint ein solches Schutzbereichsverständnis zu eng, vgl. hierzu BK/*Jestaedt*, a.a.O. Rn. 104 a.E.; *Höfling*, Elternrecht in Isensee/Kirchhof, HdbStR VII, § 155 Rn. 21f.

Ermessen der Eltern. Allerdings wird ein weiter Rahmen dessen, was unter Erziehung fällt, von den Erziehungszielen abgesteckt. Solange sich die Eltern in diesem Rahmen bewegen, steht ihnen auch die Wahl der Erziehungsmethoden frei.

b) Religions- und Weltanschauungsfreiheit, Art. 4 Abs. 1 GG

Ist die konkrete Erziehungsmaßnahme religiös motiviert, so ist zusätzlich zu dem ohnehin zu beachtenden elterlichen Erziehungsrecht die in Art. 4 GG verankerte Religionsfreiheit ins Feld zu führen. Art. 4 Abs. 1, 2 GG beinhaltet einen einheitlichen Schutzbereich der Religionsfreiheit[250]. Umfasst wird nicht nur das forum internum, also das Bilden der eigenen Überzeugung[251], sondern auch das forum externum, das Handeln nach dieser Überzeugung[252]. Das Bundesverfassungsgericht sieht es als geschützt an, „sein gesamtes Verhalten an den Lehren seines Glaubens auszurichten und seiner inneren Glaubensüberzeugung gemäß zu handeln"[253]. Beruht eine religiös motivierte Erziehungsmaßnahme daher auf der Glaubensüberzeugung der Eltern, so wird sie grundsätzlich dem forum externum zugeordnet[254]. Dabei versteht man sowohl unter Religionen als auch unter Weltanschauungen ganzheitliche Überzeugungen, die auf eine Gesamtsicht der Welt und den Sinn des Lebens gerichtet sind[255]. Abgrenzungsmerkmal zwischen Religion und Weltanschauung ist die Transzendenz religiöser Vorstellungen[256], wobei eine exakte Zuordnung seitens der Gerichte häufig dahingestellt bleibt[257]. Die großen und bekannten Glaubensgemeinschaften unterfallen allesamt relativ unproblematisch dem Religionsbegriff. Trotzdem besteht häufig Unsicherheit, ob eine einzelne Handlung, die ein

---

[250] Epping/Hillgruber/*Germann*, GG, Art. 4 Rn. 7; *v. Campenhausen* in Isensee/Kirchhof, HdbStR VII, § 157 Rn. 51.

[251] BK/*Mückl*, GG, Art. 4 Rn. 90; Epping/Hillgruber/*Germann,* GG, Art. 4 Rn. 23; *Michael/Morlok*, Grundrechte, Rn. 190.

[252] Epping/Hillgruber/*Germann*, GG, Art. 4 Rn. 23.; *Michael/Morlok*, Grundrechte, Rn. 191.

[253] BVerfGE 108, 282, 297; st Rspr seit BVerfGE 24, 236, 246f.; 32, 98, 106.

[254] v. *Campenhausen* in Isensee/Kirchhof, HdbStR VII, § 157 Rn. 74.

[255] Epping/Hillgruber/*Germann*, GG, Art. 4 Rn. 14.

[256] Epping/Hillgruber/*Germann*, GG, Art. 4 Rn. 14; *Michael/Morlok*, Grundrechte, Rn. 185.

[257] So z.B. BVerwG NJW 2006, 1303 bzgl. Scientology.

Gläubiger ausübt, tatsächlich der religiösen Überzeugung entspringt. Dabei kommt entscheidendes Gewicht dem Selbstverständnis des Betroffenen zu[258]. Dieser hat den Bezug zur Religionsfreiheit glaubhaft zu machen[259]. Die letztverbindliche Entscheidung muss allerdings den Gerichten und nicht dem einzelnen Grundrechtsträger zukommen. Demnach kann es nicht allein auf die subjektive Überzeugung des Grundrechtsträgers ankommen, sondern es bedarf auch objektiver Kriterien, die für die Einbeziehung in den Schutzbereich sprechen[260]. Voraussetzung ist insofern, dass es sich bei der in Frage stehenden Verhaltensweise um eine von einer Religion oder Weltanschauung vorgegebene handelt. Nach objektivem Gehalt und äußerem Erscheinungsbild muss es sich um eine Religion handeln und die einzelne Maßnahme auf der religiösen Überzeugung beruhen; ob dem so ist, hängt naturgemäß vom Einzelfall ab[261].

Bejahendenfalls unterfällt die interessierende Tätigkeit oder Handlung dem Schutzbereich der Religionsfreiheit, staatliche Eingriffe bedürfen einer besonderen Rechtfertigung. Welche Anforderungen hieran zu stellen sind, hängt entscheidend davon ab, ob und wie die Religionsfreiheit eingeschränkt werden kann. Auch wenn der Wortlaut in Art. 4 Abs. 1 GG die Glaubensfreiheit als unverletzlich bezeichnet und in Abs. 2 die ungestörte Religionsausübung gewährleistet wird, besteht Einigkeit darüber, dass auch die Religionsfreiheit nicht schrankenlos gelten kann[262]. Die grenzenlose Grundrechtsausübung würde notwendigerweise zu Kollisionen mit anderen Grundrechtsträgern führen, für die Lösung dieser Konflikte muss das Grundgesetz Wege eröffnen[263]. Für vorbehaltlos gewährleistete Grundrechte ist allgemein anerkannt, dass sie ihre

---

[258] BVerfGE 24, 236, 247f; 108, 282, 298f; BVerfG DÖV 2007, v. *Campenhausen* in Isensee/Kirchhof, HdbStR VII, § 157 Rn. 93; Epping/Hillgruber/*Germann*, GG, Art. 4 Rn. 18, dort auch zum folgenden.

[259] OLG Brandenburg NJW-RR 2010, 1229, 1230.

[260] BVerfGE 83, 341, 353 – bezogen auf die Anerkennung als Religionsgemeinschaft; v. *Campenhausen* in Isensee/Kirchhof, HdbStR VII, § 157 Rn. 94; zum Ganzen BK/*Mückl*, GG, Art. 4 Rn. 86 ff.

[261] Zu einzelnen Fällen vgl. unten Kapitel 3 und 4.

[262] BK/*Mückl*, GG, Art. 4 Rn. 158; v. *Campenhausen* in Isensee/Kirchhof, HdbStR VII, § 157 Rn. 105.

[263] *Michael/Morlok*, Grundrechte, Rn. 711.

Grenze in kollidierendem Verfassungsrecht finden[264]. Allerdings wird für die Religionsfreiheit darüber hinausgehend diskutiert, ob Art. 140 GG i.V.m. Art. 136 Abs. 1 WRV einen einfachen Gesetzesvorbehalt enthält, Art. 4 GG also gar nicht vorbehaltlos gewährleistet ist[265].

Hierfür spricht, dass die Vorschriften der WRV über Art. 140 GG in die Verfassung inkorporiert sind und damit gleichrangige Regelungen der Verfassung darstellen[266]. Auch der Wortlaut von Art. 136 Abs. 1 WRV lässt sich dahin auslegen, diesen als einfachen Gesetzesvorbehalt zu verstehen[267]. Von den Vertretern dieser Auffassung wird zudem angeführt, dass diese Auslegung zur Zeit der Weimarer Reichsverfassung üblich war[268].

Allerdings kann die Auslegung der damaligen Verfassung nicht ohne weiteres auf das Grundgesetz übertragen werden. Zwar wurden einige Bestimmungen über Art. 140 GG gleichrangig in das Grundgesetz aufgenommen, der Kontext ist nun aber ein völlig neuer. Gleichzeitig spricht die Entstehungsgeschichte gegen die Auslegung von Art. 140 GG i.V.m. Art. 136 Abs. 1 WRV als einfachen Gesetzesvorbehalt: Der Parlamentarische Rat wollte die Religionsfreiheit bewusst vorbehaltlos ausgestalten[269]. Art. 136 WRV wurde erst durch die Schlussredaktion ohne vorherige Sachdebatte inkorporiert, so dass hieraus nicht auf eine Änderung der ursprünglichen Entscheidung geschlossen werden kann[270]. Somit kann das Grundrecht auf Religionsfreiheit nur durch verfassungsimmanente Schranken – also Grundrechte Dritter und andere Rechtsgüter von Verfassungsrang[271] – eingeschränkt werden.

---

[264] *Hufen*, Staatsrecht II, § 9 Rn. 30; *Michael/Morlok*, a.a.O.

[265] v.Mangoldt/Klein/*Starck*, GG, Art. 4 Rn. 87f.; v.Münch/Kunig/*Mager,* GG, Art. 4 Rn. 47f.

[266] So auch ausdrücklich BVerfGE 19, 206, 219.

[267] Art. 136 Abs. 1 WRV lautet: Die bürgerlichen und staatsbürgerlichen Rechte und Pflichten werden durch die Ausübung der Religionsfreiheit weder bedingt noch beschränkt.

[268] v.Mangoldt/Klein/*Starck*, GG, Art. 4 Rn. 87 unter Verweis auf Anschütz, Kommentar zur WRV.

[269] BK/*Mückl*, GG, Art. 4 Rn. 4f.

[270] *Maurer*, ZevKR 49 (2004), 311, 316ff.; BK/*Mückl*, GG, Art. 4 Rn. 162.

[271] BVerfGE 28, 243, 261; ausführlich zur Bestimmung der Verfassungsgüter *Michael/Morlok*, Grundrechte, Rn. 717ff.

Diese Ausgestaltung verdeutlicht die wichtige Stellung des Grundrechts. Der Verfassungsgeber hat die Religionsfreiheit als so wichtig angesehen, dass er sie nur durch kollidierendes Verfassungsrecht beschränkt wissen wollte.

c) Einordnung religiös motivierter Erziehung

Das Elternrecht umfasst auch das Recht auf religiös-weltanschauliche Erziehung der Kinder[272]. Ist die Erziehungsmaßnahme gleichzeitig im religiösen Selbstverständnis der Eltern verwurzelt, folgt sie also aus der religiösen Überzeugung, so steht den Eltern zusätzlich die Religionsfreiheit zur Seite. Denn Art. 4 Abs.1 GG beinhaltet das Recht der Eltern auf Vermittlung ihrer religiösen Überzeugung[273]. Das Elternrecht wird in dieser Konstellation durch das Grundrecht auf Religionsfreiheit verstärkt[274]. Hieraus folgt, dass staatliche Eingriffsmaßnahmen in diesem Bereich in besonderem Maße rechtfertigungsbedürftig sind. Dies gilt jedoch nur für Verhaltensweisen der Eltern, die gleichzeitig auf deren religiöser Überzeugung beruhen, denn nur dann sind sie von Art. 4 Abs. 1 GG erfasst, und Auswirkungen auf die Entwicklung des Kindes haben.

2. Grundrechte des Kindes

Diesen Rechten der Eltern stehen Grundrechte des Kindes gegenüber. Hierbei kommt in regelmäßigen Abständen zu verschiedenen Anlässen die Diskussion auf, ob spezielle Kindesgrundrechte in der Verfassung verankert werden sollten[275]. Diese Überlegungen könnten den Verdacht nähren, dass dies zum Schutz der Kinder nötig sei, da sie ansonsten nicht Träger von Grundrechten seien[276]. Die Diskussion verfolgt jedoch vielmehr das Ziel, den Schutz für Kin-

---

[272] BVerfGE 41, 29, 47; BK/*Jestaedt*, GG, Art. 6 Abs. 2 und 3, Rn. 263.
[273] BVerfGE 41, 29, 47f.
[274] BK/*Jestaedt*, a.a.O.; dazu noch später unter Kap. 2 B.IV.
[275] Einen Überblick über die letzten Entwicklungen zu diesem Thema gibt *Wiesner*, ZKJ 2008, 225. Diskutiert wurde dies bereits Anfang der 90er Jahre, vgl. hierzu den Beitrag von *Herdegen*, FamRZ 1993, 374.
[276] *Wiesner*, ZKJ 2008, 225.

der zu stärken und zu verdeutlichen[277]. So sehr dieses Ziel erstrebenswert erscheint, wirft die Idee der speziellen Kindesgrundrechte nicht von der Hand zu weisende Probleme auf[278]. Vor diesem Hintergrund ist es fragwürdig, ob sie weiter verfolgt werden sollte.

Das Bundesverfassungsgericht hat früh herausgestellt, dass auch Kinder Grundrechtsträger sind[279]. Die Grundrechte stehen einem Menschen unabhängig von seinem Alter zu, auch wenn sie ggf. nicht selbstständig vor Gericht durchgesetzt werden können[280]. Diese Aspekte müssen bei der Frage nach der Grundrechtsträgerschaft auseinandergehalten werden. Ob ein Kind auch in der Lage ist, sein Grundrecht geltend zu machen, gibt keinen Aufschluss über seine grundsätzliche Grundrechtsfähigkeit. Lediglich die Ausübung einiger Grundrechte erfordert eine gewisse Reife, deren Nichtvorhandensein dazu führen kann, dass sich ein minderjähriges Kind nicht auf dieses spezielle Grundrecht berufen kann[281]. Die Aufnahme bestimmter Kindesgrundrechte in die Verfassung könnte den Irrtum befördern, dass Kinder sich nur auf diese speziellen Grundrechte und nicht die allgemein geltenden berufen könnten. Dies würde im Ergebnis zu einer Minderung des Schutzes führen. Kindern steht demnach auch ohne spezielle Kindesgrundrechte der Schutz der allgemeinen Grundrechte zu.

a) „Menschwerdungsgrundrecht" aus Art. 6 Abs. 2 GG

Verschiedentlich wird vertreten, Art. 6 Abs. 2 GG enthalte ein spezielles Menschwerdungsgrundrecht zu Gunsten der Kinder[282]. Dies wird aus der Ausrichtung auf das Kindeswohl gefolgert. Allein aus dieser Rückbindung an das Kindeswohl kann allerdings nicht geschlossen werden, dass dem Kind hieraus ein

---

[277] *Kirchhof*, ZRP 2007, 149, 150; aus diesem Grund plädiert *Wiesner*, ZKJ 2008, 225 ff. für die Aufnahme spezieller Kindesgrundrechte.

[278] Kritisch insb. *Herdegen*, FamRZ 1993, 374 ff.; *Kirchhof*, ZRP 2007, 149 ff.

[279] BVerfGE 24, 119, 144; 84, 168, 183; *Kirchhof*, ZRP 2007, 149, 150; *Herdegen*, FamRZ 1993, 374, 375.

[280] BVerfGE 99, 145, 156 ff.; *Kirchhof* a.a.O.

[281] BK/*Jestaedt*, GG, Art. 6 Abs. 2 und 3, Rn. 133.

[282] *Ditzen*, NJW 1989, 2519.

Grundrecht erwächst – der Wortlaut enthält hierfür keine Anhaltspunkte[283].
Vielmehr finden sich die der elterlichen Pflicht korrespondierenden Grundrechte des Kindes in den allgemeinen Grundrechtsbestimmungen.

b) Allgemeines Persönlichkeitsrecht und körperliche Unversehrtheit

Dabei ist insbesondere das Grundrecht aus Art. 2 Abs. 1 GG i.V.m. Art. 1 Abs. 1 GG zu nennen. Das allgemeine Persönlichkeitsrecht gesteht auch dem Kind ein Recht auf Entfaltung seiner Persönlichkeit zu[284]. In diesem Zusammenhang umfasst der Schutzbereich nicht nur das Recht auf Person-Sein, sondern vielmehr ein Recht auf Person-Werden[285]. Das Grundrecht schützt die Entwicklung des Kindes zu einer eigenständigen Persönlichkeit, die dem Menschenbild des Grundgesetzes entspricht[286]. Dieser Gewährleistungsinhalt an sich ist in seinem Aussagegehalt recht undeutlich und schwammig. Letztlich muss jedem Kind die Möglichkeit gegeben werden, sich so zu entwickeln, dass es selbstständig zurechtkommt und in der Lage ist, eigenständige Entscheidungen zu treffen. Das Kind hat das Recht, eine gewisse Lebensfähigkeit zu erlernen.

Darüber hinaus ist das Kind Träger des Grundrechts auf Leben und körperliche Unversehrtheit aus Art. 2 Abs. 2 GG.

c) Religionsfreiheit des Kindes

Auch die Religionsfreiheit steht Kindern in Fallkonstellationen, die deren Schutzbereich betreffen, als Grundrecht zur Seite. So können insbesondere staatliche Eingriffe in Erziehungsmaßnahmen der Eltern, die auf die Heranbildung einer Religion oder Weltanschauung abstellen, auch einen Eingriff in die

---

[283] BVerfGE 28, 104, 112; Maunz/Dürig/*Badura*, GG, Art. 6 Rn. 94; *Jeand'Heur*, Verfassungsrechtliche Schutzgebote zum Wohl des Kindes, S. 18; *Herdegen*, FamRZ 1993, 374, 375.

[284] BVerfGE 24, 119, 144; Maunz/Dürig/*Badura*, GG; Art. 6 Rn. 135.

[285] *Engels*, AöR 122 (1997), 212, 222ff. insb. 226ff.; Jarass/*Pieroth*, GG, Art. 2 Rn. 49; krit. hierzu *Wiesner*, ZKJ 2008, 225, 227: Das Kindesrecht sei in der Verfassung nicht deutlich genug erkennbar, weil der Schutzbereich lediglich durch Interpretation ausgeweitet würde, darüber hinaus sei der Schutzumfang zu gering, vielmehr müsste ein solches Grundrecht nicht nur als Abwehr-, sondern auch als Leistungs- und Teilhaberecht gewährleistet werden.

[286] BVerfGE 45, 400, 417; 59, 360, 382; 72, 122, 137; *Jarass*/Pieroth, GG, Art. 2 Rn. 28.

Religionsfreiheit des jeweiligen Kindes darstellen[287]. Dies gilt zumindest dann, wenn durch den Eingriff auch ein Verhalten des Kindes unterbunden wird, das der Ausübung der Religionsfreiheit dient.

Allerdings bedarf es für die Wahrnehmung der Religionsfreiheit der Grundrechtsmündigkeit des Kindes. Während diese Problematik bei den oben genannten Grundrechten aus Art. 2 GG nicht zum Tragen kam, weil bspw. das Recht auf Leben allein dadurch wahrgenommen wird, dass das Kind lebt[288], kommt es im Rahmen der Religionsfreiheit darauf an, wann das Kind grundrechtsmündig ist. Die Grundrechtsmündigkeit bezeichnet grundsätzlich die individuelle Reife und Einsichtsfähigkeit des Kindes hinsichtlich des geschützten Bereiches[289]. Ein Kind kann sich demnach erst dann auf die Religionsfreiheit berufen, wenn es den Schutzbereich zumindest bis zu einem gewissen Grad erfassen kann.

Die Grundrechtsmündigkeit von Kindern ist durch das Gesetz über die religiöse Kindererziehung (RKEG) einfachgesetzlich geregelt. Demnach besteht ein gestuftes System starrer Altersgrenzen, das die Möglichkeit von Kindern und Jugendlichen bestimmt, nach denen diese über die Zugehörigkeit zu einer Religion oder Weltanschauung befinden können. Insbesondere steht Jugendlichen mit Vollendung des 14. Lebensjahres das alleinige Recht zu, über ihr religiöses Bekenntnis zu entscheiden, § 5 S. 1 RKEG. Dieses Recht geht allerdings nicht so weit, dass es das elterliche Erziehungsrecht aushebeln könnte, da dem Jugendlichen das ansonsten im Rahmen des Art. 4 GG zuerkannte Recht, sein gesamtes Leben an den Lehren des Glaubens auszurichten, ohne Einver-

---

[287] *V. Campenhausen* in Isensee/Kirchhof, Hdb. StR VII, § 157 Rn. 101.
[288] Vgl. *Stern*, Staatsrecht, S. 1066f.
[289] Allg zur Grundrechtsfähigkeit *Stern*, Staatsrecht, S. 1064ff.; speziell auf Art. 4 GG bezogen BK/*Mückl*, Art. 4 Rn. 59f.

ständnis der Eltern nicht zustehe[290]. Insofern stellt die Regelung des § 5 RKEG keinen unzulässigen Eingriff in das elterliche Erziehungsrecht dar[291].

Besitzt ein Kind noch nicht die ausreichende Einsichtsfähigkeit, so dass es sich nicht auf die Religionsfreiheit berufen kann, ist es zwar grundrechtsfähig allerdings nicht grundrechtsmündig. Bis zum Zeitpunkt der Mündigkeit können auch nicht die Eltern das Grundrecht für ihr Kind geltend machen. Diese können sich nur auf die Verletzung eigener Grundrechte stützen.

d) Zwischenergebnis

Auf Seiten des Kindes sind als Grundrechtspositionen das allgemeine Persönlichkeitsrecht aus Art. 2 Abs. 1 i.V.m. Art. 1 GG in Form eines Rechts auf „Person-Werden", das Recht auf Leben und körperliche Unversehrtheit, Art. 2 Abs. 2 GG und bei vorhandener Grundrechtsmündigkeit die Religionsfreiheit aus Art. 4 GG einzustellen.

3. Staat: Wächteramt und Schutzpflicht

Bei der Beurteilung des Eltern-Kind-Verhältnisses kann der Staat nicht außen vor gelassen werden. Zwar sind für die Erziehung primär die Eltern zuständig, Art. 6 Abs. 2 S. 2 GG erlegt dem Staat jedoch die Verpflichtung auf, hierüber zu wachen. Der Staat ist somit Letztgarant des Kindeswohls[292].

Die dogmatische Einordnung des Wächteramtes wird hierbei nicht einheitlich beurteilt: In Betracht kommt sowohl die Einordnung als qualifizierter Gesetzesvorbehalt des elterlichen Erziehungsrechts als auch als Teil des Elternrechts[293]. Es passt nicht eindeutig in die Kategorie der Gesetzesvorbehalte, da diese die Einschränkung von Grundrechten intendieren. Der Zweck des Wächteramtes ist jedoch der Schutz des Kindes, nicht die Verkürzung des Schutzbe-

---

[290] V.Mangoldt/Klein/*Starck*, GG, Art. 4 Rn 73; v. Münch/Kunig/*Mager*, GG, Art. 4 Rn. 44; BK/*Mückl*, GG, Art. 4 Rn. 60.
[291] BVerfGE 59, 360, 388; v.Münch/Kunig/*Mager*, GG, Art. 4 Rn. 43; BK/*Mückl*, GG, Art. 4 Rn. 60.
[292] BK/*Jestaedt*, GG, Art. 6 Abs. 2 und 3, Rn.; Friauf/Höfling/*Burgi*, GG, Art. 6 Rn. 149.
[293] BVerfG NJW 2003, 2004; Epping/Hillgruber/*Uhle*, GG, Art. 6 Rn. 58; ausführlich hierzu BK/*Jestaedt*, GG, Art. 6 Abs 2 und 3, Rn. 163ff.

reiches der Eltern, dies ist lediglich ein notwendiger Zwischenschritt auf dem Weg zur Zielerreichung[294]. Das Wächteramt zielt, soweit es möglich ist, auf die Wiederherstellung der elterlichen Verantwortung. Diese Funktion des Wächteramts spricht gegen eine Ausgestaltung als qualifizierter Gesetzesvorbehalt. Darüber hinaus wird das Elternrecht als durch das Kindeswohl begrenzt angesehen. Soweit elterliche Handlungsweisen den Staat zum Eingriff berechtigen, liegen diese daher schon außerhalb des Schutzbereiches von Art. 6 Abs. 2 S. 1 GG[295]. Trotzdem dient das Wächteramt aber auch als Schranke des Elternrechts, wenn gegen den Willen der Eltern zum Schutz des Kindes Maßnahmen ergriffen werden müssen[296], denn schon über die Abgrenzung, welche Verhaltensweisen noch geschützt sind, wird naturgemäß Uneinigkeit herrschen[297]. Dies verdeutlicht, dass sich das Wächteramt in die übliche Schrankensystematik des Grundgesetzes nicht passgenau einordnen lässt. Unabhängig von der exakten dogmatischen Einordnung steht jedoch fest, dass das Kindeswohl der maßgebliche Richtpunkt des Wächteramtes ist[298]. Allein die Gefährdung oder Schädigung des Kindeswohls berechtigt und verpflichtet den Staat zu Eingriffen. Gleichzeitig folgt aus der Kindeswohlorientierung, dass die zu ergreifenden Maßnahmen nur auf die Abwendung der Gefährdung zu richten sind[299]. Das Wohl des Kindes erfordert hierbei vorrangig Maßnahmen, die die Eltern zur Wahrnehmung ihrer Elternverantwortung befähigen und sie dabei unterstützen[300].

Das Wächteramt ist demnach vollständig abhängig vom Elternrecht[301]. Wann ein Einschreiten des Staates gefordert ist und wie dieses auszusehen hat, kann nur mit Blick auf das Elternrecht entschieden werden. Aus diesem folgt auch

---

[294] BK/*Jestaedt*, GG, Art. 6 Abs. 2 und 3, Rn. 163.
[295] Friauf/Höfling/*Burgi*, GG, Art. 6 Rn. 151.
[296] BK/*Jestaedt*, GG, Art. 6 Abs. 2 und 3, Rn. 163.
[297] Friauf/Höfling/*Burgi*, GG, Art. 6 Rn. 151.
[298] BVerfGE 24, 119, 144; Epping/Hillgruber/*Uhle*, GG, Art. 6 Rn. 59.
[299] BVerfGE 24, 119, 145; BK/*Jestaedt*, GG, Art. 6 Abs. 2 und 3, Rn. 174; Epping/Hillgruber/*Uhle*, GG, Art. 6 Rn. 58.
[300] BK/*Jestaedt*, GG, Art. 6 Abs. 2 und 3, Rn. 206; Friauf/Höfling/*Burgi*, GG, Art. 6 Rn. 159.
[301] Vgl. BK/*Jestaedt*, GG, Art. 6 Abs. 2 und 3, Rn. 178, der es sogar als „akzessorisch" bezeichnet.

die Subsidiarität der staatlichen Eingriffsbefugnisse, denn die Erziehung obliegt „zuvörderst" den Eltern[302]. Dem Staat erwächst auch bei Versagen der Eltern kein eigenständiges Erziehungsrecht.

Neben dem Wächteramt können auch staatliche Schutzpflichten ein Eingreifen in bestimmten Konstellationen erfordern. Das Bundesverfassungsgericht hat Schutzpflichten für die Fälle hergeleitet, in denen Gefährdungen für grundrechtlich geschützte Rechtsgüter nicht von staatlichen Stellen, sondern von Privaten ausgehen, die insofern nicht grundrechtsverpflichtet sind[303]. In diesen Situationen kann es zur Sicherung der grundrechtlich geschützten Position des Betroffenen notwendig sein, dass sich der Staat schützend vor ihn stellt[304]. Die Besonderheit dieser Konstellationen besteht darin, dass durch das Eingreifen des Staates zwar das Grundrecht der zu schützenden Person gewahrt, gleichzeitig aber der Schutzbereich eines Freiheitsrechts des gefährdenden Dritten verkürzt wird[305]. Auch wenn Art. 2 Abs. 2 S. 1 GG keine ausdrückliche Schutzpflicht beinhaltet, wird dem Grundrecht auf Leben und körperliche Unversehrtheit auch diese Dimension zugeschrieben[306]. Wird durch das Verhalten der Eltern das Leben oder die körperliche Unversehrtheit des Kindes gefährdet, so gebietet die Schutzpflichtendimension des Art. 2 Abs. 2 S. 1 GG dem Staat, das Kind hiervor zu bewahren.

4. Zwischenergebnis

Die Darstellung verdeutlicht, wo die Schwierigkeiten beim Umgang mit religiös motivierter Erziehung liegen: Es sind kaum andere Fälle denkbar, in denen eine einzelne Handlung derart viele grundgesetzlich verbürgte Rechte berührt. Hinzu kommt die Besonderheit der Pflichtbindung des Elternrechts, die nicht erlaubt, lediglich eine Abwägung zwischen diesen Rechten durchzuführen,

---

[302] BK/*Jestaedt*, a.a.O., Rn. 179.
[303] Epping/Hillgruber/*Lang*, GG, Art. 2 Rn. 74; ausführlich zu Schutzpflichten *Unruh*, Zur Dogmatik der grundrechtlichen Schutzpflichten, 1996; hierzu unten Kap. 2 B.I.1.c).
[304] Epping/Hillgruber/*Lang*, GG, Art. 2 Rn. 74.
[305] Epping/Hillgruber/*Lang*, GG, Art. 2 Rn. 76; *Michael/Morlok*, Grundrechte, Rn. 484.
[306] BVerfGE 39, 1, 36 ff.; 45, 187, 254 f.; Maunz/Dürig/*Di Fabio*, GG, Art. 2 Abs. 2 S. 1 Rn. 43 m.w.N..

sondern die das Augenmerk auf das Kind richtet. Zu diesem Ausgangsfall tritt eine weitere Problematik hinzu: Die Eltern können sich zusätzlich auf ihre Religionsfreiheit berufen. Diese unterliegt keiner Pflichtbindung und beeinflusst damit die Frage nach der Auflösung des Konflikts ganz neu.

II. Verfassungskonformität der Neufassung des § 1666 BGB

An diesen grundrechtlichen Bestimmungen muss sich auch die Regelung des § 1666 BGB messen lassen. Denn in jedem staatlichen Eingriff in die elterliche Sorge ist ein Eingriff in das grundrechtlich garantierte Elternrecht zu sehen. Im Jahr 1982 hat das Bundesverfassungsgericht entschieden, dass die Eingriffsnorm mit den Verfassungsnormen aus Art. 6 Abs. 2 S. 1, Abs. 3 GG in Einklang steht[307]. In dieser Entscheidung stand die damalige Neufassung des § 1666 BGB auf dem Prüfstand, wonach für einen Eingriff erstmals kein elterliches Verschulden[308] mehr erforderlich sein sollte. Auch in dieser Konstellation sah das BVerfG keinen Verstoß gegen Art. 6 Abs. 2 S. 1 GG: Denn mit § 1666a BGB habe der Gesetzgeber eine Regelung getroffen, die die stärksten Eingriffe, nämlich die Trennung des Kindes von der Familie, der strikten Anwendung des Verhältnismäßigkeitsgrundsatzes unterwerfe[309].

Fraglich ist, ob sich die Beurteilung der Verfassungsmäßigkeit der Norm durch die Neufassung geändert hat. Denn erklärtes Ziel der Neufassung war die Erleichterung des Zugangs zu Familiengerichten, es sollte damit abermals eine effektivere Intervention erreicht werden. Markierte die alte Fassung des § 1666 Abs. 1 BGB bereits die zulässige Interventionsschwelle, ab welcher in das Erziehungsrecht eingegriffen werden durfte[310], stellt sich die Frage, ob die Neufassung diese Grenze verschoben hat und unter diesem Aspekt einer neuen verfassungsrechtlichen Prüfung bedarf. Obwohl schon der Titel des Reformgeset-

---

[307] BVerfG NJW 1982, 1379, 1380.
[308] Vgl. hierzu schon oben Kap. 1 A.III.
[309] BVerfG NJW 1982, 1379, 1380.
[310] Staudinger/*Coester*, BGB (2004) § 1666, Rn. 5, insb. 8f.

zes den Anschein erweckt, dass genau dies geschehen ist, nämlich die Eingriffsschwelle abgesenkt wurde, ist dies nach dem

ausdrücklichen Willen des Gesetzgebers nicht der Fall: Lediglich Zugangshindernisse zu den Familiengerichten sollten beseitigt und die Beteiligten hierdurch ermutigt werden, sich früher an Gerichte zu wenden. Die Eingriffsschwelle sollte gleich bleiben[311]. Art. 6 Abs. 2 S. 1 GG räumt dem Gesetzgeber insofern auch keinen weiteren Spielraum ein. Deshalb muss auch für die wenig eingriffsintensiven Maßnahmen des § 1666 Abs. 3 BGB, wie die Inanspruchnahme von Hilfen, die Gefährdungsschwelle überschritten sein. Die geringe Eingriffsintensität führt nicht dazu, dass ein früherer Eingriff hinzunehmen wäre. Hierin wäre eine Verletzung des elterlichen Erziehungsrechts zu sehen.

Allerdings wurde bereits die Problematik angesprochen, dass die Voraussetzung der Gefahrabwendungsbefugnis u.a. in Fällen religiös motivierter Erziehung nicht die sichernde Wirkung des Elternrechts entfalten kann, die ihr seitens des Gesetzgebers zugeschrieben wurde. Es stellt sich die Frage, ob die Anwendung des § 1666 Abs. 1 BGB in diesen Fällen Art. 6 Abs. 2 S. 1 GG verletzt. Bereits 1979 wurde das Verschuldenserfordernis nur mit der Begründung aus dem Normtext entfernt, dass die Gefahrabwendungsbefugnis den nunmehr leichteren Eingriff kompensiere[312]. Auch bei der jüngsten Reform wurde die erleichterte Anwendung des § 1666 Abs. 1 BGB damit begründet, dass „maßgeblicher Anknüpfungspunkt"[313] zur Sicherung des Elternrechts die Gefahrabwendungsbefugnis sei. Kann die Voraussetzung nun in bestimmten Konstellationen diese sichernde Wirkung nicht entfalten, könnte dies Auswirkungen auf die Rechtfertigung des Eingriffs haben. Zweifel könnten an der Verhältnismäßigkeit aufkommen. Dabei könnte bereits die Geeignetheit zu verneinen sein, wenn die Sicherung des Elternrechts in bestimmten Fällen nicht gelingt. Allerdings ist Sinn und Zweck der Gefahrabwendungsbefugnis

---

[311] BT-Drucks. 16/6815, S. 14

[312] *Jans/Happe*, Gesetz zur Neuregelung des Rechts der elterlichen Sorge, § 1666 Anm. 2

[313] Vgl. Arbeitsgruppe, Abschlussbericht Kindeswohl, S. 28; so schon zur vorherigen Fassung des § 1666 Staudinger/*Coester*, BGB (2004), § 1666, Rn. 62.

nicht der Schutz des Elternrechts als solchem, sondern lediglich die Sicherung der primären Zuständigkeit. Die staatlichen Stellen müssen Eltern nur die Möglichkeit lassen, zunächst selbst das Wohl des Kindes zu sichern und dürfen nur im Gefährdungsfall eingreifen. Dass dies auch tatsächlich geschieht, ist durch die verfahrensrechtliche Vorgabe in § 157 FamFG abgesichert – in diesem Gespräch sollen die Eltern auf Möglichkeiten hingewiesen werden, selbst die Gefährdung abzuwenden. Diese Funktion muss die Voraussetzung gerade auch gegen die Überzeugung der Eltern entfalten können. Dies folgt schon aus dem Wortlaut „nicht gewillt". Somit bestehen keine verfassungsrechtlichen Bedenken, auch die religiös motivierte Erziehung unter das Merkmal zu fassen. Bei Berücksichtigung dieser Vorgaben ist die Regelung verfassungsgemäß.

B. Argumente für und gegen die Berücksichtigung religiös motivierter Erziehung

Ist die Neufassung des § 1666 BGB also grundsätzlich verfassungskonform, stellt sich die Frage, wie die Norm in den Fällen anzuwenden ist, in denen zusätzlich die elterliche Religionsfreiheit betroffen ist. Es bleibt zu klären, ob die Betroffenheit der Religionsfreiheit dazu führt, dass Kindeswohlgefährdungen aufgrund religiös motivierter Erziehung anders als sonstige Kindeswohlgefährdungen zu beurteilen sind. Hierfür muss untersucht werden, ob und ggf. welche Beziehungen und Wechselwirkungen zwischen Grundrechten und Privatrecht bestehen und wie der dargestellte verfassungsrechtliche Hintergrund einzuordnen und zu gewichten ist.

I. Beziehung zwischen Grundrechten und Privatrecht

Die bisherigen Ausführungen haben gezeigt, dass eine Vielzahl grundrechtlicher Bestimmungen bei der Beurteilung des Eltern-Kind-Staat-Verhältnisses von Bedeutung sind. Ob diese allerdings lediglich die Grenzen der staatlichen Eingriffsmöglichkeiten kennzeichnen oder darüber hinausgehende Bedeutung für Auslegung und Anwendung des § 1666 BGB erlangen, hängt davon ab, welche Beziehungen zwischen Grundrechten und Privatrecht bestehen. In diesem Bereich ist trotz einer Vielzahl höchstrichterlicher Entscheidungen[314] vieles ungeklärt und umstritten.

Die Problematik zeichnet sich dadurch aus, dass die Grundrechte lediglich den Staat binden, vgl. Art. 1 Abs. 3 GG, Private sind grundsätzlich nur grundrechtsberechtigt. Kommt es zu einem Rechtsstreit zwischen Privaten vor ordentlichen Gerichten, können Grundrechte auf diesen daher nicht unmittelbar einwirken. Andererseits ist das Gericht selbst als Teil der hoheitlichen Gewalt an Grundrechte gebunden, so dass der Richter die Grundrechte der Beteiligten im Blick zu behalten hat. Ob dies lediglich dadurch geschieht, dass die Verfassungskonformität einer Norm berücksichtigt wird oder ob es darüber hinausgehende Wirkungen gibt, soll Gegenstand der folgenden Ausführungen sein.

1. Wirkung der Grundrechte im Privatrecht

a) Unmittelbare Wirkung

In den frühen Jahren der Geltung des Grundgesetzes kamen zunächst Überlegungen auf, den Grundrechten auch im Privatrecht eine unmittelbare Wirkung zukommen zu lassen[315]. Demnach sollten Adressaten der Grundrechte auch Privatrechtssubjekte sein. Dies führte letztlich dazu, dass sich die Grundrechte als gesetzliche Verbote im rechtsgeschäftlichen Verkehr auswirkten. Diese – heute in dieser Weise nicht mehr vertretene Ansicht – war schon früh umfassender Kritik ausgesetzt[316].

b) Mittelbare Drittwirkung durch objektive Wertordnung

In der Folge bemühte man sich, die Weite der Lehre der unmittelbaren Drittwirkung einzudämmen. So wurde maßgeblich von Dürig die Lehre der mittelbaren Drittwirkung der Grundrechte entwickelt[317]. Demnach bilden die Grundrechte eine objektive Wertordnung, die auch unter Privaten Wirkung entfaltet.

---

[314] BVerfGE 7, 198ff.; 49, 89ff.; 81, 242ff.; 89, 214ff.; 97, 169ff.; 104, 65ff.; BVerfG NJW 2003. 2815; BGHZ 132, 328ff.; 134, 325ff.; 137, 329ff.
[315] *Nipperdey* in FS Molitor, S. 17, 23f.
[316] Vgl. hierzu insbesondere *Canaris*, AcP 184 (1984), 201, 203ff.
[317] *Dürig* in FS Nawiasky, S. 157, 176ff.

Diese Wirkung würde durch die wertausfüllungsfähigen und –bedürftigen Generalklauseln erreicht[318]. Diese Lehre hat zahlreiche Anhänger gefunden[319]. Auch in der Judikatur des Bundesverfassungsgerichtes ist seitdem von der Ausstrahlungswirkung oder mittelbaren Drittwirkung der Grundrechte die Rede[320]. Dies führte dazu, dass die Gerichte auch bei Streitigkeiten zwischen Privaten das Privatrecht, soweit es hierzu Spielräume lässt, zu einer grundrechtsorientierten Auslegung bringen müssen[321]. Ein Privater kann also nicht unmittelbar an die Grundrechte gebunden sein, vielmehr hat er die Berücksichtigung der Grundrechte in der Beurteilung des Privatrechtsverhältnisses durch das Gericht zu dulden[322].

c) Schutzpflichtenlehre

Mit der Entwicklung der Schutzpflichten in der Rechtsprechung des Bundesverfassungsgerichtes[323] fanden diese Eingang in die Begründung der Drittwirkung der Grundrechte. Nach der Schutzpflichtenlehre wird die Grundrechtswirkung im Privatrecht damit begründet, dass der Staat sowohl durch Gesetzgebung als auch durch Zivilrechtsprechung die Grundrechte einzelner vor Übergriffen anderer Privater zu schützen habe[324].

Dies wird zunächst mit dem Wortlaut des Grundgesetzes, das in Art. 1 Abs. 1 S. 2 GG den Staat nicht nur zur Achtung sondern daneben auch zum Schutz der Menschenwürde anhält, begründet[325]. Aus dieser auf die Menschenwürde bezogenen Bestimmung leiten die Vertreter der Schutzgebotslehre Schutzpflichten auch für die Freiheitsrechte ab, weil diese auf das Engste mit der

---

[318] *Dürig* in FS Nawiasky, S. 157, 176.

[319] Vgl. Maunz/Dürig/*Herdegen*, GG, Art. 1 Abs. 3 Rn. 52ff. insb. 57, 65; *Papier*, Drittwirkung in Merten/Papier, HdbGR II, § 55 Rn. 7ff.

[320] BVerfGE 7, 198, 207; 89, 214.; 104, 65; BVerfG NJW 2003, 2815.

[321] *Michael/Morlok*, Grundrechte, Rn. 484; *Guckelberger*, JuS 2003, 1151, 1155.

[322] *Michael/Morlok*, Grundrechte, Rn. 483.

[323] BVerfGE 39, 1; 46, 160; 49, 89; 53, 30.

[324] BVerfGE 103, 89, 100; BVerfG NJW 2001, 957, 958; *Canaris*, AcP 184 (1984), 201, 225f.; *Hager*, JZ 1994, 373, 378; *Ruffert*, JZ 2009, 389 m.w.N. (Fn. 10).

[325] *Canaris*, AcP 184 (1984, 201, 226.

Würde des Menschen zusammenhingen[326]. Daneben würde auch die teleologische Auslegung die Anerkennung von Schutzgeboten stützen: Denn der Schutz der Bürger voreinander gehöre seit jeher zu den primären Aufgaben von Staat und Recht[327].

Die Schutzpflichtenlehre hat die Drittwirkung[328] der Grundrechte nicht nur auf eine andere Begründung gestützt, sondern diese auch in entscheidenden Bereichen weiterentwickelt. Die Schutzgebotslehre unterscheidet zwischen der Einwirkung der Grundrechte auf die Normen des Privatrechts und der Einwirkung auf Akte von Privatrechtssubjekten. Nur bei Zweiteren könne es auf die Schutzgebotslehre ankommen, da die Normen des Privatrechts als legislative Akte unmittelbar der Grundrechtswirkung unterliegen[329]. Nur dort, wo die Grundrechte auf Akte zwischen Privatrechtssubjekten einwirken, wirken sie mittelbar als Schutzgebote. Denn über die Schutzpflichtenlehre würden sämtliche Staatsgewalten gebunden und zugleich ein Gebot grundrechtskonformer Auslegung sowie Rechtsfortbildung für die Privatrechtsprechung aufgestellt[330].

Die Einwirkung geschehe nicht nur über unbestimmte Rechtsbegriffe und Generalklauseln sondern auch durch präzise Normen[331]. Hierin liegt ein Kritikpunkt der Schutzgebotslehre an der ursprünglichen Drittwirkungslehre, die sich zu sehr auf die durch die Grundrechte gebildete Wertordnung und die Einwirkung ins Privatrecht über Generalklauseln fixiere, obwohl es auch andere Einbruchstellen gäbe[332].

Das Bundesverfassungsgericht zieht die Schutzpflichtenlehre als Begründung der älteren Lehre der mittelbaren Drittwirkung heran und prüft sie im Rahmen

---

[326] *Rupp*, AöR 101 (1976), 166; *Canaris*, AcP 184 (1984), 201, 226.
[327] *Canaris*, AcP 184 (1984), 201, 226.
[328] Teilweise wird angemerkt, dass im Rahmen der Schutzpflichtenlehre nicht mehr von einer „Drittwirkung" gesprochen werden sollte, um eine Verwechslung mit der von Dürig entwickelten Lehre der mittelbaren Drittwirkung zu vermeiden, vgl. *Canaris*, AcP 184 (1984), 221, 228; *Ruffert*, JZ 2009, 389, 398, der jedoch darauf hinweist, dass dies dann unschädlich sei, wenn trotz Verwendung der älteren Terminologie die Weiterentwicklung der Grundrechtsdogmatik und der Privatrechtswirkung anerkannt würde.
[329] *Canaris*, AcP 184 (1984), 201, 228; *ders.* JZ 1987, 993; *Hager*, JZ 1994, 373, 374f.
[330] *Neuner* in ders., Grundrechte und Privatrecht, S. 159, 171.
[331] *Canaris*, AcP 184 (1984), 201, 224, 240.
[332] *Canaris*, aaO.

der Ausstrahlungswirkung der Grundrechte auf das Privatrecht[333]. Der BGH hat diese Vorgabe des Bundesverfassungsgerichts aufgenommen und im Rahmen seiner Rechtsprechung umgesetzt[334].

d) Zwischenergebnis

Unabhängig davon, ob die Lehre der mittelbaren auf die durch die Grundrechte postulierte objektive Wertordnung oder auf die nunmehr weitgehend anerkannte Schutzpflichtenlehre gestützt wird, begründet sie die Ausstrahlung der Grundrechte ins Privatrecht. Einig sind sich die Vertreter beider Ansichten, dass dies für die Anwendung von Rechtssätzen in Privatrechtsverhältnissen gelte. In diesem Bereich könnten insbesondere bei der Auslegung von Generalklauseln und unbestimmten Rechtsbegriffen die Grundrechte ihre Ausstrahlungswirkung entfalten. Ob dies auch für die direkte Prüfung von Privatrechtsnormen gilt oder ob diese unmittelbar an den Grundrechten zu messen sind, ist unter den Vertretern der mittelbaren Drittwirkung umstritten.[335]

2. Kritik der Privatrechtswirkung der Grundrechte

Gegen diese Auffassungen sind Kritikpunkte vorgetragen worden, wonach im Ergebnis die Anerkennung der mittelbaren Drittwirkung der Grundrechte abzulehnen sei. Die Argumente für die Ablehnung und die Ansichten zur Beziehung zwischen Grundrechten und Privatrecht differieren auch unter den Vertretern dieser Auffassung leicht.

a) Modell der Rangneutralität

Diederichsen hat das Modell der Rangneutralität entwickelt und vertritt, dass Grundrechte und Privatrecht bezüglich der Werteverwirklichung gleichrangig seien[336]. Sofern sowohl eine grundrechtliche als auch eine privatrechtliche Bestimmung einschlägig sei, fänden beide nebeneinander Anwendung. Ein Vor-

---

[333] BVerfGE 81, 242, 255; 103, 89, 100.
[334] Vgl. BGHZ 132, 328; 134, 325; BGH NJW 1999, 58.
[335] Hierzu unten Kap. 2 B.I.3.
[336] *Diederichsen* in Starck, Rangordnung der Gesetze, S. 39, 70.

rang der grundrechtlichen Wertung könne dabei nicht schon per se angenommen werden, vielmehr müsse ein argumentativer Vorrang begründet werden[337]. Für den Einzelfall bedeutet dies, dass abzuwägen ist, welche Wertung konkret vorrangig ist.

Für diese Ansicht spreche, dass die Grundwerte der Privatrechtsordnung in das Grundgesetz übernommen wurden und dort eine Aufwertung zu Grundrechten erfahren haben[338]. Allerdings beinhalten die Grundrechte bei weitem nicht alle Werte, die die Privatrechtsordnung als Grundwerte kenne[339], was auf die ursprünglich abwehrrechtliche Wirkung der Grundrechte zurückzuführen sei. Das Grundgesetz habe sich nur mit solchen Regelungen befassen müssen, die im Verhältnis des Bürgers zum Staat relevant werden konnten[340]. Insofern bleiben die Regelungsgegenstände gegenüber dem ausdifferenzierten Zivilrecht zurück. Ein Vorrang grundrechtlicher Wertungen könne jedoch nur dann angenommen werden, wenn es sich hierbei um umfassende Vorwertungen handelte[341]. Die fehlenden Wertungen würden insbesondere durch das Verhältnismäßigkeitsprinzip aufgefangen, das erst konkrete Ergebnisse ermögliche[342]. Bei der Betroffenheit mehrerer Grundrechte könne das Bundesverfassungsgericht daher nur anhand einer Güterabwägung entscheiden, welche Interessen zurückzustehen haben bzw. vorrangig sind[343]. Gerade diese Methode sei allerdings im Privatrecht wesentlich weiter gereift: dort finde keine abstrakte Abwägung von Rechten und Interessen statt, vielmehr habe der Gesetzgeber die Verhältnismäßigkeit oftmals bereits durch ein umfassendes System von Regeln, Ausnahmen und Unterausnahmen geregelt[344]. Dies verdeutliche die prinzipielle Rangneutralität der zivilrechtlichen und grundrechtlichen Wertordnung.

---

[337] *Diederichsen*, a.a.O.
[338] *Diederichsen*, in Starck, Rangordnung der Gesetze, S. 39, 71.
[339] *Diederichsen*, a.a.O., S. 77.
[340] *Diederichsen*, a.a.O., S. 80f.
[341] *Diederichsen*, a.a.O., S. 78.
[342] *Diederichsen*, a.a.O., S. 89.
[343] *Diederichsen*, a.a.O., S. 89.
[344] *Diederichen*, a.a.O., S. 73.

Im Ergebnis führt diese Ansicht dazu, dass die Grundrechte nicht automatisch aufgrund ihrer Drittwirkung in das Privatrecht hineinwirken. Vielmehr muss im konkreten Fall untersucht werden, ob den grundrechtlichen Wertungen argumentativer Vorrang zukommt. Dies könne allerdings nur in Ausnahmefällen angenommen werden, da in der Regel die Wertungen der Privatrechtsordnung weitergehend als die grundrechtlichen Wertungen seien. Nur durch eine solche Sichtweise könne man sich letztlich auch davon lösen, dass das Bundesverfassungsgericht als Superrevisionsinstanz fachgerichtliche Urteile überprüfe und dadurch die letzte Instanz in vielen Rechtsgebieten für sich in Anspruch nehme[345].

b) Einwirkung der Grundrechte ohne eigenständige Normqualität

In eine ähnliche Richtung geht der Ansatz, dass die Grundrechte im Privatrecht zwar auf das Privatrecht einwirken könnten, sie dies allerdings ohne grundrechtliche Normqualität und nur in eng begrenzten Ausnahmefällen tun. Auch hier wird der Grund der Bezugnahme auf die Grundrechte bzw. deren Wertungen im Privatrecht in der Ergänzung zivilrechtlicher Argumentationsmuster gesehen[346]. Die Bezugnahme auf Grundrechte könne nämlich nur dann erfolgen, wenn es ihrer zur Beurteilung komplexer Problembereiche bedürfe. Weil eine Bezugnahme auf außerrechtliche Wertungen in einem Rechtsstaat der Glaubens- und Gewissensfreiheit verstellt sei, müsse hierbei stets auf Rechtssätze, nicht zuletzt auf die Grundrechte, zurückgegriffen werden. Gerade wenn es demnach zur Lösung eines komplexen Problembereichs vonnöten sei, auf die staatsgerichteten Grundrechte Bezug zu nehmen, könnten diese im Privatrecht ihre Wirkung entfalten. In dieser Begründung findet sich zugleich die Grenze der Grundrechtwirkung auf das Privatrecht. Weil die Grundrechte nicht aufgrund ihrer Höherrangigkeit ins Privatrecht einwirken, könne sich die Art der Einwirkung auch nur nach zivilrechtsdogmatischen Grundsätzen bestimmen[347].

---

[345] *Diederichsen*, in Starck, Rangordnung der Gesetze, S. 39, 92f.
[346] Hierzu und zum folgenden *Windel*, Der Staat 37 (1998), 385, 407f..
[347] *Windel*, Der Staat 37 (1998), 385, 408.

Demnach ist eine Fragestellung grundsätzlich durch speziellere Regelungen eher einer

problemorientierten Lösung zuzuführen als durch allgemeine. Auf Grundrechte solle daher nur dann zurückgegriffen werden, wenn sich eine zivilrechtliche Fallgestaltung anderweitig nicht lösen lasse. Der Rückgriff wäre demnach nur ultima ratio. Hieraus sei auch abzuleiten, dass die Grundrechte nicht mit Verfassungsrang ins Privatrecht einwirken[348]. Dies sei für die Fälle, in denen Grundrecht und Privatrecht dasselbe regeln, von vornherein vorgegeben, da Rangverhältnisse ihren Zweck in der Vermeidung von Widersprüchen haben. Aber auch sonst könne die alleinige Heranziehung von Grundrechten als Argumentationshilfe nicht dazu führen, dass der Rechtsstreit auf verfassungsrechtliche Ebene gehoben werde[349]. Daher komme dem Grundrecht kein höherer Rang zu als dem zivilrechtlichen Gesetz.

Nach dieser Ansicht wirken die Grundrechte lediglich als ultima ratio als Argumentationshilfe bei der Auslegung zivilrechtlicher Generalklauseln. Weil ihnen allerdings im Rahmen der Einwirkung auf das Privatrecht nicht Verfassungsrang zukommen soll, können sie Regelungen des Privatrechts nicht fortentwickeln. Eine weitere Konsequenz wäre, dass die fachgerichtliche Rechtsprechung nicht mit der Verfassungsbeschwerde gerügt werden könnte.

3. Stellungnahme

Die Kritik an der Ausstrahlungswirkung der Grundrechte ins Privatrecht sorgt sich primär um die Eigenständigkeit der Privatrechtsordnung. Vor dem Hintergrund, dass das BVerfG im Rahmen seiner Judikatur schon mehrfach neue Grundrechte entwickelt hat, die als solche nicht im Grundgesetz verankert sind[350], erscheint diese Sorge nachvollziehbar.

Allerdings begründet allein eine solche Gefahr kein Argument, die Rangordnung der Gesetze nicht zu berücksichtigen. Dabei gibt schon der Wortlaut des

---

[348] *Windel*, Der Staat 37 (1998), 385, 408, 409f.
[349] *Windel*, Der Staat 37 (1998), 385, 409f.
[350] Vgl. z.B. das aus Art. 2 GG hergeleitete Grundrecht auf „Gewährleistung der Vertraulichkeit informationstechnischer Systeme", BVerfGE 120, 274ff.

111

Grundgesetzes zumindest dahingehend Aufschluss, dass zumindest auch die Normen des Privatrechts unmittelbar an den Grundrechten zu messen sind, vgl. Art. 1 Abs. 3 GG[351]. Darüber hinaus ist der Schutzpflichtenlehre insoweit zuzustimmen, als sie den Grundrechten mittelbare Wirkung bei der Beurteilung von Rechtsbeziehungen Privater einräumt. Denn nur dann können die Grundrechte effektiv ihren vollen Schutzgehalt entfalten.

Ist demnach eine mittelbare Einwirkung auf Privatrechtsbeziehungen gegeben, kann diese Einwirkung auch nur mit der Normqualität eines Grundrechts erfolgen. Gerade der Charakter eines Grundrechts, das der Staat insoweit auch gegenüber Privaten zu schützen verpflichtet ist, verleiht erst das „Recht" mittelbar auf die Beurteilung einer Privatrechtsbeziehung einzuwirken. Auch die These, dass die Grundrechte nur als „kodifiziertes Naturrecht" zu berücksichtigen seien[352], unterstützt dies: Wenn es im Rechtsstaat notwendig ist, normierte Wertmaßstäbe für die Auslegung komplexer Rechtsprobleme zu finden, so kann man diesen in ihrer Anwendung schließlich nicht diese Normqualität absprechen.

Somit ist im Ergebnis festzuhalten, dass den Grundrechten eine Ausstrahlungswirkung auf das Privatrecht zukommt. Dabei kommt eine mittelbare Wirkung der Grundrechte nur in dem Bereich in Betracht, in dem die Grundrechte nicht schon unmittelbar in ihrer Funktion als Abwehrrechte wirken. Dies ist immer dann der Fall, wenn ein staatliches Handeln im Raum steht, mithin auch bei Normen des Privatrechts. Die Aufstellung solcher Normen ist als Akt der Legislative hoheitliches Handeln. Dass sie letztlich die Beziehungen Privater zueinander regeln, ist kein hiergegen durchgreifendes Argument. Insofern weist schon *Canaris* darauf hin, dass sich nicht nur im ureigenen Bereich des Privatrechts Private gegenüberstehen sondern Konflikte zwischen solchen auch in anderen Rechtsgebieten, bspw. dem Baurecht gelöst werden könnten[353].

---

[351] In diesem Sinne die oben dargestellt Schutzpflichtenlehre, vgl. statt aller *Canaris*, AcP 184 (1984), 201, 228.

[352] Vgl. *Windel*, Der Staat 37 (1998), 385, 407.

[353] *Canaris*, AcP 184 (1984), 201, 212.

Die Ausstrahlungswirkung hat zur Folge, dass für den Fall, dass in bestimmten Konstellationen Grundrechte der Beteiligten betroffen sind, diese in die Beurteilung der Gesamtproblematik mit einbezogen werden müssen. So verhält es sich bei der Religionsfreiheit.

II. § 1666 BGB als öffentlich-rechtliche Norm

Dieses Ergebnis gilt umso mehr, als dass § 1666 BGB zwar eine Norm des Bürgerlichen Gesetzbuchs ist, die die Grenzen des zulässigen Eltern-Kind-Verhältnisses regelt, nach strenger Definition allerdings als öffentlich-rechtliche Norm zu qualifizieren ist. Öffentlich-rechtlich sind solche Normen, die einseitig einen Hoheitsträger berechtigen oder verpflichten. Genau dies ist der Regelungsgehalt des § 1666 BGB: Das Familiengericht wird bei Vorliegen einer Kindeswohlgefährdung ermächtigt, in das elterliche Sorgerecht einzugreifen. Somit handelt es sich bei dieser Norm nicht um eine der klassischen Privatrechtsgestaltungen, die nur Beziehungen Privater regelt sondern vielmehr um eine einseitige staatliche Eingriffsbefugnis. Das Verhalten der staatlichen Stellen hat sich allerdings von vornherein an den Grundrechten zu orientieren und dieser zu berücksichtigen. Insofern spricht auch dies dafür, dass die Religionsfreiheit bei der Beurteilung im Rahmen des § 1666 BGB von Bedeutung sein muss.

III. Grundrechtlich starke Verbürgung aus Art. 4 Abs. 1 GG

Diese Überlegung wird darüber hinaus von der grundrechtlich starken Verbürgung in Art. 4 GG gestützt. Bei der Religionsfreiheit handelt es sich um ein vorbehaltlos gewährleistetes Grundrecht. Die Grundrechte unterliegen einer ausdifferenzierten Schrankensystematik, wonach zwischen Grundrechten mit einfachem Gesetzesvorbehalt, qualifiziertem Gesetzesvorbehalt und vorbehaltlos gewährleisteten Grundrechten zu unterscheiden ist. Hintergrund dieser Differenzierung ist die unterschiedliche Gewichtung der gewährten Freiheitsbereiche. Je wichtiger ein grundrechtlich geschütztes Verhalten ist, desto höher sind die Anforderungen an die Einschränkung. Dies führt zwar nicht zu einer Rangordnung zwischen den einzelnen Grundrechten, so dass die Grundrechte ohne Gesetzesvorbehalt generell höher als solche mit Gesetzesvorbehalt einzustufen wären[354]. Denn auch andere Erwägungen sind in die Entscheidung mit eingeflossen, welche Grundrechte vorbehaltlos gewährleistet werden und welche nicht. So kann auch die weite Auslegung eines Schutzbereiches dazu führen, dass die Schranken weit ausgelegt werden müssen[355]. Trotzdem verdeutlicht die vorbehaltlose Gewährleistung die Wertschätzung und Wichtigkeit des geschützten Verhaltens auch gegenüber anderen Grundrechten[356].

IV. Verstärkung des elterlichen Schutzes wegen additivem Grundrechtseingriff

Hinzu kommt, dass auf Seiten der Eltern in Fällen religiös motivierter Erziehung gleich mehrere Grundrechte betroffen sind. Es gibt staatliche Maßnahmen, durch die mit einer Handlung gleichzeitig in mehrere Grundrechte eingegriffen wird[357]. In diesen Konstellationen werden nach der gängigen Grundrechtsdogmatik die betroffenen Grundrechte nacheinander auf ihre Verletzung geprüft. Dabei wird die Verhältnismäßigkeitsprüfung im Rahmen der Rechtfertigung jeweils für den betroffenen Schutzbereich durchgeführt. Dies kann dazu führen, dass eine einzige hoheitliche Maßnahme, die in die Schutzbereiche mehrerer Grundrechte eingreift, dem jeweils einzelnen Grundrecht angemessen ist. Betrachtet man jedoch die Anzahl der Grundrechte, in die eingegriffen

---

[354] *Rupp* in Merten/Papier, Hdb Grundrechte, § 36 Rn. 33.
[355] So z.B. bei der allgemeinen Handlungsfreiheit in Art. 2 Abs. 1 GG. Die Auslegung, dass die allgemeine Handlungsfreiheit jegliche Handlung unabhängig von ihrer Bedeutung für die Persönlichkeitsentfaltung umfasst, führt dazu, dass die Schranke „verfassungsmäßige Ordnung" weit ausgelegt und als Gesamtheit der Rechtsordnung verstanden wird, vgl. *Hufen*, Staatsrecht II, § 14 Rn. 70.
[356] *Rupp* in Merten/Papier, Hdb Grundrechte, § 36 Rn. 33.
[357] Der Begriff des additiven Grundrechtseingriffs wird nicht einheitlich verwendet. So verstehen einige Autoren hierunter mehrere kleinere Maßnahmen, die erst in ihrer Gesamtheit Eingriffsintensität erreichen. Andere fassen unter einen additiven Grundrechtseingriff mehrere punktuelle Eingriffe, die dieselbe Personengruppe und dasselbe Grundrechtsgut betreffen und hierbei dieselben Zwecke verfolgen, so z.B. *Lücke*, DVBl 2001, 1469, 1470. Hier soll allerdings nur die Konstellation interessieren, in der eine hoheitliche Maßnahme gleichzeitig in mehrere Grundrechte eingreift und dadurch ggf. eine Verstärkungswirkung hervorruft, vgl. *Hofmann*, AöR 133 (2008), 523 ff.

114

wurde, kann die Frage aufkommen, ob dieses Ergebnis dem Schutzbedürfnis des Grundrechtsträgers gerecht wird. Dadurch dass die Grundrechte nacheinander geprüft werden, wirkt sich die Häufung der Eingriffsfolgen auf mehrere Grundrechte in der Prüfung nicht aus. Derjenige, der einen Eingriff in mehrere Schutzbereiche zu verkraften hat, wird quasi nicht anders behandelt, als der Grundrechtsträger, bei dem nur in ein Grundrecht eingegriffen wird.

Für diese Konstellationen ist die Figur eines additiven Grundrechtseingriffs entwickelt worden[358]. Als Ausgangspunkt wird auf das Caroline II-Urteil des Bundesverfassungsgerichts verwiesen, in dem das Gericht ausführt, „der Schutzgehalt des allgemeinen Persönlichkeitsrechts der Eltern erfährt eine Verstärkung durch Art. 6 I und II GG, soweit es um die Veröffentlichung von Abbildungen geht, die die spezifisch elterliche Hinwendung zu den Kindern zum Gegenstand haben"[359]. Ansatzpunkt der Überlegungen ist der Begriff „Verstärkung" sowohl im Leitsatz als auch in der Urteilsbegründung des BVerfG. Der Rückgriff auf eine solche Verstärkungswirkung in einer Urteilsbegründung findet sich auch in weiteren Urteilen des Gerichts, in denen die Verfassungswidrigkeit einer Maßnahme auf die gleichzeitige Heranziehung zweier Grundrechte gestützt wird[360]. Wie die Schutzbereichsverstärkung dogmatisch einzuordnen ist und welche Auswirkungen sie genau hat, ist allerdings nicht eindeutig[361]. Jedenfalls kann die Figur nicht dazu führen, die Schrankensystematik des Grundgesetzes aus den Angeln zu heben. In Betracht kommt daher nur eine Berücksichtigung des verstärkten Eingriffs in der Verhältnismäßigkeit im Rahmen der Angemessenheit. Hier besteht die Möglichkeit, eine Gesamtabwägung[362] vorzunehmen, in der alle Belastungen berücksichtigt werden und aus diesem Blickwinkel zumutbar sein müssen[363].

---

[358] Ausführlich hierzu und zur dogmatischen Herleitung *Hofmann,* AöR 133 (2008), 523 ff.
[359] BVerfG NJW 2000, 1021.
[360] Z.B. BVerfGE 104, 337, 356 – Schächten.
[361] Daher auch kritisch zur Rechtsprechung des BVerfG *Volkmann,* DVBl 2002, 332ff.; *Spranger,* NJW 2002, 2074; *Spielmann,* JuS 2004, 371, 374f.
[362] Zur Gesamtabwägung BVerfGE 30, 292, 316f.; 39, 210, 234; 103, 293, 308f.
[363] *Hofmann,* AöR 133 (2008), 523, 539 und 554.

Die Idee des additiven Grundrechtseingriffs ist auf die Situation bei religiös motivierter Erziehung übertragbar. Auch hier führt eine staatliche Maßnahme zu einem Eingriff in zwei Grundrechte, nämlich das elterliche Erziehungsrecht und die Religionsfreiheit. Somit spricht auch die Figur des additiven Grundrechtseingriffs für die besondere Berücksichtigung religiös motivierter Erziehungsmaßnahmen im Rahmen des § 1666 BGB.

V. Wesentliche Grundüberzeugung des Betroffenen

Neben diesem rechtlichen Aspekt muss aber auch die Wertigkeit der Religion im Leben des Einzelnen Beachtung erfahren: Der persönliche Glaube stellt eine wesentliche Grundüberzeugung einer Person dar. Glaube ist für den einzelnen Gläubigen eine Richtschnur für sein Leben, an der er sich ausrichtet. Die Überzeugungen, die ein Gläubiger vertritt, entstammen damit nicht nur seiner Persönlichkeit, vielmehr sind es Überzeugungen, die er seinem Glauben entnimmt. Aus diesem Grund kann er diese Überzeugungen auch nicht dem Wandel der Zeit unterwerfen, sondern er ist daran „gebunden", welche Richtung sein Glaube vorgibt.

Genau dieses Recht gewährleistet die in Art. 4 GG verbürgte Religionsfreiheit grundsätzlich auch jedem Einzelnen. In einem Staat, der seinen Bürgern Glaubens- und Gewissensfreiheit garantiert, muss auch die Weitergabe der Überzeugungen an die nächste Generation gewährleistet sein.

Entscheidet sich ein Mensch aktiv, einer Religion anzugehören, so beschränkt sich dies nicht auf den einfachen Glauben, sondern gibt der Person Vorgaben für das eigene Leben. In Bezug auf religiös motivierte Erziehung bedeutet dies, dass die Eltern nicht nur aus eigener Motivation gewisse Erziehungsmethoden anwenden, sondern den aus ihrer Religion abgeleiteten Verhaltensge- oder -verboten folgen. Dies ist auch der Grund, der es den Eltern unmöglich macht, eine staatlicherseits erkannte Gefahr von ihrem Kind abzuwenden. Wie bereits angemerkt, greift die Gefahrabwendungsbefugnis als Sicherungsmechanismus des Elternrechts für die religiös motivierte Erziehung nicht durch, denn die Eltern befinden sich in einem Dilemma: Zunächst sind sie ja gerade davon überzeugt, dass ihre Erziehung die richtige für ihr Kind ist. Zusätzlich kann es sein, dass bestimmte Erziehungsmethoden auch gerade als verbindliche Vorgabe aus der Religion verstanden werden, den Eltern subjektiv also gar keine Möglichkeit offensteht, sich anders zu verhalten. Sie werden also tendenziell nie gewillt oder in der Lage sein, ihr Verhalten zu ändern. Damit werden aber Eltern, hinter deren Erziehung eine verfassungsrechtlich geschützte Motivation steht, schlechter gestellt als Eltern, die durch Gleichgültigkeit ihr Kind gefährden[364]. Um diesen Effekt etwas abzumildern, muss die religiös motivierte Erziehung Berücksichtigung erfahren.

VI. Keine Kollision mit staatlicher Neutralität

Gegen eine Berücksichtigung der Religionsfreiheit spricht nicht das Neutralitätsgebot. Zwar ist der Staat zu religiöser und weltanschaulicher Neutralität verpflichtet. Auch wenn die Neutralitätspflicht nicht explizit im Grundgesetz verankert ist, ergibt sie sich aus einer Zusammenschau der Art. 4 Abs. 1; 3 Abs. 3; 33 Abs. 3 GG sowie der über Art. 140 GG inkorporierten Art. 136 Abs.1 und 4; 137 Abs. 1 WRV[365]. Diese Neutralitätspflicht ist nicht in dem Sinne ausgestaltet, dass es keinerlei Beziehung zwischen Staat und Religion geben kann; hiergegen sprechen bereits Regelungen wie Art. 7 Abs. 3 GG, der ein Kooperationsverhältnis voraussetzt. Neutralität meint daher nicht, dass der Staat die religiösen Überzeugungen seiner Bürger nicht berücksichtigen soll, denn diese Verpflichtung erlegt ihm schon Art. 4 GG auf. Allerdings verlangt das Neutralitätsgebot, dass der Staat sich einer Bewertung der Religion entzieht – sofern also religiöse Bezüge Berücksichtigung finden, muss dies gleichermaßen für alle Religionen gelten[366]. Soweit vertreten wird, dem Grundgesetz sei ein Bekenntnis zum Christentum zu entnehmen, welches dazu führe, dass die christliche Religion gegenüber anderen Religionen und Religionsge-

---

[364] Dies gilt nicht nur für religiös motivierte Erziehung sondern betrifft all diejenigen Eltern, die aus einer grundrechtlich geschützten Überzeugung heraus eine bestimmte Erziehungsmethode anwenden.
[365] Vgl. BVerfGE 19, 206, 216.
[366] *Michael/Morlok*, Grundrechte, Rn. 182.

meinschaften privilegiert werden könne, ist dem das Neutralitätsgebot entgegenzusetzen. Auch der Überlegung, solche Religionen zu privilegieren, die Werte der Verfassung fördern, kann nicht gefolgt werden, da sie zu einer mittelbaren Beurteilung der religiösen Bekenntnisse führt und somit auch nur schwerlich mit dem Neutralitätsgebot vereinbar erscheint[367]. Dies stellt eine durch das Neutralitätsgebot vorgegebene Grenze dar, eine allgemeine Berücksichtigung religiöser Aspekte wird nicht ausgeschlossen. Daher können solche auch bei religiös motivierten Erziehungsmaßnahmen einer besonderen Wertung unterzogen werden.

VII. Vermeidung von Konflikten

Auch die Ausrichtung von Religionen und Religionsgemeinschaften können Argumente für oder gegen ihre spezielle Berücksichtigung geben. So kann eine Religionsgemeinschaft offen ausgerichtet sein und das soziale Leben mitgestalten. Solche Gemeinschaften pflegen ihren Glauben nicht lediglich für ihre Mitglieder, sondern leiten daraus Verhaltensgebote und Angebote an ihre Mitmenschen ab[368].

Daneben können Religion und die persönlichen Glaubensüberzeugungen einzelner Personen allerdings auch ein großes Konfliktpotential bergen, welches in der Religion selbst angelegt ist: Den allermeisten Religionen liegt ein Absolutheitsanspruch inne, der Einzelne ist der Überzeugung, seine Religion sei die einzig Wahre, die einzig Heilsbringende. Hinzu kommt, dass viele Religionen missionarisch ausgerichtet sind und somit versuchen, andere von ihrer Lehre zu überzeugen. Schließlich gehört es zu den ureigensten Merkmalen von Religionen, dass sie nicht dem Beweise zugänglich sind, es sich bei den Anhängern einer Religion also im wahrsten Sinne des Wortes um „Gläubige" handelt. Da aber jeder von der alleinigen Richtigkeit seiner Glaubensüberzeugung ausgeht, kommt es häufig gerade in religiösen Bereichen zu Konflikten. Würde

---

[367] Vgl. hierzu *Huster* in Heinig/Walter, Staatskirchenrecht oder Religionsver-fassungsrecht, S. 125.
[368] Vgl. z.B. solche Organisationsformen wie die Caritas.

man nun die religiöse Motivation einer Erziehungsmaßnahme in Verfahren nach § 1666 BGB nicht berücksichtigen – und zwar bei allen Religionen – könnte dies zu einer Konfliktvermeidung führen.

Es stellt sich allerdings die Frage, ob die Konfliktträchtigkeit eines Themas zu dem Ergebnis führen kann, dass es gewissermaßen ausgeblendet wird. Dies erscheint fragwürdig, insbesondere werden die Konflikte so nicht gelöst. Auch kann eine potentielle Konfliktträchtigkeit nicht andere rechtliche Wertungen aushebeln. Darüber hinaus folgt aus der Berücksichtigung der Religionsfreiheit auch nicht etwa eine Vorrangstellung. Schon das Grundgesetz selbst stellt Instrumente zur Verfügung, die eine zu extensive Auslegung der Religionsfreiheit verhindern. Eine Nichtberücksichtigung zur Vermeidung von Konflikten ist daher nicht von Nöten.

VIII. Fazit – Verhältnis der betroffenen Grundrechtsbestimmungen zueinander

Die bisherige Darstellung hat gezeigt, dass die religiöse Motivation zu berücksichtigen ist. Es wurde auch deutlich, dass die berührten Grundrechte sich in vielfältiger Weise gegenseitig bedingen und prägen. Daher stellt sich die Frage, in welchem Verhältnis sie im Kollisionsfall zueinander stehen.

Hierbei kann zunächst festgestellt werden, dass die Grundrechte des Kindes –seine Menschenwürde, das Allgemeine Persönlichkeitsrecht und die Religionsfreiheit – sowohl das Erziehungsrecht als auch das Wächteramt prägen und inhaltlich bedingen. Wie die Eltern ihr Erziehungsrecht ausüben, steht in ihrem Ermessen, sie sind hierbei jedoch an das Wohl des Kindes gebunden. Maßnahmen, die selbst bei weitester Auslegung als nicht mehr mit dem Kindeswohl vereinbar erscheinen, können nicht als „Pflege und Erziehung" i.S.d. Art. 6 Abs. 2 S. 1 GG aufgefasst werden. Grund hierfür ist die Überzeugung, dass es in einer Rechtsordnung, die jedem Einzelnen Menschenwürde zuerkennt, unmöglich ist, Personen ein Recht zur Einwirkung auf eine andere Person zu-

zubilligen, ohne dieses zugunsten dieser Person zu begrenzen[369]. Die Legitimation der elterlichen Rechte ist das Bedürfnis des Kindes nach Schutz und Hilfe[370]. Die Grundrechte des Kindes sind dem elterlichen Erziehungsrecht somit in gewisser Weise vorgelagert. Das heißt aber nicht, dass sie höherrangig zu bewerten sind: Was dem Kindeswohl dient, unterfällt grundsätzlich dem Ermessen der Eltern.

Das Wächteramt greift in diese Konstellation nur ein, wenn die Eltern ihr Erziehungsrecht nicht pflichtgemäß ausüben. Daraus folgt, dass sich auch das Wächteramt an den Grundrechten des Kindes orientiert. Auch die Schutzpflicht aus Art. 2 Abs. 2 S. 1 GG kann nur dann zu einem Eingriff ermächtigen, wenn das gesundheitliche Wohl des Kindes gefährdet ist.

Diese Grundregel kann allerdings nur insoweit gelten, als das Elternrecht berührt ist. Denn nur dieses unterliegt der untypischen Pflichtbindung[371]. Wie oben bereits erwähnt, wird das Elternrecht durch die Religionsfreiheit verstärkt. Der Religionsfreiheit ist aber keine Rückbindung an das Kindeswohl zu entnehmen. Eingriffe des Staates in die Religionsfreiheit sind daher auch nicht über das Wächteramt zu rechtfertigen. Die Religionsfreiheit als vorbehaltlos gewährleistetes Grundrecht kann nur durch kollidierendes Verfassungsrecht – welches in diesen Fällen in den Grundrechten des Kindes zu sehen wäre – beschränkt werden. Aber auch die Abwägung kann in diesen Fällen nicht in gleicher Weise wie beim elterlichen Erziehungsrecht vorgezeichnet sein, denn die Religionsfreiheit schützt einen Freiheitsbereich, der dem Grundrechtsträger für sich zukommt, also anders als das Elternrecht nicht unmittelbar auf eine andere Person einwirkt. Die Religionsfreiheit enthält keine Pflichtbindung und steht dem Einzelnen nicht als lediglich treuhänderisches Recht zu. Dies gilt auch im Bereich der religiösen Erziehung: Während der Erziehungsaspekt nach wie vor

---

[369] BVerfGE 24, 119, 144; *Ossenbühl*, Elterliches Erziehungsrecht, S.49.
[370] Maunz/Dürig/*Badura*, GG, Art. 6 Rn. 133.
[371] BK/*Jestaedt*, GG, Art. 6 Abs. 2 und 3, Rn. geht die Pflichtbindung auch noch weiter als bei anderen Grundrechten – so sei die Sozialbindung bei Art. 14 GG bspw. wesentlich geringer zu bewerten.

im Rahmen des Art. 6 Abs. 1 GG der Pflichtbindung unterstellt ist, beruht der Teil, der als Ausübung der Religionsfreiheit die Weitergabe der eigenen religiösen Überzeugung beinhaltet, auf Art. 4 Abs. 1 GG[372].

Dies bedeutet allerdings nicht, dass das Kind religiös motivierten Erziehungsmaßnahmen schutzlos ausgeliefert wäre. Vielmehr begrenzen die Grundrechte des Kindes die Religionsfreiheit der Eltern als verfassungsimmanente Schranke. Der Unterschied liegt darin, dass die Religionsfreiheit der Eltern mit den Grundrechten des Kindes im Wege der praktischen Konkordanz abgewogen werden muss. Ziel dieser Abwägung ist es, allen betroffenen Grundrechtsbestimmungen zur möglichsten Entfaltung zu verhelfen[373]. Bei dieser Abwägung kommt den Grundrechten auf Seiten des Kindes keineswegs eine Vorrangstellung zu, denn keine Bestimmung hat vollends zurückzutreten. Vielmehr wird mit der gängigen Systematik Eingriffsintensität und Wichtigkeit des betroffenen Rechtsguts gegenübergestellt. Wird durch eine religiös motivierte Erziehungsmaßnahme also ein Grundrecht des Kindes schwerwiegend beeinträchtig, wie bspw. bei einer Gefährdung des Lebens des Kindes, so führt dies auch hier dazu, dass die Religionsfreiheit der Eltern zurücktreten muss.

IX. Exkurs: negative Religionsfreiheit der Eltern

Verlangt die Religionsfreiheit der Eltern nach einer besonderen Berücksichtigung im Rahmen des § 1666 BGB, stellt sich die Frage, inwiefern dies auf die negative Religionsfreiheit zu übertragen ist. Beruht eine Erziehungsmaßnahme der Eltern gerade darauf, dass sie keinem Glauben angehören, könnte dies ebenso in die Abwägung einfließen, wie der bisher behandelte Fall.

Den Freiheitsrechten des Grundgesetzes ist eine negative Komponente immanent[374], die das Unterlassen des grundrechtlich geschützten Gutes gleichermaßen schützen[375]. Würden die Freiheitsrechte nämlich nur die positive Inanspruchnahme des Gewährleistungsinhalts schützen, könnten sie sich für den

---

[372] V. Campenhausen in Hdb. StR VII, § 157 Rn. 101.
[373] Michael/Morlok, Grundrechte, Rn. 23.
[374] A.A. Hellermann, Die sogenannte negative Seite der Freiheitsrechte, S. 126ff.
[375] Maunz/Dürig/Herzog, GG, Art. 4 Rn. 79; Michael/Morlok, Grundrechte, Rn. 45.

Grundrechtsträger ins Gegenteil verkehren[376]. Die negative Seite des Art. 4 GG schützt demnach das Recht, keinem Glauben anzuhängen, seinen Glauben nicht zu bekennen oder auch nicht auszuüben[377]. Dabei können sich die Anwendungsbereiche der negativen Religionsfreiheit und der Weltanschauungs-, bzw. Gewissensfreiheit überschneiden. Für denjenigen, der keinem Glauben anhängt, kann schon der positive Schutz der anderen Bereiche einschlägig sein[378]. Da allerdings kein Stufen- oder Rangverhältnis zwischen positiver und negativer Freiheit existiert[379], kommt es auf die konkrete Zuordnung hier nicht an.

Insofern spricht die grundrechtliche Verbürgung der negativen Religionsfreiheit für eine ebensolche Berücksichtigung. Die negative Religionsfreiheit unterscheidet sich jedoch insofern von der positiven Seite, weil sie in bestimmten Konstellationen schwieriger festzustellen ist. Besteht die Inanspruchnahme des Rechts in einem Unterlassen, ist von Außenstehenden nicht erkennbar, aus welcher Motivation heraus etwas gerade nicht getan wird. Dies wirft die Frage auf, ob die negative Komponente nur dann ihren Schutz entfaltet, wenn sie seitens des Grundrechtsträgers geltend gemacht wird[380]. Dies wäre wiederum vor dem Hintergrund, dass die negative Religionsfreiheit gerade auch das Recht schützt, sich nicht zu seiner Überzeugung zu äußern, problematisch. Würde man den Schutz der negativen Freiheit von der Geltendmachung des Grundrechts abhängig machen, würde dieser Aspekt unterlaufen werden.

Für die Beurteilung, ob eine Erziehungsmaßnahme oder ein Unterlassen gerade aus dem Nichtvorhandensein einer Glaubensüberzeugung resultiert, bedarf es allerdings der Aufklärung des zugrunde liegenden Sachverhalts. Deshalb muss es möglich sein, die Grundhaltung der Betroffen zu erfragen. Da-

---

[376] Maunz/Dürig/*Herzog*, GG, Art. 4 Rn. 121.
[377] Maunz/Dürig/*Herzog*, GG, Art. 4 Rn. 55f.; Epping/Hillgruber/*Germann*, GG, Art. 4 Rn. 21; *Michael/Morlok*, Grundrechte, Rn. 197.
[378] Maunz/Dürig/*Herzog*, GG, Art. 4 Rn. 55.
[379] Epping/Hillgruber/*Germann*, GG, Art. 4 Rn. 21.
[380] Das OLG Brandenburg verlangt auch für die Berufung auf die positive Religionsfreiheit die Substantiierung und Glaubhaftmachung des Vorbringens, vgl. NJW-RR 2010, 1229, 1230.

bei dürfen keine allzu hohen Anforderungen an die Äußerungen des Betroffenen geknüpft werden, insbesondere kann ihm keine Darlegungslast für seine Überzeugungen auferlegt werden[381].

Letztlich handelt es sich hierbei eher um ein theoretisches Problem. Denn kein Problem bereiten die Fälle, in denen die Religion bzw. Nicht-Religion freiwillig offenbart werden. So wird es sich in der Praxis meist verhalten. Sofern versucht wird, die negative Religionsfreiheit in die Abwägung einer Kindeswohlgefährdung mit einzubringen, werden die jeweiligen Eltern dies deutlich machen. Insofern ist auch die Berufung auf die negative Komponente des Art. 4 GG zu berücksichtigen.

X. Zwischenergebnis

So ist festzuhalten, dass einer religiös motivierten Erziehungsmaßnahme Beachtung zukommen muss und sie im Verfahren nach § 1666 BGB nicht wie eine sonstige Erziehungsmaßnahme behandelt werden darf. Vielmehr ist ihre verfassungsrechtlich geschützte Motivation zu berücksichtigen.

C. Konkretisierung im Rahmen des § 1666 BGB

Damit ist allerdings noch nicht geklärt, auf welche Art und Weise diese besondere Berücksichtigung erfolgen kann oder soll. Es ist zu prüfen, welche Möglichkeiten § 1666 BGB hierfür eröffnet. Ansatzpunkte für die Berücksichtigung der religiösen Motivation können sowohl auf Tatbestands- als auch auf Rechtsfolgenseite der Norm gewonnen werden. Wie bereits an früherer Stelle erwähnt, handelt es sich bei § 1666 BGB um eine zivilrechtliche Generalklausel, deren unbestimmte Rechtsbegriffe auslegungsfähig und -bedürftig sind. In die Auslegung können daher die Wertungen aus Art. 4 GG einfließen. Allerdings ist auch hier zu beachten, dass die verfassungsrechtlichen Rahmenbedingungen nicht allein aus der Religionsfreiheit bestehen, sondern darüber hinaus das elterliche Erziehungsrecht mit seiner besonderen Rückbindung an das Kindes-

---

[381] Maunz/Dürig/*Korioth*, GG, Art. 136 WRV Rn. 86.

wohl und die Grundrechte des Kindes zu beachten sind. Daher kann die Betroffenheit der Religionsfreiheit der Eltern nicht zu einer völligen Neuauslegung
des § 1666 BGB führen. Vielmehr muss sich die verfassungsrechtliche Wertung auch im einfachen Recht wiederfinden.

In Betracht kommt die gesonderte Berücksichtigung der religiösen Motivation auf Tatbestandsseite bei Auslegung der einzelnen Tatbestandsmerkmale,
auf Rechtsfolgenseite bei Anordnung erforderlicher Maßnahmen oder in der
Abwägung verschiedener Aspekte der Norm. Dabei muss jedoch die Gefahr
beachtet werden, dass die Privilegierung der religiösen Motivation mehr oder
weniger zu Lasten des Kindes gehen kann. Ob die besondere Berücksichtigung
diese Folge haben kann, erscheint allerdings fraglich. Denn die verfassungsrechtlichen Rahmenbedingungen haben gezeigt, dass auch die Grundrechte des
Kindes bei der Auslegung zu berücksichtigen sind. Sind verschiedene kollidie-
rende Grundrechte in einen angemessenen Ausgleich zu bringen, hat dies im
Wege praktischer Konkordanz zu erfolgen, so dass den betroffenen Rechtspositionen zur größtmöglichen Entfaltung verholfen wird[382]. Die praktische Konkordanz verbietet deshalb auch eine einseitige Auslegung zu Lasten des Kindes. Da oben allerdings dargelegt wurde, dass eine religiös motivierte Erziehungsmaßnahme gegenüber einer sonstigen Maßnahme anders beurteilt werden
muss, stellt sich die Frage, wie dies zu erreichen ist. Bei näherer Betrachtung
der einzelnen Merkmale des § 1666 Abs. 1 BGB fällt auf, dass sie unterschiedliche Aspekte in den Fokus rücken. So gibt es Voraussetzungen, die nur in sorgerechtlichen Verfahren Bedeutung erlangen und solche, die als allgemeine
Rechtsbegriffe über das Familienrecht hinaus als Tatbestandsvoraussetzungen
vorkommen. Während die rein sorgerechtlichen Merkmale eher auf das einzelne Kind bezogen sind, werden die anderen – gerade weil sie auch für andere
Bereiche Bedeutung erlangen – allgemein und demnach unabhängig vom Kind
definiert. Um der Grundrechtsposition der Eltern Beachtung zu schenken, dies
jedoch nicht zu Lasten des Kindes gehen zu lassen, könnte die Religionsfrei-

---

[382] *Michael/Morlok*, Grundrechte, Rn. 23.

heit bei der Auslegung solcher Merkmale Wirkung entfalten, die allgemein und nicht allein kindbezogen sind. Welche Merkmale hierunter zu fassen sind, wie die religiöse Motivation der Eltern zu berücksichtigen ist und ob und wie die religiöse Motivation bei den übrigen Merkmalen Wirkung entfalten kann, soll im Folgenden geprüft werden.

I. Ansatzpunkte innerhalb der Tatbestandsmerkmale des § 1666 Abs. 1 BGB

Voraussetzung für einen Eingriff in das elterliche Sorgerecht nach § 1666 Abs. 1 BGB ist das Vorliegen einer Kindeswohlgefährdung und die fehlende Gefahrabwendung durch die Eltern. Wie an früherer Stelle bereits angemerkt wurde, sind die Eltern in den hier interessierenden Fällen selten gewillt oder in der Lage die Gefahr selbst abzuwenden[383]. Insofern wird zu prüfen sein, ob diese Konsequenz durch Auslegung überwunden werden kann. Darüber hinaus bieten sowohl der Kindeswohl- als auch der Gefährdungsbegriff aufgrund ihrer Offenheit Spielräume, in die die religiöse Motivation einfließen könnte.

1. Berücksichtigung der Religionsfreiheit bei Auslegung des Kindeswohlbegriffs

Oben ist dargestellt worden, dass es für das Kindeswohl keine abschließende Definition gibt, sondern vielmehr im konkreten Fall untersucht werden muss, was dem Kindeswohl dient. Was dabei unter Kindeswohl fällt und was nicht, unterliegt auch dem Wandel der Zeit und den Vorstellungen der Menschen[384]. Bei der Auslegung des unbestimmten Rechtsbegriffs Kindeswohl sind grundrechtliche Wertungen zu berücksichtigen, so dass die religiöse Motivation einer Erziehungsmaßnahme hier grundsätzlich Wirkung entfalten kann. Zu beachten ist hierbei jedoch, dass der Begriff Kindeswohl eng mit den Grundrechten des Kindes verknüpft ist und von diesen her bestimmt wird.

---

[383] Vgl. oben unter Kap. 1 C.IV.
[384] Einen kurzen Überblick über solche gewandelten Ansichten und mögliche künftige Änderungen gibt *Coester* in Lipp/Schumann/Veit, Kindesschutz, S. 19, 28.

Die Besonderheit bei der Auslegung dessen, was unter Kindeswohl zu fassen ist, besteht darin, dass sich dieser Begriff allein auf das Kind bezieht. Allein aus der Perspektive des Kindes kann entschieden werden, was seinem Wohl förderlich ist oder es verletzt. Dies bedeutet nicht, dass für die Beurteilung des Kindeswohls nur das subjektive Verständnis des Kindes über sein Wohl von Bedeutung ist. Das Kindeswohl ist objektiv zu bestimmen und daran auszurichten, was dessen Entwicklung fördert. In diese Entscheidung kann der Wille des Kindes mit einfließen, unvernünftige Entscheidungen des Kindes sind insoweit allerdings nicht maßgeblich[385]. Dieses Grundverständnis kann sich nun nicht dadurch ändern, dass Grundrechte der Eltern ins Spiel kommen. Was dem Kind dienlich ist, hängt nicht von der Intention der Eltern ab. Dieses Ergebnis steht für das elterliche Erziehungsrecht aufgrund seiner Rückbindung an das Kindeswohl von vornherein fest. Aber auch die Religionsfreiheit kann nicht dazu führen, dass sich der Inhalt dessen, was das Kindeswohl ausmacht, ändert[386].

Wirkt sich die Religionsfreiheit somit nicht beim Inhalt des Kindeswohls aus, ist von Interesse, ob die religiöse Motivation einer Erziehungsmaßnahme gänzlich wirkungslos bleibt oder auf andere Weise Berücksichtigung erfahren kann.

Was dem Kindeswohl zuträglich ist, ist in Grenzfällen schwierig zu bestimmen. Niemand wird Zweifel daran haben, dass eine ganz normale Kindheit, in der das Kind behütet und gefördert wird, nicht mit dem Wohl des Kindes in Konflikt gerät; oder dass die in den Medien bekannt gewordenen Fälle von Vernachlässigung, die bis zum Hungertod des Kindes führten, eindeutig unver-

---

[385] Vgl. ausführlich oben Kap. 1 C.I.3.e).

[386] Die einzige denkbare Variante, in der die Religion der Eltern Einfluss auf das Wohl eines einzelnen Kindes hat, ist die Berücksichtigung der familiären Umstände bei der Beurteilung des Kindeswohls. So ist es denkbar, dass in Familien ohne jeglichen religiösen Hintergrund bestimmte Erziehungsmethoden dem Wohl des Kindes nicht entsprächen, diese im religiösen Kontext aber Sinn ergeben.

einbar mit dem Kindeswohl sind[387]. Schwierigkeiten treten erst bei der Beurteilung von Grenzfällen auf: Was ist, wenn die Eltern des Kindes behindert, das Kind aber gesund ist[388]? Wie sind Fälle zu beurteilen, in denen ein Kind zwar behütet aufwächst, allerdings jegliche eigene Entscheidung von seiner Mutter abgenommen bekommt[389]? Wie ist das Kindeswohl zu beurteilen, wenn der erziehende Elternteil in einer alternativen Wohngemeinschaft „befreite Sexualität"[390] auslebt?

Diese Grenzfälle verdeutlichen, wie schwierig in den allermeisten Fällen die Entscheidung ist, ob eine konkrete Maßnahme mit dem Kindeswohl vereinbar ist oder nicht. In der Rechtsprechung haben sich bestimmte Fallgruppen herausgebildet, welche Maßnahmen in der Regel mit dem Wohl des Kindes vereinbar und welche problematisch sind. Durch diese über Jahre erfolgte Konkretisierung ist der Inhalt des Kindeswohls greifbarer geworden. In der Gesetzesbegründung zur Neufassung des § 1666 BGB wurde hierauf sogar explizit Bezug genommen: Auf das pflichtwidrige Verhalten der Eltern könne künftig verzichtet werden, weil die Norm durch die Rechtsprechung hinreichend bestimmt sei[391]. Diese gängige Praxis zur Konkretisierung von Generalklauseln durch Fallgruppen soll hier nicht kritisiert werden[392], sie stellt eine sinnvolle Möglichkeit dar, Rechtssicherheit für Normanwender und Adressaten einer Norm zu erreichen[393].

Nicht von der Hand zu weisen ist allerdings auch die Gefahr, durch die Fixierung auf Fallgruppen die Besonderheiten des Einzelfalles zu übersehen. Teilweise werden Prüfungen mit der Zuordnung zu einer Fallgruppe abge-

---

[387] So der Fall der fünfjährigen Lea-Sophie, die im November 2007 in eine Klinik eingeliefert wurde, wo sie aufgrund starker Unterernährung kurz darauf verstarb.

[388] BVerfG NJW 1982, 1379ff.; dazu *Hinz*, NJW 1983, 377ff.

[389] Sog. Overprotection, vgl. BayObLG FamRZ 1987, 1080ff.; AG Saarbrücken FamRZ 2003, 1859f.; Staudinger/*Coester*, BGB, § 1666 Rn. 137.

[390] OLG Stuttgart NJW 1985, 67, 68.

[391] Arbeitsgruppe, Abschlussbericht „Kindeswohl", S. 28.

[392] Ablehnend *Weber*, AcP 192 (1992), 516, 535ff.

[393] *Kamanabrou*, AcP 202 (2002), 663, 674; *Ohly*, AcP 201 (2001), 1, 18; ausführlich zur Interpretation von Generalklauseln *Kamanabrou*, AcP 202 (2002), 663, 670ff.; zur Bedeutung von Präjudizien bei der Auslegung von Generalklauseln *Ohly*, AcP 201 (2001), 1, 19ff.

schlossen, und es wird nicht weiter berücksichtigt, wie der konkrete Fall beschaffen ist[394]. Diese Praxis sollte zumindest in grundrechtssensiblen Bereichen überdacht werden. Denn Fallgruppen werden in der Regel anhand von Typologien gebildet, die eine vergleichbare Situation für eine Mehrzahl von Sachverhalten erfassen. Die Betroffenheit der Religionsfreiheit stellt in diesem Zusammenhang eine atypische Bedingung dar, die daher eine Überprüfung der Fallgruppe erfordert. Dies kann z.b. dadurch geschehen, dass aktuelle Studien anderer Wissenschaftsdisziplinen zum Kindeswohl herangezogen werden. Ein pauschaler Verweis auf frühere Rechtsprechung kann nicht als Begründung herhalten.

Zusätzlich kann der grundrechtlich geschützten Motivation zur Geltung verholfen werden, indem der Auffassung der Eltern offen begegnet wird, da die Eltern nicht der Ansicht sind, dem Wohl ihres Kindes zuwider zu handeln. Und gerade in den hier interessierenden Fällen fallen die Eltern ansonsten nicht durch Vernachlässigung ihrer Kinder auf. Sie beurteilen bestimmte Sachverhalte anders als die Mehrzahl anderer Eltern und die staatlichen Stellen – wodurch die Konflikte ja erst hervorgerufen werden. Allein die Tatsache, dass in bestimmten Lebensbereichen andere Vorstellungen oder Lebensformen gelebt werden, kollidiert aber nicht mit dem Wohl des Kindes. Es ist jedoch die Tendenz zu erkennen, dass Gesellschaft und Gerichte unbekannten Lebensmodellen zunächst skeptisch gegenüberstehen. Es besteht die Gefahr, dass bei von der Norm abweichenden Lebensmodellen vorschnell davon ausgegangen wird, dass eine solche Lebensform den grundgesetzlichen Erziehungszielen zuwider läuft. Allerdings gilt es zu beachten, dass Erziehungsziele auf verschiedenen Wegen erreicht werden können. Hier könnte es helfen, diese Modelle zu hinterfragen, bevor eine Vorverurteilung vorgenommen wird[395].

---

[394] Allgemein *Ohly*, AcP 201 (2001), 1, 40 der insoweit von der „Gefahr richterrechtlicher Scheinbegründungen" spricht. Bezogen auf Kindeswohlgefährdungen *Dettenborn*, FPR 2003, 293, 295.
[395] In diesem Sinne auch *Schwarz*, JZ 2008, 1125, Fn. 8.

So ist für das Kindeswohl festzustellen, dass sich die religiöse Motivation einer Erziehungsmaßnahme nicht auf den Inhalt des Begriffs auswirkt. Lediglich bei der Übertragung von Fallgruppen sollte in diesen Fällen berücksichtigt werden, dass die betroffene Religionsfreiheit im Rahmen der typischen Elemente einer Fallgruppe eine Besonderheit darstellt, die insoweit ein konkretes Hinterfragen des Ergebnisses erfordert. So können sich Erziehungsmaßnahmen, die ansonsten einer Fallgruppe angehören, in der von einer Kindeswohlbeeinträchtigung ausgegangen wird, bei Berücksichtigung des religiösen Hintergrundes als Integrationsmaßnahme für die jeweilige Religionsgemeinschaft darstellen[396].

Zu einem solche abweichenden Ergebnis kommt es jedoch nicht notwendig: Die Gerichte können auch weiterhin zum Schluss kommen, dass das Kindeswohl betroffen ist. Die Auswirkung der Religionsfreiheit im Bereich des Kindeswohls bezieht sich daher im Ergebnis eher auf die tatsächliche Ebene – nicht der Inhalt ändert sich, sondern vielmehr die Herangehensweise. Aber selbst diese geringe Akzentverschiebung kann die Akzeptanz der Entscheidung seitens der Eltern erhöhen. Dies dient letztlich am ehesten dem Kindeswohl.

2. Berücksichtigung der Glaubensüberzeugungen der Eltern bei Feststellung der Gefährdung

In Betracht kommt die Berücksichtigung der Glaubensüberzeugungen bei Auslegung des Gefährdungsbegriffes. Denn der Gefährdungsbegriff ist kein spezifisch kindesschutzrechtlicher, sondern zieht sich durch die gesamte Rechtsordnung.

Die Entscheidung, wann eine Gefährdung vorliegt, ist nicht vom Kind abhängig sondern von der prognostizierten Fortentwicklung des Geschehens. Die Elemente der Gefährdung beziehen sich daher nicht unmittelbar auf das Kind, sondern hängen in allen Rechtsgebieten von einer Prognose ab.

---

[396] Vgl. hierzu unten Kap. 4 A.II.4.a)bb).

Diese Prognose betrifft die Prüfung des Vorliegens einer Gefährdung, welche anhand zweier Merkmale vorgenommen wird: Die Gefährdung muss gegenwärtig sein und zu einer erheblichen Schädigung führen[397]. Das Merkmal der Gegenwärtigkeit erfordert, dass das schädigende Ereignis unmittelbar oder in nächster Zeit bevorsteht, also aktuell ist; dies kann nur anhand einer Prognose ermittelt werden. Es muss demnach eine gewisse Wahrscheinlichkeit gegeben sein, für die sich die Kausalfaktoren so verdichten müssen, dass der Schadenseintritt mit ziemlicher Sicherheit zu erwarten ist[398]. In den hier interessierenden Fällen liegt der zu befürchtende Schaden in der Verletzung des Kindeswohls. Sowohl hinsichtlich der Bestimmung der Prognose – und damit der Gegenwärtigkeit – als auch der Erheblichkeit der Schädigung existieren Spielräume, in die grundrechtliche Wertungen einfließen können.

a) Erheblichkeit des befürchteten Schadens

Die anzustellende Prognose bezieht sich auf den Eintritt eines erheblichen Schadens beim Kind. Ausreichend ist also nicht schon irgendein Nachteil, vielmehr müssen die Auswirkungen einer Maßnahme das Kind nachhaltig beeinträchtigen.

Bezieht sich die Prognose demnach auf das Ausmaß der Schädigung, kann auch hier die Überlegung angestrengt werden, ob die Motivation der Eltern die Auslegung dieses Merkmals verändert. Bereits ohne die Berücksichtigung jeglicher Motivationen, die hinter der elterlichen Erziehung stehen, wird schon die Erheblichkeit des drohenden Schadens gefordert. Die Eingriffsschwelle ist demnach bereits hier hoch angesetzt. Hierdurch soll dem verfassungsrechtlich garantierten Elternrecht Rechnung getragen werden. Dies verdeutlicht, dass bei der Beurteilung des Merkmals der Erheblichkeit Grundrechte der Eltern Wirkung entfalten können. Können sich die Eltern zusätzlich noch auf die Religionsfreiheit berufen, stellt sich die Frage, welche Auswirkungen dies hat und ob hierdurch die Erheblichkeitsschwelle angehoben wird. Die Antwort hierauf

---

[397] S. oben Kap. 1 C.II.1, vgl. auch *Coester* in Lipp/Schumann/Veit, Kindesschutz, S. 19, 24.
[398] *Coester* in Lipp/Schumann/Veit, Kindesschutz, S. 19, 25.

kann nur im Rahmen einer Abwägung mit den betroffenen Grundrechten des Kindes ermittelt werden. Hierbei ist zu berücksichtigen, dass die Erheblichkeit die Eingriffsgrenze des Staates markiert. Nicht bei jedem Schaden, sondern nur bei erheblichen darf der Staat nach § 1666 Abs. 1 BGB eingreifen. Daran wird deutlich, dass das weitere Verschieben dessen, was unter Erheblichkeit des Schadens verstanden wird, einseitig zu Lasten des Kindes gehen würde. Man würde hierdurch verlangen, dass ein Kind größeren Schaden erleiden muss, bevor ein Eingriff zulässig ist. Unter Berücksichtigung der praktischen Konkordanz darf aber nicht eine Grundrechtsposition ausgehöhlt werden, um einer anderen Geltung zu verschaffen. Auch eine religiös motivierte Erziehungsmaßnahme kann deshalb nicht dazu führen, dass ein Kind mehr ertragen und damit mehr leiden muss als andere Kinder. Die Berücksichtigung der Religionsfreiheit der Eltern führt daher nicht zu einer Heraufsetzung der Erheblichkeitsschwelle.

Auch hier könnte der verfassungsrechtlich geschützten Position der Eltern nur auf tatsächlicher Ebene Rechnung getragen werden. Betrachtet man die betroffenen Kinder als Individuen und nimmt ihre verschiedenen Persönlichkeiten und Dispositionen ernst, führt dies zur genaueren Prüfung des jeweils zu befürchtenden Schadens. Auch hier verbietet sich die bloße Übertragung von Durchschnitts- und Erfahrungswerten. Denn aufgrund der Einzigartigkeit eines jeden Kindes kann ein und dieselbe Maßnahme bei unterschiedlichen Kindern zu unterschiedlich schwer zu gewichtenden Schäden führen. Dieser Einzelfallbetrachtung sollte bei der Grundrechtsbetroffenheit der Eltern besonderes Augenmerk geschenkt werden.

b) Anforderung an Prognose

Entscheidend für die Beurteilung, ob eine Gefährdung vorliegt, ist eine in die Zukunft gerichtete Prognose bzgl. der Wahrscheinlichkeit eines Schadenseintritts. Auch ein bereits eingetretener Schaden bedeutet nicht automatisch eine Gefährdung, vielmehr muss in einem solchen Fall geprüft werden, ob der Schaden aufrechterhalten bleibt, sich verfestigen oder erneut auftreten kann.

Dabei ist anerkannt, dass die Eingriffsgrenze nicht starr verläuft sondern in bestimmten Fällen variiert. In solchen Fällen besteht eine Interdependenz zwischen dem Grad der Wahrscheinlichkeit und der Relation zwischen der Erheblichkeit des drohenden Schadens und der Eingriffsintensität[399]. Fälle einer solchen Relativität der Eingriffsschwelle wurden bisher lediglich bzgl. der Herabsetzung der Eingriffsschwelle bei minimalinvasiven Eingriffen in das Elternrecht bei drohendem schwerwiegendem Schaden für das Kind problematisiert. In diesen Fällen soll aufgrund des Zusammenspiels von Maßnahme und Schaden die Anforderung an die Wahrscheinlichkeit sinken. Nicht angesprochen wird von den entsprechenden Autoren die Frage, wie es sich verhält, wenn der Schaden beim Kind an der unteren Grenze der Erheblichkeit zu verorten ist und die Eingriffsintensität aufgrund der religiösen Motivation der Eltern sehr hoch anzusetzen ist. Fraglich ist, ob sich in diesen Fällen die Eingriffsschwelle erhöht.

Das hängt davon ab, inwiefern die Anforderungen an die Prognose von konkreten Umständen des Einzelfalles beeinflusst werden. Im vorliegenden Fall bestehen diese Umstände aus der besonderen grundrechtlichen Situation, in die die Religionsfreiheit der Eltern einfließt. Da die Prognose Teil des unbestimmten Rechtsbegriffs der Gefährdung ist, können in dessen Auslegung grundsätzlich grundrechtliche Wertungen einfließen. Dies wird gestützt von der weiteren Auslegung, denn auch Sinn und Zweck der Prognose sprechen dafür, dass der elterlichen Rechtsposition Bedeutung zukommen kann. Zunächst ist die Wahrscheinlichkeit lediglich eine notwendige Voraussetzung, da in der Zukunft liegende Ereignisse nur anhand einer Prognose bestimmt werden können. Darüber hinaus dient sie aber auch dem Ausgleich verschiedener Interessen: Dem Schutz des Kindes dient ein möglichst frühzeitiger Eingriff des Staates. Um den Grundrechten der Eltern möglichst viel Raum zu verschaffen, dürfte der Staat erst eingreifen, wenn der Schaden feststeht. Um zwischen diesen Polen zu vermitteln, wird auf die Prognose zurückgegriffen. Hieraus folgt, dass die-

---

[399] Vgl. oben Kap. 1 C.II.2.

ses Kriterium nicht allein dem Kind dient, sondern das Augenmerk auch auf die Verwirklichung der Grundrechte der Eltern legt. Bei diesem Kriterium kann die religiöse Motivation der Eltern daher auch ihre Bedeutung entfalten.

Hieraus folgt, dass in den Fällen religiös motivierter Erziehungsmaßnahmen die Anforderungen an die Wahrscheinlichkeit angehoben werden müssen. Da anerkannt ist, dass diese in anderen Fällen abgesenkt werden können, folgt im Umkehrschluss, dass es Situationen geben kann, in denen sie angehoben wird. Dies bedeutet: Sind nicht schwerwiegende Grundrechte des Kindes, sondern solche der Eltern betroffen, muss sich dies auch auf die Wahrscheinlichkeitsschwelle auswirken können. *Tiedemann* deutet eine solche Möglichkeit in ihrem Beitrag am Rande an, wenn sie davon spricht, dass die Herabsetzung der Gefährdungsschwelle zwar grundsätzlich bei Sachverhalten möglich ist, in denen die Gefahr nicht gegenwärtig, der drohende Schaden in Relation zur Eingriffsintensität aber besonders schwerwiegend erscheint. Diese Überlegung könne aber dann nicht gelten, wenn Eltern aufgrund ihrer religiösen Überzeugung eine bestimmte Maßnahme unterlassen[400]. Die engen Eingriffsvoraussetzungen seien durch den staatlichen Respekt vor Glaubensüberzeugungen begründet, insofern müsse ein solcher Sachverhalt anders beurteilt werden und die Eingriffsschwelle erhalten bleiben[401].

Vor einem solchen Ergebnis scheinen sich allerdings viele zu scheuen. *Coester* benennt dies ausdrücklich: „Dabei ist die Grundrichtung aller gegenwärtigen Überlegungen die gleiche: Niemand plädiert für die Heraufsetzung der staatlichen Interventionsschwelle, stets geht es um ihre Herabsenkung, d.h. um eine **Vorverlagerung staatlicher Schutzaktivitäten**"[402]. Und tatsächlich fällt es vor dem Hintergrund erschreckender Fälle von Kindesmisshandlungen schwer, für eine Heraufsetzung der Eingriffsschwelle zu plädieren. Allerdings

---

[400] Angedeutet von *Tiedemann*, NJW 1988, 729, 735, dort bezogen auf Eltern, die der Glaubensgemeinschaft der Zeugen Jehovas angehören und aus diesem Grund Bluttransfusionen ablehnen. Zu diesem Problemfall noch in Kap. 4 C.
[401] Vgl. hierzu *Tiedemann*, NJW 1988, 729, 735.
[402] *Coester* in Lipp/Schumann/Veit, Kindesschutz, S. 19, 31; Hervorhebungen im Original.

führten in den bekannt gewordenen Fällen weniger hohe staatliche Eingriffshürden zu Schutzlücken als die mangelnde Umsetzung der bestehenden Regelungen[403]. Darüber hinaus wird das hier erzielte Ergebnis durch folgende Erwägungen abgemildert: Zum einen bietet das Kriterium der Wahrscheinlichkeit von vornherein verhältnismäßig wenig Raum für eine Erhöhung der Anforderungen. Denn schon in sonstigen Sachverhalten wird verlangt, dass der Schaden mit „ziemlicher Sicherheit"[404] eintrete. Der Spielraum für eine abweichende Beurteilung ist demnach recht begrenzt. Würde man die Voraussetzung zur absoluten Sicherheit steigern wollen, wäre die Wortlautgrenze des Begriffs „Wahrscheinlichkeit" überschritten. Ein allzu starker Anstieg der Anforderungen ist also nicht zu befürchten. Zum anderen ist zu berücksichtigen, dass dieses Ergebnis aus der betroffenen Grundrechtskollisionslage heraus ermittelt wurde. Grundsätzlich führt die Betroffenheit der Religionsfreiheit der Eltern zu einer Anhebung der Anforderungen an die Wahrscheinlichkeit. Da allerdings nicht nur die Grundrechte der Eltern von Belang sind, kann das abstrakte Ergebnis im Einzelfall überwunden werden. Stehen nämlich schwerwiegende Grundrechte des Kindes im Raum, verschiebt sich die Kollisionslage zugunsten des Kindes, was wiederum Auswirkungen auf die Wahrscheinlichkeit zeitigt.

Daher ist festzuhalten, dass die Berücksichtigung der Religionsfreiheit der Eltern bei Auslegung des Gefährdungsbegriffs im Rahmen der Wahrscheinlichkeit des Schadenseintritts Wirkung erlangt. Die Wahrscheinlichkeitsschwelle ist in diesen Fällen anzuheben. Dabei ist allerdings zu berücksichtigen, dass die Schwelle nicht derart angehoben werden kann, dass sie zu einer absoluten Sicherheit wird. Weiter ist zu überprüfen, ob im konkreten Fall die-

---

[403] In dem eben bereits angesprochenen Fall der schließlich verhungerten Lea-Sophie war das Jugendamt bereits im Jahr 2006 durch den Großvater auf die Situation des Mädchens aufmerksam gemacht worden, hatte jedoch nach Gesprächen mit den Eltern davon abgesehen, das Mädchen selbst in Augenschein zu nehmen. Im Fall des im Jahr 2006 tot aufgefundenen Kevin war die Amtsvormundschaft bereits im Vorjahr auf das Jugendamt übertragen worden.
[404] BGH FamRZ 1956, 350; OLG Brandenburg FamRZ 2008, 1557; OLG Celle FamRZ 2003, 1490; Palandt/*Diederichsen*, BGB, § 1666 Rn. 10; Prütting/Wegen/Weinreich/*Ziegler*, § 1666 Rn. 2.

ses Ergebnis durch die Betroffenheit schwerwiegender Grundrechte des Kindes überwunden wird.

3. Berücksichtigung der religiösen Motivation beim Merkmal der Gefahrabwendungsbefugnis

Letztlich bleibt zu prüfen, ob die religiöse Motivation beim Merkmal der Gefahrabwendungsbefugnis Berücksichtigung finden kann. Die Voraussetzung dient dem Schutz des Elternrechts und stellt einfachrechtlich die lediglich subsidiäre Zuständigkeit des Staates heraus. Das Merkmal sichert im Interesse des Kindes die Möglichkeit, Eltern auf ihren Fehler hinzuweisen und diesen selbst zu beheben. Dabei ist der Wortlaut „nicht gewillt oder nicht in der Lage" relativ eindeutig. Hierunter wären klar auch die Eltern zu subsumieren, die aufgrund ihrer religiösen Überzeugungen andere Erziehungsvorstellungen haben und sich deshalb weigern, eine Gefahr abzuwenden. Dass sie selbst nicht der Ansicht sind, ihr Kind zu gefährden, spielt hierbei keine Rolle. Dabei wären diese Fälle sogar eher dem Nicht-Gewillt-Sein zuzurechnen als der etwas milderen Form. Denn der historische Gesetzgeber fasste andere Fälle unter das Merkmal „nicht in der Lage". Gemeint waren Eltern, die trotz aller subjektiven Anstrengungen der Erziehung nicht gewachsen waren[405]. Nach Vorstellung des Gesetzgebers waren dies z.B. Eltern, die aufgrund einer „geistigen oder psychischen Abartigkeit"[406] unbelehrbar waren. Das „Nicht-in-der-Lage-Sein" spielt also eher auf ein subjektives Unvermögen an als auf eine anderweitige Überzeugung. So könnte man den hier interessierenden Fall nur unter den Aspekt des „Nicht-gewillt-Seins" subsumieren. An diesem Ergebnis vermag auch die religiöse Motivation der Eltern nichts zu ändern. Denn der Wortlaut dieses Tatbestandsmerkmals ist eindeutig und keiner weiteren Auslegung zugänglich. Dies würde auch der gesetzgeberischen Intention zuwiderlaufen, die primäre Zuständigkeit der Eltern im Interesse des Kindes zu sichern. Nur wenn es dem Kindeswohl dient, muss den Eltern also der Vorzug gegeben werden. Zeigen

---

[405] *Jans/Happe*, Gesetz zur Neuregelung des Rechts der elterlichen Sorge, § 1666 Anm.2.
[406] BT-Drucks. 7/2060, S. 28.

sich die Eltern daher uneinsichtig, und sei es auch aus einer verfassungsrechtlich geschützten Überzeugung heraus, kann dies nicht zu abweichenden Wertungen führen. Da dieses Ergebnis, wie oben bereits dargelegt wurde, auch verfassungsrechtlich Bestand hat, bedarf es auch keiner Überlegungen dazu, ob hier eine grundrechtskonforme Auslegung weitergehende Möglichkeiten eröffnen würde.

Auch das Merkmal der Gefahrabwendungsbefugnis lässt keinen Raum für die Berücksichtigung der religiösen Motivation. Die aufgezeigte Problematik, dass Eltern in den hier zu behandelnden Fällen prinzipiell nie selbst die Gefahr werden abwenden können, unterstützt die gewonnene Erkenntnis, dass die Gerichte sich mit den vorherigen Voraussetzungen intensiv auseinander zu setzen haben. Denn nur wenn sie dies tun, haben sie die nötige Überzeugungskraft, um auf die Eltern einzuwirken und diesen damit die Möglichkeit zur selbstständigen Gefahrabwendung zu eröffnen.

II. Berücksichtigung der religiösen Motivation der Erziehung bei Anordnung der Maßnahmen

Steht eine Gefährdung des Kindeswohls fest, muss das Gericht die „erforderlichen Maßnahmen" ergreifen, vgl. § 1666 Abs. 1 BGB. Was als erforderlich angesehen wird, steht im Auswahlermessen des Gerichts. Zu beachten ist dabei lediglich, dass nur solche Maßnahmen angeordnet werden dürfen, die der Abwendung der Gefährdung dienen, darüber hinausgehende Maßnahmen stellen einen unzulässigen Eingriff in das Elternrecht dar. Bei der Anordnung der Maßnahmen ist weiterhin der Grundsatz der Verhältnismäßigkeit zu beachten. Dies folgt für Maßnahmen, die die Trennung des Kindes von der Familie vorsehen, unmittelbar aus § 1666a BGB. Aber auch sonstige Mittel müssen der Verhältnismäßigkeit genügen. Diese Prämissen lassen keinen Raum für eine weitergehende Berücksichtigung einer religiös motivierten Erziehungsmaßnahme.

Vor dem Hintergrund des Wohls des Kindes kann jedoch verlangt werden, dass die Maßnahmen die jeweilige religiöse Überzeugung weitestgehend mit berücksichtigen und tolerieren. Ist z.B. die Unterbringung eines Kindes in einer anderen Familie notwendig, kann hier versucht werden, eine Pflegefamilie zu finden, die die religiösen Vorstellungen teilt, ohne das Kindeswohl zu gefährden[407]. Dies dient dem Interesse des Kindes, weil es nicht unvermittelt mit völlig anderen Überzeugungen konfrontiert wird. Aber auch die Religionsfreiheit der Eltern und ihr hieraus folgendes Interesse, ihrem Kind ihre Überzeugungen zu vermitteln, findet so Berücksichtigung.

III. Zwischenergebnis

Eine religiös motivierte Erziehungsmaßnahme verdient besondere Berücksichtigung seitens der staatlichen Stellen. Diese Berücksichtigung muss jedoch das Gebot praktischer Konkordanz beachten. So kann die verfassungsrechtlich geschützte Motivation weder den Inhalt des Begriffs Kindeswohl noch die Anforderungen an das Merkmal der Erheblichkeit ändern. Einen Ansatzpunkt kann allein die Wahrscheinlichkeit im Rahmen des Gefährdungsbegriffs bieten, wo allerdings aufgrund der bisher bestehenden hohen Anforderungen wenig Spielraum besteht. Trotzdem erhöhen sich die Anforderungen an die Wahrscheinlichkeit auf abstrakter Ebene. Im konkreten Fall kann dies allerdings bei Betroffenheit gewichtiger Grundrechte des Kindes wiederum überwunden werden.

Die hierdurch erforderliche eingehende Auseinandersetzung mit der religiösen Überzeugung der Eltern und deren Auswirkungen kann auch zu größerem Verständnis auf beiden Seiten führen. So bleibt zu hoffen, dass Eltern, die sich ernst genommen fühlen, eher Argumenten der staatlichen Stellen zugänglich sind und so weniger schwerwiegende Maßnahmen angeordnet werden können.

---

[407] BGH NJW 2008, 369, 371.

Kapitel 3: Anwendung der Ergebnisse auf die religiös motivierte Schulverweigerung

Zu prüfen ist, wie sich dieses Ergebnis auf konkrete Fälle religiös motivierter Erziehungsmaßnahmen auswirkt und ob es zu sachgerechten Ergebnissen führt. Dies soll exemplarisch anhand der religiös motivierten Schulverweigerung untersucht werden. Die Schulverweigererfälle bieten sich deshalb als Ausgangspunkt der Überprüfung an, weil in diesen Fällen christliche Familien in Konflikt mit dem Staat geraten sind. Bei Konflikten, in die Angehörige anderer Religionen involviert sind, stößt man in der Diskussion neben der religiösen Motivation oft auch auf die Frage der Berücksichtigung eines fremden kulturellen Hintergrundes[408]. Um eine Konzentration allein auf die religiöse Überzeugung der Eltern und deren Auswirkungen zu gewährleisten, soll dieser Aspekt des fremden kulturellen Hintergrundes jedoch zunächst aus der vorzunehmenden Untersuchung ausgespart bleiben.

Darüber hinaus ist den Schulverweigererfällen in den vergangenen Jahren seitens der Öffentlichkeit großes Interesse entgegengebracht worden. Stellte sich heraus, dass eine Familie ihre Kinder zu Hause unterrichtet und hierdurch in Konflikt mit dem Staat geraten ist, erfuhren diese Fälle seitens der Medien große Aufmerksamkeit[409]. Neben dem großen Medienecho fällt bei näherem Hinsehen auf diesen Themenkomplex auf, wie verfahren die Situation unter allen Beteiligten ist. Während auf Seiten der betroffenen Eltern der nicht ganz

---

[408] Hierzu *Ehringfeld*, Eltern-Kind-Konflikte in Ausländerfamilien, S. 168ff.
[409] So z.B. allein auf Spiegel online: „Gericht verurteilt Schulboykotteure zu Mini-Strafe" (19.01.2011), „Kinder der Gemeinde Gottes müssen zur Schule" (30.11.2009), „Christliche Familie: Schulverweigerer kommen mit geringer Geldstrafe davon" (25.11.2009), „Schul-Boykotteure hoffen auf letzte Instanz" (03.02.2009), „Hessische Schulboykotteure: Drei Monate Gefängnis für Heimunterricht" (18.06.2008), „Schulboykott: Baptisten-Eltern verlieren Sorgerecht" (16.11.2007), „Urchristen und Schulpflicht: Privatschule für „Zwölf Stämme"" (06.02.2006), „28 Jahre geheimer Unterricht: Mein Kind geht auf die Geheimschule" (16.10.2007), „Verfassungsgericht: Schulpflicht geht vor Religionsfreiheit" (20.06.2006), „Christliche Schulverweigerer: Die Geduld ist erschöpft" (26.08.2006). *Beispiele aus anderen Medien:* Molitor, „Wille vs. Recht", brand eins 2/2007; „Schulverweigerer in Gottes Namen", Welt online v. 27.08.2006; „Zum Teufel mit der Schule", Die Zeit 36/2006; Marguier „Wie in einer Diktatur", FAZ.net v. 08.03.2010; Möllers „Schule geht vor Kirche – Wie das Verfassungsgericht Parallelgesellschaften bekämpft, FAZ v. 31.07.2006, S. 31.

unberechtigte Eindruck entsteht, dass sich die Behörden geradezu auf die Schulverweigerer „eingeschossen" haben, während Schulabsenz durch Vernachlässigung kaum verfolgt wird, forcieren die Eltern andererseits die Eskalation, indem sie z.b. offen von religiöser Verfolgung sprechen und Asylanträge in anderen Staaten stellen. Anfang des Jahres 2010 ist einem solchen Antrag einer deutschen Familie in den USA dann auch stattgegeben worden[410]. Solche Entwicklungen haben ihr Übriges zum breiten Interesse der Öffentlichkeit getan. Daher soll untersucht werden, ob der hier entwickelte Ansatz zu einer Annäherung der Positionen führen kann.

Methodisch wird zunächst der rechtliche und tatsächliche Hintergrund dieser Fälle beleuchtet werden, um sodann die übliche Vorgehensweise in diesen Fällen aufzuzeigen und zu bewerten. Im Anschluss werden die theoretischen Ergebnisse des vorigen Kapitels auf die religiös motivierte Schulverweigerung angewandt und die so erzielten Ergebnisse miteinander verglichen.

A. Darstellung der Schulverweigererfälle

I. Rechtlicher und tatsächlicher Hintergrund

Unter den Begriff „Schulverweigererfälle" werden Sachverhalte subsumiert, in denen Eltern sich weigern, ihre Kinder in der Schule anzumelden oder sie von dieser wieder abmelden, um sie stattdessen zu Hause zu unterrichten[411]. Die Frage der Zulässigkeit dieses Vorgehens war bereits mehrfach Gegenstand gerichtlicher Verfahren[412]. Zuletzt hat der BGH im Oktober 2007 entschieden,

---

[410] Vgl. Spiegel online v. 27.01.2010 „USA gewähren deutscher Familie politisches Asyl".

[411] Interessieren sollen in diesem Kontext lediglich die Fälle religiös motivierter Schulverweigerung. Zu den Fällen von Schulabsenz durch Vernachlässigung vgl. *Raack*, FPR 2007, 478ff.; eine ausführliche Untersuchung der Situation zugewanderter Kinder an deutschen Schulen und der in diesem Kontext zu beachtenden Besonderheiten findet sich bei *Langenfeld*, Integration und kulturelle Identität zugewanderter Minderheiten, S. 262ff.

[412] Verfahren bzgl. der elterlichen Sorge z.B. BGH NJW 2008, 369ff.; OLG Hamm NJW 2006, 237ff.; OLG Brandenburg NJW 2006, 235ff.; OLG Koblenz, Beschluss vom 11.05.2005, Az 13 WF 282/05; Entscheidungen im Verwaltungsverfahren z.B. OVG Münster FamRZ 2008, 893; DVBl 2007, 1513; VG Hamburg, Beschluss vom 16.01.2003, Az 2 VG 4333/2002; zur Strafbarkeit wegen religiös motivierter Schulverweigerung vgl. BVerfG FamRZ 2006, 1094ff.; allgemein zur

dass diese Sachverhalte zu einem Eingriff in die elterliche Sorge gemäß §§ 1666, 1666a BGB berechtigen – und zwar auch dann, wenn die Verweigerung religiös motiviert ist[413].

Fälle von Schulverweigerung sind keine neue Erscheinung, vielmehr hat es solche schon in den 60er Jahren gegeben[414]. Die Gründe hierfür sind vielfältig: Während einige Eltern das autoritäre System der Schule ablehnen und stattdessen selbstbestimmtes Lernen für ihre Kinder bevorzugen[415], entscheiden sich andere gegen die Schule, weil ihre Kinder dem psychischen Leistungsdruck nicht gewachsen sind[416]. Bei der religiös motivierten Schulverweigerung wird in der Regel nicht die Institution Schule als solche abgelehnt, sondern vielmehr einzelne Inhalte. Angeführt werden hier immer wieder der Sexualkundeunterricht und die Vermittlung der Evolutionstheorie[417]. Weil aber auch der Umgang der eigenen Kinder mit nicht gläubigen Klassenkameraden nicht gewünscht wird, sehen sich diese Eltern gezwungen, ihre Kinder insgesamt von der Schule abzumelden[418].

1. Rechtliche Ausgestaltung der Schulpflicht in Deutschland

Um die Aufregung um die Schulverweigerung zu verstehen, ist es sinnvoll, zunächst die Ausgestaltung der Schulpflicht in Deutschland zu untersuchen. Das Schulrecht steht in Deutschland unter der Hoheit der Länder, die Schulpflicht kann daher in jedem Bundesland unterschiedlich ausgestaltet sein. Faktisch ähneln sich die Regelungen der verschiedenen Länder allerdings stark[419].

Strafbarkeit von Eltern bei Verstößen gegen die Schulpflicht OLG Frankfurt, Beschluss vom 18.03.2011, 2 Ss 413/10, NStZ-RR 2011, 287f.
[413] BGH NJW 2008, 369, 370.
[414] Nachweise bei *Spiegler*, RdJB 2005, 71.
[415] *Spiegler*, Home Education in Deutschland, S. 83ff., *ders.*, RdJB 2005, 71, 72.
[416] Vgl. das Fallbeispiel der Familie Kern in *Spiegler*, Home Education in Deutschland, S. 25ff.
[417] Die Zusammenstellung bei *Achilles*, RdJB 2004, 222, 223.
[418] Teilweise wird aus diesem Grund sogar der Besuch einer christlichen Ersatzschule abgelehnt, vgl. *Raack/Raack*, FF 2006, 295, 298.
[419] So auch *Avenarius/Heckel*, Schulrechtskunde, S.22.

Unter Schulpflicht wird in Deutschland die Pflicht zum regelmäßigen Besuch einer ordentlichen Schule und zur Einhaltung der Schulordnung verstanden[420]. Schule ist hierbei eine organisierte, auf eine Mindestdauer angelegte Einrichtung, in der unabhängig vom Wechsel der Lehrer und Schüler durch planmäßiges gemeinsames Lernen in mehreren Fächern bestimmte Bildungs- und Erziehungsziele verfolgt werden[421]. Die Schulpflicht kann daher nicht durch den häuslichen Unterricht erfüllt werden, hierbei fehlt es jedenfalls am Merkmal der Unabhängigkeit vom Wechsel der Lehrer oder Schüler[422]. Eine Hausschule existiert zumindest immer nur für bestimmte Schüler, nämlich in der Regel die eigenen Kinder.

Zu diesem, in der heutigen Zeit in Deutschland selbstverständlich erscheinenden Ergebnis, kommt man noch nicht allzu lange. Bis zum Jahre 1919 existierte in Deutschland lediglich eine Bildungspflicht. Nur diejenigen, die dieser Pflicht nicht durch selbstständiges Unterrichten ihrer Kinder nachkommen konnten, waren verpflichtet, ihre Kinder in die Schule zu schicken[423]. Erst Art. 145 WRV normierte erstmals eine allgemeine Schulpflicht. Die ausdrückliche Regelung der WRV zur Schulpflicht wurde später aber nicht ins Grundgesetz übernommen. Daher besteht heute Uneinigkeit darüber, ob die Schulpflicht bereits aus Art. 7 Abs. 1 GG folgt[424] oder erst aus den landesverfassungsrechtlichen Regelungen[425]. Unabhängig davon, welche der Ansichten bevorzugt wird, besteht Einigkeit darüber, dass die allgemeine Schulpflicht zumindest durch die Landesverfassungen angeordnet wird[426].

---

[420] *Rux*, RdJB 2002, 423; *Zinell/Kammerer*, VBlBW 2006, 99, 100.

[421] *Avenarius/Heckel*, Schulrechtskunde, S. 5; *Hebeler/Schmidt*, NVwZ 2005, 1368, 1369.

[422] VGH Mannheim NVwZ-RR 2003, 561, 562; *Hebeler/Schmidt*, NVwZ 2005, 1368, 1369.

[423] *Avenarius/Heckel*, Schulrechtskunde, S. 450; *Niehues/Rux*, Schulrecht, Rn. 122.

[424] So BVerfG NVwZ 2003, 1113; RdJB 1993, 113; BVerwGE 94, 83, 84; *Niehues/Rux*, Schulrecht, Rn. 124 Fn. 8; *Hufen*, JuS 2010, 369; kritisch hierzu *Jestaedt*, Schule und außerschulische Erziehung in Isensee/Kirchhof, HdbStR VII, § 156 Rn. 47.

[425] So *Zinell/Kammerer*, VBlBW 2006, 99, 100.

[426] Vgl. Art. 14 LVerf BW, Art. 129 Abs. 1 LVerf Bay., Art. 30 Abs. 1 LVerf Bb., Art. 30 LVerf Brem., Art. 56 Abs. 1 LVerf Hess., Art. 15 Abs. 2 S. 2 LVerf MV, Art. 4 Abs. 2 S. 1 LVerf NS, Art. 8 Abs. 2 LVerf NW, Art. 102 Abs. 1 S. 2 LVerf Sachs., Art. 25 Abs. 2 LVerf SA, Art. 8 Abs. 1 LVerf SH, Art. 23 Abs. 1 LVerf Thür.

Durch die Schulpflicht wird wie in kaum einem anderen Bereich in die Grundrechte der Schüler, z.B. auf freie Entfaltung der Persönlichkeit, eingegriffen. Weil der Staat über die Inhalte des Unterrichtes entscheidet, greift er außerdem in das elterliche Erziehungsrecht ein. Trotzdem hat das BVerfG 2006 in einer Grundsatzentscheidung die Verfassungsmäßigkeit der allgemeinen Schulpflicht, auch in ihrer Ausgestaltung als Schulbesuchspflicht, bejaht[427]. Denn die Schulpflicht diene der Durchsetzung des staatlichen Erziehungsauftrages aus Art. 7 Abs. 1 GG[428]. Dieser beinhalte neben der Wissensvermittlung auch das Ziel der Erziehung zu selbstverantwortlichen Persönlichkeiten und der Heranbildung verantwortungsbewusster Staatsbürger[429]. Eine Legitimation der allgemeinen Schulpflicht wird teilweise auch darüber gewonnen, dass der Staat seine Bürger dazu befähigen muss, von ihren Grundrechten Gebrauch zu machen[430]. In der heutigen Zeit sei die Schulbildung notwendige Voraussetzung, um einen Beruf zu erlernen[431]. Nahezu überall wird die Aufnahme in Ausbildungsprogramme von einem entsprechenden Schulabschluss abhängig gemacht. Neben diesen Aspekt der Wissensvermittlung tritt die soziale Bildung, die letztlich das demokratische Gemeinwesen aufrechterhalten soll[432].

Die heutige Rechtslage verpflichtet Kinder, ab Vollendung des sechsten Lebensjahres[433] für eine gewisse Mindestzeit eine Schule zu besuchen. Die Schulpflicht unterteilt sich in die Grundschulpflicht, die Pflicht zum Besuch einer weiterführenden Schule und die Berufsschulpflicht[434]. Sie endet zum Ende des Schuljahres, das auf die Vollendung des 18. Lebensjahres folgt[435].

---

[427] BVerfG FamRZ 2006, 1094ff.
[428] BVerfG FamRZ 2006, 1094; *Rinio*, FPR 2007, 467, 469.
[429] BVerfG FamRZ 2006, 1094; so auch *Hufen*, JuS 2010, 369.
[430] *Niehues/Rux*, Schulrecht, Rn. 126.
[431] *Niehues/Rux*, Schulrecht, Rn. 135.
[432] *Niehues/Rux*, Schulrecht, Rn. 138.
[433] Genauer: die Schulpflicht beginnt am auf die Vollendung des sechsten Lebensjahres folgenden 1. August.
[434] *Zinell/Kammerer*, VBlBW 2006, 99, 101.
[435] *Zinell/Kammerer*, a.a.O. mit dem Hinweis, dass sie durch Feststellung der Sonderschulpflicht schon früher enden kann.

Befindet sich ein Kind im schulpflichtigen Alter so sind nur in eng begrenzten Fällen Ausnahmen von der Schulpflicht möglich. Die Schul- oder Schulpflichtgesetze der Länder lassen Befreiungen von der Schulpflicht aus „wichtigem Grund"[436] oder in Ausnahmefällen[437] zu. Das Vorliegen eines wichtigen Grundes muss im Einzelfall dargelegt werden. Bereits die historische Entwicklung der allgemeinen Schulpflicht lässt den Schluss zu, dass einem Befreiungsgrund erhebliches Gewicht zukommen muss, um das Kind von der Schulpflicht auszunehmen. Daher werden solche Gründe auch nur in objektiven Hinderungsgründen gesehen[438]. Soll ein Kind aufgrund der religiösen Überzeugung der Eltern von der Schulpflicht befreit werden, stellt dies kein objektives Hindernis dar und ist folglich nicht als Befreiungsgrund zu werten[439]. Solche liegen vielmehr in praktischen Hindernissen, wie z.B. einer langen, schwerwiegenden Krankheit, die es dem Kind nicht ermöglicht, die Schule zu besuchen[440] oder einem unzumutbar langen Schulweg[441].

Bleibt ein schulpflichtiges Kind unerlaubt der Schule fern, so sind verschiedene Sanktionsmechanismen vorgesehen. Diese richten sich zum einen gegen das Kind selbst, um den Schulbesuch sicherzustellen[442]. Sie richten sich aber insbesondere auch gegen die Eltern, die verpflichtet sind, für den Schulbesuch ihrer Kinder Sorge zu tragen. Ein abwesender Schüler ist zunächst mit Hilfe pädagogischer Mittel zum Schulbesuch anzuhalten[443]. Hilft dies nicht weiter, gilt die Schulabsenz in einigen Ländern auch als Ordnungswidrigkeit[444], so

---

[436] Vgl. z.B. § 38 Abs. 2 SchulG BB; § 38 Abs. 6 SchulG HH; § 48 Abs. 2 SchulG MV; § 34 Abs. 5 S. 2 SchulG NW; § 56 Abs. 2 S. 4 SchulG Hess., wo noch weitergehend ein „zwingender" Grund verlangt wird.

[437] Vgl. z.B. §§ 1 Abs. 2 S. 2 SchulpflG Saarl.; 72 Abs. 4 S. 2 SchulG BW; 63 Abs. 5 SchulG NS.; 57 Abs. 2 SchulG Brem; § 26 Abs. 3 S. 2 SchulG Sachs.; § 36 Abs. 2 S. 2 SchulG SA.

[438] *Hebeler/Schmidt*, NVwZ 2005, 1368, 1369.

[439] *Avenarius/Heckel*, Schulrechtskunde, S. 453; *Niehues/Rux*, Schulrecht, Rn. 320f.

[440] *Avenarius/Heckel*, Schulrechtskunde, S. 459.

[441] *Hebeler/Schmidt*, NVwZ 2005, 1368, 1369.

[442] *Niehues/Rux*, Schulrecht, Rn. 331.

[443] *Habermalz*, RdJB 2001, 218, 220; *Zinell/Kammerer*, VBlBW 2006, 99, 101.

[444] Vgl. Art. 119 Abs. 3 EUG Bay.; § 42 Abs. 1 Nr. 2 SchulG BB; § 65 Abs. 1 Nr. 1 SchulG Brem.; § 113 SchulG HH; § 181 Abs. 1 Nr. 1 SchulG Hess.; § 139 Abs. 1 Nr. 1 SchulG MV; § 176 Abs. 1 Nr. 1 SchulG NS; § 126 Abs. 1 Nr. 3 SchulG NW; § 99 Abs. 1 Nr. 1 SchulG RP; § 17

dass den (strafmündigen) Schülern eine Geldbuße auferlegt werden kann. Als ultima ratio sehen die meisten Schulgesetze auch die Möglichkeit des Schulzwangs vor[445]. Hiernach können Schüler mit unmittelbarem Zwang zum Schulbesuch gezwungen werden.

Neben den Schülern sind es in erster Linie die Eltern, die den Schulbesuch ihrer Kinder sicherstellen müssen[446]. Kommen sie dieser Verpflichtung nicht nach, können ihnen gegenüber Sanktionen ergriffen werden. Die möglichen Maßnahmen reichen auch hier von Gesprächen und Hinweisen bis zu weitreichenden Sanktionen. Beruht die Schulabsenz des Kindes auf Nachlässigkeit der Eltern, sind in der Regel zunächst Gespräche oder die Hilfestellung durch Jugendamt oder Sozialarbeiter angeraten[447]. Verweigern die Eltern allerdings ihrem Kind den Schulbesuch, weil sie bspw. die Inhalte der Schule ablehnen, ist zumeist auf Zwangsmittel zurückzugreifen. Teilweise ist diese Möglichkeit direkt in den Schulgesetzen vorgesehen[448], in den meisten Ländern ergibt sie sich jedoch aus den allgemeinen Regelungen des Verwaltungsvollstreckungsrechts. Zusätzlich gilt ein Verstoß gegen die Verpflichtung, das Kind zum Schulbesuch anzuhalten, als Ordnungswidrigkeit oder Straftat[449], deren Strafrahmen selbst Freiheitsstrafen umfasst[450]. Als Zwangsmittel kommt gegenüber den Eltern nur die Verhängung eines Zwangsgeldes in Betracht. Führt dies nicht zum gewünschten Erfolg, kann Zwangshaft angeordnet werden. Gleich-

---

SchulpflG Saarl.; § 61 Abs. 1 Nr. 2 SchulG Sachs.; § 84 Abs. 1 Nr. 1 SchulG SA; § 146 Abs. 1 Nr. 1 SchulG SH; § 59 Abs. 1 Nr. 2 SchulG Thür.

[445] Vgl. § 86 SchulG BW; Art. 118 Abs. 1 EUG Bay.; § 45 Abs. 1 SchulG Berl.; § 64 SchulG Brem.; § 41a SchulG HH; § 68 SchulG Hess.; § 50 SchulG MV; § 177 SchulG NS; § 41 Abs. 4 SchulG NW; § 66 Abs. 1 SchulG RP; § 16 SchulpflG Saarl.; § 44a SchulG SA; § 48 SchulG SH; § 24 SchulG Thür.

[446] *Niehues/Rux*, Schulrecht, Rn. 333.

[447] *Niehues/Rux*, Schulrecht, Rn. 335.

[448] Vgl. § 41 Abs. 2 SchulG BB; § 41 Abs. 5 SchulG NW.

[449] *Habermalz*, RdJB 2001, 218, 219.

[450] Das OLG Frankfurt hatte einen Fall zu entscheiden, in dem die Mutter ihren Sohn an 37 Tagen vorsätzlich nicht zur Schule schickte und das altersgemäß der 9. Klasse zuzuordnende Kind auf dem Wissensstand eines Sonderschülers der 4. Klasse war. Hier sah das Gericht eine Freiheitsstrafe von sechs Monaten als tat- und schuldangemessen an, vgl. Beschluss vom 18.03.2011, 2 Ss 413/10, NStZ-RR 2011, 287.

zeitig wird zumeist in diesem Stadium des Verfahrens das Familiengericht einbezogen, um über eine Kindeswohlgefährdung und mögliche Maßnahmen nach
§ 1666 BGB zu entscheiden.

2. Standpunkte der Beteiligten

Den Verfahren bezüglich religiös motivierter Schulverweigerung liegen
grundverschiedene Ansichten zwischen den betroffenen Familien und den
staatlichen Stellen zugrunde.

a) Sichtweise der Behörden

Die Behörden versuchen, die Einhaltung der Schulpflicht durchzusetzen. Dies
geschieht aus unterschiedlichen Perspektiven: So steht auf einer Seite häufig
das Schulamt, welches das Kind in der Schule wissen möchte und dieses Ziel
beharrlich verfolgt. Häufig sind auch Jugendämter oder Sozialdienste involviert, die für die Beurteilung der Sachlage herangezogen werden. Diese sind
zwar auch daran interessiert, das Kind in der Schule zu wissen. Trotzdem wird
dieses Ziel von ihnen häufig etwas differenzierter verfolgt. So wird auch beurteilt, welchen Eindruck das Kind im Allgemeinen macht, auf welchem Wissenstand es ist und wie die familiäre Situation und das Verhältnis zu den Fami-
lienmitgliedern allgemein zu bewerten ist. Die Jugendämter bemühen sich insgesamt um einen allgemeineren Blick auf die Situation des Kindes, während
das Schulamt stark auf die Schulpflicht fokussiert ist[451].

Die Ämter argumentieren, der Besuch der Schule sei für das Kindeswohl
notwendig. Denn nur dort könne ein Kind auf ein Leben in der staatlichen Gemeinschaft vorbereitet werden. Dies geschähe insbesondere auch dadurch, dass
dem Kind erst durch den Schulabschluss der Zugang zum Berufsleben offen-
stehe[452]. Die Durchsetzung der Schulpflicht wird auch unter dem Aspekt der
Chancengleichheit betrieben: Sinn der allgemeinen Schulpflicht ist, jedem
Kind unabhängig von den finanziellen Mitteln der Eltern und deren Bildung

---

[451] Diese unterschiedlichen Sichtweisen sind natürlich auch Ergebnis der verschiedenen
Zuständigkeiten und Aufgaben der beiden Ämter.
[452] Schreiben des Schulamtes Nürnberg, abgedruckt bei *Mayer/Schirrmacher*, S. 66.

ein gleiches Maß an Bildung zukommen zu lassen[453]. Es wird befürchtet, dass sich Familien, die ihre Kinder zu Hause unterrichten, von der Gesellschaft entfernen und bewusst abschotten und so die Bildung von Parallelgesellschaften gefördert wird[454]. Die Kinder erlebten und erlernten nur die Werte, die ihnen durch ihre Eltern vermittelt würden, der ansonsten übliche Austausch mit Andersdenkenden, der in der Schule stattfindet, bliebe außen vor. Dies wirke sich auch auf ihre soziale und staatsbürgerliche Kompetenz aus: Schule diene nicht nur der Wissensvermittlung, sondern auch der sozialen Bildung[455].

b) Argumente der Eltern

Die Gründe der Eltern für religiös motivierter Schulverweigerung sind recht einheitlich: Zumeist werden einzelne Inhalte oder Unterrichtsfächer an der staatlichen Schule abgelehnt. So lehnen die meisten religiös motivierten Schulverweigerer die Vermittlung der Evolutionstheorie, die Durchführung von Sexualkundeunterricht oder auch die Anwendung neuerer Methoden wie Traumreisen, Meditationen und dergleichen ab[456]. Darüber hinaus wird die allgemeine Verwahrlosung an Schulen kritisiert – die Kinder sollen nicht der zunehmenden Gewalt und Sexualisierung ausgesetzt werden[457]. Die Eltern zweifeln daran, dass es ihnen in einem solchen Umfeld gelingt, ihre Kinder nach den Geboten und Werten Gottes zu erziehen. Den eigenen Kindern eine solche Erziehung zu gewährleisten, wird als göttlicher Auftrag verstanden, der den Eltern verbindlich aufgegeben wurde[458].

Dabei wird das eigene Verhalten nicht als Verstoß gegen die Schulpflicht verstanden. Denn die Beteiligten berufen sich auf die Vorschriften, die Ausnahmen von der Schulpflicht zulassen. Dass von Rechtsprechung und weitest-

---

[453] *Spiegler*, Home Education in Deutschland, S. 220f.
[454] BVerfG FamRZ 2006, 1094, 1095; BVerfG NVwZ 2003, 1113; OLG Hamm NJW 2006, 237, 238.
[455] *Spiegler*, Home Education in Deutschland, S. 223f.
[456] Vgl. die Fallbeispiele und Schilderungen bei *Mayer/Schirrmacher*, S. 53, 109; *Spiegler*, Home Education in Deutschland , S. 33; *Achilles*, RdJB 2004, 222, 223.
[457] *Mayer/Schirrmacher*, S. 53; *Achilles*, RdJB 2004, 222, 223.
[458] *Mayer/Schirrmacher*, S. 55, 60; *Spiegler*, Home Education in Deutschland , S. 79; vgl. auch die Begründung auf einer christlichen Homepage „Die heilige Schrift lehrt homeschooling".

gehend auch der Literatur diese Ausnahmen wesentlich enger gefasst und die religiös motivierte Schulverweigerung gerade nicht als „wichtiger Grund" i.S.d. Vorschriften angesehen wird, wird mit Unverständnis aufgenommen. Doch selbst bei enger Auslegung der Vorschriften sind die Schulverweigerer der Ansicht, dass ihnen das Grundgesetz zur Seite steht und dieses als höherrangiges Recht im Zweifel die einfachen, ihrem Verhalten entgegenstehenden Normen, verdrängt. Die Eltern berufen sich hierbei auf ihr elterliches Erziehungsrecht und das Grundrecht der Religionsfreiheit[459]. Teilweise wird darüber hinausgehend noch betont, dass selbst dann, wenn das eigene Verhalten als Gesetzesverstoß angesehen würde, dies zu keiner Änderung führte, weil die Gebote der Bibel vorrangig zu befolgen seien[460].

II. Anwendung des § 1666 BGB durch Rechtsprechung und Literatur

Im Jahr 2007 hatte sich nun erstmals der BGH mit der Fragestellung auseinanderzusetzen, ob religiös motivierte Schulverweigerung das Familiengericht zur Anordnung von Maßnahmen nach § 1666 BGB berechtigt. In den vom BGH entschiedenen Fällen bestätigte das Gericht den teilweisen Entzug der elterlichen Sorge. Im Folgenden soll die Entscheidungspraxis der Gerichte bei religiös motivierter Schulverweigerung – die in der Literatur weitestgehend Zustimmung erfährt – anhand dieses Falles dargestellt werden.

1. Sachverhalt

Der zuletzt entschiedene Fall des BGH sorgte bereits in den unteren Instanzen für großes Aufsehen. Zahlreiche Medien berichteten über die Schulverweigerer und den Umgang der staatlichen Stellen mit diesem Konfliktfeld. Waren bisher eher Fälle bekannt, in denen muslimische Schüler und deren Eltern auf Sonder-

---

[459] Vgl. hierzu z.B. die Stellungnahme eines Homeschoolers an die zuständige Behörde zur Begründung seines Verhaltens, abgedruckt in *Mayer/Schirrmacher*, S. 60; *Spiegler*, Home Education in Deutschland, S. 35.
[460] Vgl. bei *Spiegler*, Home Education in Deutschland, S. 35.

regelungen aufgrund ihrer Überzeugungen pochten[461], so gerieten hier christliche Familien in Konflikt mit dem Gesetz. Der häufig vorgebrachte Verweis auf die Verhaftung in fremden Kulturen griff hier nicht. Gerade die Schulverweigererfälle zeigen, dass die Ursachen solcher Konfliktfelder nicht primär in einer fremden Kultur zu suchen sind, sondern in der Glaubensüberzeugung wurzeln.

Der BGH hatte sich zeitgleich mit zwei Fällen von Schulverweigerung zu befassen: Im ersten Verfahren ging es um eine Familie aus Paderborn, die sich entschieden hatte, ihre Kinder nicht mehr an der öffentlichen Schule unterrichten zu lassen. Die Familie gehörte einer baptistischen Gemeinde an. Das ältere der beiden Kinder hatte zu diesem Zeitpunkt bereits zwei Jahre die Schule besucht, das jüngere Kind sollte nun erst gar nicht eingeschult werden. Diese Entscheidung teilten die Eltern der Grundschule mit. Als Grund führten sie an, dass die Bildung und Erziehung an der öffentlichen Schule nicht mit ihren Glaubensüberzeugungen übereinstimmen. Daraufhin fanden zahlreiche Gespräche unterschiedlicher staatlicher Stellen mit den Eltern statt. Sowohl die Schulleitung als auch Vertreter der Bezirksregierung waren hieran beteiligt. Aufgrund der standhaften Weigerung wurden die Eltern zur Zahlung eines Bußgeldes in Höhe von jeweils 250,- € verurteilt, was allerdings auch nicht zum gewünschten Erfolg führte. Parallel zum Verwaltungsverfahren schaltete sich das Familiengericht ein und erließ eine einstweilige Anordnung, durch die den Eltern Teile der elterlichen Sorge entzogen wurden. Gleichzeitig wurde ein Ergänzungspfleger mit der Maßgabe eingesetzt, dass eine etwa benötigte Fremdunterbringung der Kinder in einer anderen baptistischen Familie erfolgen sollte.

Die Gefahr, dass ihre Kinder aus der Familie genommen werden könnten, veranlasste die Eltern wohl zu der Entscheidung, die Kinder nach Österreich umzumelden. Während der Vater in Paderborn wohnhaft blieb, siedelte die

---

[461] BVerwGE 94, 82; BVerwG NVwZ 1994, 578; OVG Münster NVwZ 1992, 77; VG Hamburg NVwZ-RR 2006, 121 (Teilnahme am Sportunterricht); OVG Münster NJW 2003, 1753; VG Aachen NVwZ 2002, 1401 (Befreiung von Klassenfahrt aus religiösen Gründen).

Mutter mit den Kindern nach Österreich um. Allerdings wurden lediglich die Kinder umgemeldet, der Wohnsitz der Mutter blieb weiterhin Paderborn – wohin sie im Übrigen auch so oft als möglich mit den Kindern zurückkam. Die in Österreich existierende Schulpflicht ist weniger streng ausgestaltet als die deutsche, insbesondere wird sie nicht als Schulbesuchspflicht verstanden. Es besteht die Möglichkeit, eine Gestattung zu erwirken, seine Kinder zu Hause zu unterrichten, § 11 Abs. 2, 3 Schulpflichtgesetz Österreich. Die Kinder müssen dann lediglich einmal im Jahr eine Prüfung ablegen, um nachzuweisen, dass sie den Wissenstand ihrer Klasse erreicht haben, § 11 Abs. 4 Schulpflichtgesetz Österreich. Diese Prüfung hatten im zu entscheidenden Sachverhalt beide Kinder bestanden.

Trotz der Ummeldung nach Österreich wurde in Deutschland das Hauptsacheverfahren fortgesetzt. Sowohl das Familiengericht als auch das OLG bestätigten die im Wege der einstweiligen Anordnung getroffenen Entscheidungen[462]. Auch der BGH bestätigte diese Entscheidung im Wesentlichen[463].

Im Parallelverfahren ging es um eine Familie aus Brandenburg, die der Glaubensgemeinschaft der Siebten-Tags-Adventisten angehört. Die Eltern versagten ihren Kindern den Besuch einer öffentlichen Schule und unterrichteten sie stattdessen nach den Lehrplänen der Philadelphia-Schule. Bei der Philadelphia-Schule handelt es sich um eine staatlich nicht anerkannte Schule, die Materialien für Heimunterricht zur Verfügung stellt und die Eltern so bei der Erstellung von Lehrplänen und der Durchführung des Unterrichtes unterstützt[464]. Nachdem die Eltern sich trotz Aufforderung des Jugendamtes weigerten, der Erfüllung der Schulpflicht nachzukommen, wurde seitens des Jugendamtes das Familiengericht wegen einer Gefährdung des Kindeswohls eingeschaltet. Wie-

---

[462] OLG Hamm NJW 2006, 237ff.

[463] Lediglich die Einsetzung des konkreten Pflegers erachtete der BGH als fehlerhaft, da der Ergänzungspfleger in die Ummeldung der Kinder nach Österreich eingewilligt hatte. Der BGH betont, dass Ziel einer Maßnahme nicht sein könne, dass das schulpflichtige Kind in einen Staat umsiedelt, in dem keine Schulpflicht besteht, sondern dass Ziel jeder Maßnahme nach §§ 1666, 1666a BGB sein muss, die Kinder zum Schulbesuch anzuhalten.

[464] Einen Überblick über die Angebote gibt die Homepage der Philadelphia-Schule, http://www.philadelphia-schule.de/html/programm.html (Abrufdatum 31.03.2012).

derum wurde das Aufenthaltsbestimmungsrecht und das Recht über Schulange-
legenheiten und Fortbildung des Kindes zu entscheiden entzogen und auf einen
Ergänzungspfleger übertragen[465]. Diese Entscheidung wurde ebenfalls vom
BGH bestätigt.

2. Die Entscheidung des BGH

a) Schulpflichtverletzung als erhebliche Gefährdung des Kindeswohls

Der BGH hatte zu prüfen, ob im Fernhalten der Kinder vom Besuch einer öffentlichen Schule eine Kindeswohlgefährdung zu erblicken ist. Voraussetzung
hierfür ist, dass durch den Nichtbesuch einer öffentlichen Schule oder staatlich
anerkannten Ersatzschule das Kindeswohl konkret gefährdet wird.

Die Schulpflicht dient zwei Hauptzwecken: Zum einen soll Kindern durch
den Besuch der Schule unabhängig von ihrer Herkunft Wissen vermittelt werden. Die Schulpflicht wurde etabliert, um unabhängig vom Wissenstand der
Eltern oder deren Einkommen ein einheitliches Maß an Bildung zu gewährleisten[466]. Schule soll Kindern also einen einheitlichen Wissenstand vermitteln, der
sie in die Lage versetzt, einen Schulabschluss zu erreichen, welcher Voraussetzung für die berufliche Ausbildung ist.

Zum anderen soll Schule auch das Hineinwachsen in die Gemeinschaft fördern[467]. Schule hat auch die Funktion, Kinder sozial zu erziehen. Durch den
Umgang mit Gleichaltrigen sollen Kinder lernen, wie man sich in einer Gruppe
zu verhalten hat. Dies wird verstärkt durch gemischte Klassen: Kinder bleiben
nicht in ihrem vertrauten Umfeld, sondern treffen in der Schule auf Kinder mit
anderem sozialem Hintergrund, aus anderen Familienverhältnissen, mit anderer
kultureller Prägung. Mit all diesen Neuheiten müssen sie sich auseinander setzen und lernen, damit umzugehen. Sie sollen Toleranz üben und gleichzeitig in
die Lage versetzt werden, einen eigenen Standpunkt zu finden und zu formulie-

---

[465] OLG Brandenburg NJW 2006, 235ff.
[466] *Zinell/Kammerer*, VBlBW 2006. 99,101.
[467] BVerfG NVwZ 2003, 1113; OLG Hamm NJW 2006, 237, 238.

ren. Diese Fähigkeiten entsprechen dem Erziehungsziel der Heranbildung einer gemeinschaftsfähigen, selbstständigen und eigenverantwortlich handelnden Person[468] und sind dem Kindeswohl dienlich.

Der BGH sagt hierzu lapidar, „dass die beharrliche Weigerung der Beteiligten zu 1, ihre Kinder der öffentlichen Grundschule zuzuführen, sich als ein Missbrauch der elterlichen Sorge darstellt, der das Wohl der betroffenen Kinder nachhaltig gefährdet und Maßnahmen des Familiengerichts nach §§ 1666, 1666a BGB erfordert."[469] Warum die Weigerung, eine öffentliche Schule zu besuchen das Kindeswohl gefährdet, wird nicht näher dargelegt[470]. Das OLG Hamm als Vorinstanz äußerte sich hierzu nur wenig konkreter: „Das geistige und seelische Wohl der Kinder ist durch das Erziehungsversagen [...] nachhaltig gefährdet, weil die Beteiligten zu 1 und 2, die sich für ein Zusammenleben in der hiesigen Gesellschaft entschieden haben, die für die Entwicklung der Kinder in einer pluralistischen Gesellschaft so wichtige staatliche Schulerziehung, [...], vollständig ablehnen und verhindern."[471] Hier wird zumindest erläutert, worin die Gefährdung zu sehen ist, nämlich dass die Kinder sich in der pluralistischen Gesellschaft ohne staatliche Schulerziehung nicht so entwickeln können, dass sie sich selbstständig zurechtfinden. Allerdings unterlässt es auch das OLG, die Gefährdung genauer zu definieren und verliert kein Wort zur Erheblichkeit des drohenden Schadens und der Gegenwärtigkeit der Gefahr.

b) Anordnung erforderlicher Maßnahmen

Nachdem festgestellt wurde, dass die Verweigerung des Schulbesuchs das Kindeswohl gefährdet, wurden den Eltern Teilbereiche des Sorgerechts entzogen und auf einen Ergänzungspfleger übertragen. Entzogen wurden das Recht zur Regelung schulischer Angelegenheiten und das Aufenthaltsbestimmungsrecht[472]. Lediglich die Übertragung dieser Teile des Sorgerechts auf den vom

---

[468] Vgl. hierzu oben Kap. 1 C.I.2.b).
[469] Vgl. BGH NJW 2008, 369, 370.
[470] Kritisch zur Argumentation des BGH auch *Helms*, LMK 2008, 256805.
[471] Vgl. OLG Hamm NJW 2006, 237, 238.
[472] BGH NJW 2008, 369, 370.

OLG ausgewählten Pfleger, der die Umsiedlung nach Österreich nicht verhindert hatte, beanstandete der BGH und verwies insofern die Sache mit der Maßgabe zurück, einen geeigneten Pfleger zu bestellen[473]. Berücksichtigt wurde in den Entscheidungen bereits die Problematik, die entstehen kann, sollten die Eltern sich weiterhin weigern, ihre Kinder zur Schule zu schicken. Dann müssten die Kinder mit Hilfe polizeilicher Gewalt aus der Familie geholt und zur Schule gebracht werden. Dass dies auf Dauer dem Kindeswohl weiter schaden würde, liegt auf der Hand. Und so hatte bereits das OLG Hamm in seiner Entscheidung zum Ausdruck gebracht, dass in diesem Fall die Kinder aus der Familie hinauszunehmen und in einer gleichgläubigen Familie, die allerdings die Schulpflicht akzeptiert, unterzubringen seien[474]. Diese Beschränkung des Aufenthaltsbestimmungsrechts des Pflegers lehnte der BGH nicht per se ab, wies jedoch darauf hin, dass dies bei der Bestellung eines neuen Pflegers erneut zu prüfen sei[475].

Die Entscheidung ist noch zur alten Fassung des § 1666 BGB ergangen, so dass dem BGH nach § 1666 Abs. 1 BGB nur vorgegeben war, die erforderlichen Maßnahmen zur Abwendung der Kindeswohlgefährdung unter Berücksichtigung des Verhältnismäßigkeitsgrundsatzes zu ergreifen. Hieran bestehen für den vorliegenden Fall keine durchgreifenden Bedenken. Die Weigerung der Eltern war so umfassend, dass nicht zu erwarten war, dass einem einfachen Gebot, die Kinder der Schule zuzuführen, gefolgt würde.

c) Zwischenergebnis

Die vom BGH angeordneten bzw. bestätigten Maßnahmen scheinen nach Bejahung der Kindeswohlgefährdung tatsächlich die einzig sinnvollen Mittel zu sein. Auch an deren Verhältnismäßigkeit besteht kein Zweifel.

Bei Berücksichtigung der oben dargestellten verfassungsrechtlichen Rahmenbedingungen in Fällen religiös motivierter Erziehung ist jedoch nicht zu-

---

[473] BGH NJW 2008, 369, 371.
[474] OLG Hamm NJW 2006, 237, 239.
[475] BGH NJW 2008, 369, 371.

friedenstellend, dass das Gericht die Kindeswohlgefährdung ohne in die Tiefe gehende Prüfung bejaht hat. Der BGH geht zwar zutreffend davon aus, dass die Ziele der Schulbesuchspflicht das Kindeswohl fördern, setzt sich jedoch nicht mit der Frage auseinander, ob nur die Schule diese Ziele erreichen kann und das Fernbleiben von der Schule daher das Kindeswohl gefährdet. Auch die einfache Feststellung, dass auch die religiöse Motivation keine Auswirkungen auf das Ergebnis habe, wird der Bedeutung der Religionsfreiheit nicht gerecht.

B. Verfassungsmäßigkeit der Schulbesuchspflicht

Bevor geprüft wird, ob und inwieweit der BGH zu einem anderen Ergebnis hätte kommen können, ist zu untersuchen, ob die verfassungsrechtlich verankerte allgemeine Schulpflicht ein solches überhaupt zuließe. Denn die Schulpflicht ist nach allgemeiner Auffassung nahezu ausnahmslos angeordnet[476]. Insofern ist zu prüfen, ob die ausnahmslose Schulpflicht verfassungsgemäß ist. Stellte sich dies heraus, würden sich Überlegungen zu abweichenden Ergebnissen erübrigen.

Beruht die Weigerung, die eigenen Kinder zur Schule zu schicken, auf der eigenen Glaubensüberzeugung, so greift die allgemeine Schulpflicht in das elterliche Erziehungsrecht und die Religionsfreiheit der Eltern ein. Diese Grundrechte sind nicht unbeschränkt gewährleistet, sondern unterliegen verfassungsimmanenten Schranken. Als solche dient hier der in Art. 7 Abs. 1 GG verankerte staatliche Erziehungsauftrag[477], der durch die allgemeine Schulpflicht konkretisiert wird[478]. Die Zulässigkeit der allgemeinen Schulpflicht hat das Bundesverfassungsgericht bereits im Jahre 1989 festgestellt[479]. Die hier interessierende Frage, wie Maßnahmen im Rahmen des § 1666 BGB bei religiös motivierter Schulverweigerung verfassungsrechtlich zu bewerten sind, hat das BVerfG in einem ähnlich gelagerten Sachverhalt im Jahr 2006 nicht zur Ent-

---

[476] Vgl. oben unter Kap.3 A.I.1.
[477] BVerfGE 34, 165, 184f.; 93, 1, 21; BVerfG NJW 2009, 3151.
[478] BVerfG, 1 BvR 235/89 LS, Rn. 3.
[479] BVerfG, 1 BvR 235/89.

scheidung angenommen[480]. Die Richter verwiesen darauf, dass die maßgeblichen Fragen bereits geklärt seien und die Verfassungsbeschwerde mangels Erfolgsaussichten nicht zur Durchsetzung der Rechte der Beschwerdeführer erforderlich sei[481]. In diesem Fall ging es um die Zulässigkeit der strafrechtlichen Verfolgung der Eltern. Das BVerfG führte im Ablehnungsbeschluss allerdings aus, dass „Betätigungen und Verhaltensweisen, die aus einer bestimmten Glaubenshaltung fließen, (…) nicht ohne Weiteres jenen Sanktionen zu unterwerfen (sind), die der Staat für ein solches Verhalten bei Fehlen einer religiösen Motivation vorsieht"[482]. Dies gelte dann, wenn dem jeweiligen Gläubigen keine mangelnde Rechtsgesinnung vorzuwerfen sei, er sich vielmehr in einer Grenzsituation befinde, in der die religiöse Überzeugung in Konflikt zu staatlichen Verpflichtungen gerate und der Betroffene sich für die Befolgung der für ihn höherrangigen Glaubensgebote entscheide[483]. Ähnlich führte das OLG Frankfurt jüngst aus, dass bei der Bestimmung des angemessenen Strafrahmens bei Verstößen gegen die Schulpflicht die Motivlage der Eltern zu berücksichtigen sei[484]. Sofern eine vergleichbare Interessenlage nachzuweisen wäre, könnten diese Überlegungen auch auf die Beurteilung von Maßnahmen im Rahmen des § 1666 Abs. 1 BGB übertragen werden.

Der Konflikt der gläubigen Eltern besteht im sorgerechtlichen Verfahren in gleicher Weise wie bei der strafrechtlichen Beurteilung der Schulverweigerung. Allerdings zielen die Regelungen auf verschiedene Zwecke: Staatliches Strafen soll den Betroffenen zumindest auch zur Einhaltung der Rechtsordnung bewegen und die mangelnde Rechtsgesinnung sanktionieren[485]. Dahingegen

---

[480] BVerfG FamRZ 2006, 1094.
[481] BVerfG FamRZ 2006, 1094. Die im Beschluss angeführten Urteile beschäftigten sich mit der Frage derselben materiellen Tat bei Dauerdelikten aus religiöser Überzeugung. Eine Klärung hinsichtlich der Frage Schulverweigerung aus religiösen Gründen hat nicht stattgefunden.
[482] BVerfG FamRZ 2006, 1094, 1095.
[483] BVerfG FamRZ 2006, 1094, 1095; BVerfGE 32, 98, 108f.
[484] OLG Frankfurt, Beschluss vom 18.03.2011, 2 Ss 413/10, NStZ-RR 2011, 287, 288; das OLG weist allerdings zugleich darauf hin, dass die Motivlage für die Tatbestandsmäßigkeit des Verhaltens nicht von Bedeutung sein kann.
[485] MüKo-StGB/*Radtke*, Vorb. §§ 38ff., Rn. 40 zur Spezialprävention, allgemein zu Strafzwecken Rn. 29ff.

intendiert § 1666 BGB die Sicherung des Kindeswohls unabhängig von der Motivation der Eltern. Während bei Vorliegen einer seelischen Zwangslage eine Auflehnung gegen die staatliche Rechtsordnung nicht notwendig vorliegt, weil sich der Betroffene in einem Dilemma befindet, so sagt bereits der Wortlaut des § 1666 Abs. 1 BGB, dass diese Zwangslage in der dort vorzunehmenden Beurteilung nicht von Belang sein kann. Andererseits ist der ausschlaggebende Faktor hier die Sicherung der Kindesinteressen. Sind diese nicht notwendig betroffen, weil die Ziele der Schulpflicht auch außerhalb der öffentlichen Schule erreicht werden können[486], so sind die Interessen der Eltern notwendig schwerer zu gewichten. Für die strafrechtliche Beurteilung der Schulverweigerung wurde dementsprechend auch neben der Motivlage der Eltern der Grad der Gefahr für das Kindeswohl bei der Bestimmung des Schuldgehalts berücksichtigt[487]. Letztlich zeigt auch die Entscheidung des Bundesverfassungsgerichts, dass es auf eine Abwägung der betroffenen Rechte ankommt.

Entscheidend ist bei der hier aufgezeigten Lösung, ob die Rechte der Eltern dazu führen können, dass der staatliche Erziehungsauftrag zurücktreten muss. In die Abwägung der betroffenen Rechte ist das Grundrecht des Kindes aus Art. 2 Abs. 1 GG nicht einzubringen, sofern der Heimunterricht die durch die öffentliche Schule verfolgten Erziehungsziele erreicht. Da die Interessen des Kindes dann nicht betroffen sind, sind in der Abwägung der staatliche Erziehungsauftrag und die Grundrechte der Eltern, namentlich das elterliche Erziehungsrecht und die Religionsfreiheit, gegenüberzustellen. Dass Art. 7 Abs. 1 GG als verfassungsimmanente Schranke des Elternrechts fungieren kann, wurde bereits dargestellt.

Fraglich ist allerdings, ob die Einschränkung auch den Anforderungen der Verhältnismäßigkeit genügt. Die allgemeine Schulpflicht dient dem legitimen Zweck der Durchsetzung des staatlichen Erziehungsauftrages[488]. Die Schul-

---

[486] Vgl. hierzu die Ausführungen im folgenden Abschnitt Kap.2 C.I.3.
[487] OLG Frankfurt, Beschluss vom 18.03.2011, 2 Ss 413/10, NStZ-RR 2011, 287, 288.
[488] BVerfG FamRZ 2006, 1094, 1095.

pflicht ist hierfür auch geeignet[489]. Problematisch ist allerdings das Merkmal der Erforderlichkeit. Der Eingriff in die Grundrechte der Eltern wäre nur dann verhältnismäßig, wenn die Schulpflicht das relativ mildeste Mittel zur Durchsetzung des staatlichen Erziehungsauftrags ist. Es dürfte demnach kein milderes, gleich geeignetes Mittel existieren. Als milderes Mittel kommt hier allerdings der Hausunterricht in Betracht. Denn dieser kann bei entsprechender Ausrichtung gleichermaßen Wissen und Sozialkompetenz vermitteln.

Das Bundesverfassungsgericht ist allerdings der Ansicht, dass die Heranbildung verantwortlicher Staatsbürger effektiver im regelmäßigen Schulunterricht durch regelmäßigen Kontakt zu Mitschülern eingeübt werden kann[490]. Ob diese vom Bundesverfassungsgericht angeführte „Alltagserfahrung" nur in der Schule zu finden ist, kann nicht ohne weiteres angenommen werden. Denn auch in ihren Freizeitbeschäftigungen können Kinder im Alltag auf andere Kinder treffen, mit denen sie ein soziales Miteinander einüben. Die angeführten unterschiedlichen Auffassungen in der Gesellschaft, die helfen sollen, aneinander zu wachsen, sind auch außerhalb der Schule zu finden. Sicherlich ist zuzugeben, dass es im außerschulischen Bereich wesentlich stärker in der Hand der Eltern liegt, zu welchen Freizeitaktivitäten in welchem Umfeld sie ihre Kinder anmelden. Jedoch dürfen hieran auch keine überhöhten Anforderungen gestellt werden: Denn im Privatschulbereich ist es Eltern auch heute schon gestattet, ihre Kinder unter „ihresgleichen" unterrichten zu lassen, ohne dass hierdurch ein Entwicklungsdefizit bei den so unterrichteten Kindern erwartet wird. Trotzdem hängt die gleiche Eignung bei jeglichem Unterricht außerhalb der Schule von der konkreten Ausgestaltung ab. In der öffentlichen Schule ist unabhängig von der Freizeitgestaltung zumindest für einen Teil des Tages der

---

[489] Zwar gibt es Studien, die die Ungerechtigkeit des deutschen Bildungssystems nachweisen, so dass Zweifel an der Geeignetheit zumindest für den Teil der Kinder aufkommen, die nicht entsprechend ihren Begabungen gefördert werden. Allerdings kommt es bei der Geeignetheit nicht darauf an, dass das beste Mittel zur Zielerreichung gewählt wird – auch wenn dies, gerade im Bildungsbereich, natürlich wünschenswert wäre.

[490] BVerfG NVwZ 2003, 1113; BVerfG FamRZ 2006, 1094, 1095.

Kontakt mit Gleichaltrigen gewährleistet. Insofern wird die Einübung von Sozialkompetenz dort tatsächlich effektiver verfolgt.

Bejaht man also mit dem BVerfG und der wohl herrschenden Meinung die Erforderlichkeit, ist zu prüfen, ob ein derart intensiver Eingriff angemessen ist. Das BVerfG führt an, dass die Allgemeinheit ein berechtigtes Interesse daran habe, der Entstehung von „Parallelgesellschaften"[491] entgegenzuwirken. Der – auch im Beschluss in Anführungszeichen gesetzte – Begriff Parallelgesellschaften bezeichnet die Befürchtung, dass sich bestimmte Minderheiten von der Mehrheit abgrenzen. Doch welche Gefahren von einer Abgrenzung ausgehen und ab welchem Grad der Abgrenzung überhaupt von einer Gefahr auszugehen sei, wird nicht thematisiert. Eine genaue Definition der Problematik bleibt aus. So kommt es dazu, dass die Argumentationsgrundlage des BVerfG auf schwammigen Begriffen basiert[492]. Dies erscheint insbesondere vor dem Hintergrund nicht unproblematisch, dass Freiheitsrechte wie die Religionsfreiheit den Einzelnen gerade nicht dazu verpflichten, sich der Meinung der Mehrheit anzuschließen.

Allerdings ist nicht von der Hand zu weisen, dass es gerade im religiösen Kontext Tendenzen gibt, die eigene Glaubensgemeinschaft vom Rest der Gesellschaft zu separieren, um ungestört den eigenen religiösen Überzeugungen und Geboten nachzugehen, die nicht notwendig mit dem Rechtsempfinden der übrigen Gesellschaft übereinstimmen müssen. Dass Kinder nicht in solchen Strukturen heranwachsen, ohne überhaupt die Möglichkeit zu haben, andere Sichtweisen kennen zu lernen und ihnen dadurch die selbstständige Wahlmöglichkeit über ihren Lebensweg vorenthalten wird, liegt denn auch im Interesse der Allgemeinheit.

Damit ist allerdings noch nicht die Frage beantwortet, ob die hierfür von den Eltern hinzunehmenden Beeinträchtigungen in angemessenem Verhältnis zu diesem Ziel stehen. Die Schule ist bei der Ausübung ihres Bildungsauftrages

---

[491] BVerfG NVwZ 2003, 1113.
[492] Kritisch hierzu Thurn/*Reimer,* NVwZ 2008, 718, 721; *Langer,* KritV 2007, 277, 291f.

zu Neutralität und Toleranz verpflichtet, sie muss daher insbesondere auf abweichende religiöse Bekenntnisse Rücksicht nehmen[493]. Darüber hinaus verbleibe den Eltern ausreichend Spielraum, um Einfluss auf die Erziehung ihrer Kinder zu nehmen[494]. Grundsätzlich ist hierdurch ein angemessener Ausgleich zwischen den verschiedenen Rechtspositionen gegeben. Es sind allerdings Fälle denkbar, in denen die elterliche Rechtsposition durch Betroffenheit der Religionsfreiheit neben der Schulpflicht ausgehöhlt würde.

Für solche Fälle ist jedoch in Art. 7 Abs. 4 GG das Recht verbürgt, unter bestimmten Voraussetzungen eine private Ersatzschule zu gründen, mit deren Besuch die Schulpflicht erfüllt wird. Solche Ersatzschulen werden auch von Glaubensgemeinschaften unterhalten. Eltern, denen die öffentliche Schule nicht zusagt, haben also die Möglichkeit, ihre Kinder auf eine Ersatzschule zu schicken oder, sofern eine solche Schule im Umfeld nicht existiert, sich selbst für deren Gründung einzusetzen. Die Möglichkeit, eine Ersatzschule zu besuchen, mindert allerdings bei Weitem nicht die Eingriffsintensität derart, wie dies auf den ersten Blick scheint. Denkbar und nicht unwahrscheinlich ist, dass im konkreten Fall keine geeignete Ersatzschule erreichbar ist, sei es weil sie nicht die Ausrichtung der Eltern teilt oder räumlich zu weit entfernt ist. Ist das Kind bereits im schulpflichtigen Alter, so würde der Verweis auf die selbstständige Gründung einer solchen Schule den Eltern nicht helfen. Denn die Anforderungen an die Gründung einer Ersatzschule sind nicht niedrig, so dass die Gründung einige Zeit in Anspruch nehmen kann.

Daher bedarf es für die Angemessenheit der staatlichen Schulpflicht weiterer Ausnahmemöglichkeiten. Als solche sehen die Schulgesetze in besonderen Fällen Ausnahmen von der Schulpflicht vor[495]. Bei Vorliegen eines wichtigen Grundes (oder eines vergleichbaren Ausnahmetatbestandes) können Kinder von der Verpflichtung zum Besuch einer Schule, nicht allerdings von der Bildungspflicht, ausgenommen werden. Die zugelassenen Ausnahmen von der

---

[493] BVerfG NVwZ 2003, 1113.
[494] BVerfG, a.a.O.
[495] BVerfG, 1 BvR 235/89, Rn. 5.

Schulpflicht werden bisher allerdings nur auf objektive Hinderungsgründe angewendet[496]. Diese Auslegung ist aus dem Blickwinkel der historischen Entwicklung der Schulpflicht zwar verständlich. Trotzdem stellt die strenge Anwendung der Ausnahmeregelungen, wie oben gezeigt wurde, in bestimmten Konstellationen einen unangemessenen Eingriff in die Grundrechte der Eltern dar[497]. Daher sind die Ausnahmetatbestände verfassungskonform dahin auszulegen, dass auch subjektive Hinderungsgründe wie die religiöse Motivation hierunter fallen können.

Daraus folgt, dass bei Vorliegen einer religiösen Motivation ein wichtiger Grund für eine Befreiung vom Schulbesuch, nicht vom Unterricht, gegeben sein kann. Vor diesem Hintergrund ist die Schulpflicht verfassungskonform. Insofern ließe die Schulpflicht ein anderes Ergebnis zu, sofern hierdurch nicht das Kindeswohl verletzt würde.

C. Schulverweigerung als Kindeswohlgefährdung?

Daher bleibt zu prüfen, wie der Hausunterricht bei Berücksichtigung der Religionsfreiheit im Rahmen des § 1666 BGB zu bewerten ist.

I. Der Kindeswohlbegriff bei verfassungsfreundlicher Auslegung und die Schulpflicht

Nach gängiger Auffassung verletzt das Abhalten der eigenen Kinder vom Schulbesuch das Kindeswohl, woraus im Umkehrschluss folgt, dass der Schulbesuch dem Wohl des Kindes dienlich ist. Diese Überzeugung stützt sich im Wesentlichen auf zwei Argumente: Zum einen dient die Schule der Wissensvermittlung und stellt damit den Ausgangspunkt für die beruflichen Entwicklungsmöglichkeiten der Schüler dar. Zum anderen fördert der Schulbesuch das Erziehungsziel der Heranbildung eines selbstverantwortlichen Mitglieds der

---

[496] S.o. Kap. 2 A.I.1.
[497] So auch Reimer in *Thurn/Reimer*, NVwZ 2008, 718, 721f.

Gesellschaft[498]. Der Durchsetzung dieser Ziele dient die allgemeine Schulpflicht.

1. Kindeswohlbetroffenheit durch Pflichtverletzung

Betrachtet man diese Ausgangslage, so stellt sich die Frage, ob das Kindeswohl nur aufgrund der oben genannten Ziele der Schulpflicht betroffen ist oder bereits durch die Pflichtverletzung selbst[499], ob also allein der Verstoß gegen die allgemeine Schulpflicht immer schon als unvereinbar mit dem Kindeswohl anzusehen ist oder ob es entscheidend auf die durch den Verstoß hervorgerufenen Folgen beim einzelnen Kind ankommt.

Für die Berücksichtigung der Schulpflicht bei der Beurteilung der Kindeswohlgefährdung spricht, dass in die Auslegung des Kindeswohls gesetzliche Bestimmungen, demnach auch die Schulpflicht, einfließen. Allerdings ist selbst für solche Normen, die explizit zum Schutz von Kindern geschaffen wurden, wie bspw. § 1631 Abs. 2 BGB, lediglich eine Indizwirkung für das Kindeswohl anerkannt. Dies bedeutet, dass der Verstoß gegen das Gebot der gewaltfreien Erziehung nicht automatisch zu einem Eingreifen nach § 1666 Abs. 1 BGB führt, vielmehr müssen die Voraussetzungen im Einzelfall geprüft werden[500].

Dies gilt dann umso mehr bei Pflichten, die Lebensbedingungen des Kindes betreffen, wie die Schulpflicht. Sie ist nicht zum Schutz von Kindern eingeführt worden, wohl aber, um allen Kindern eine einheitliche Bildung zukommen zu lassen. Der Verstoß gegen diese Pflicht als solche kann, muss sich aber nicht nachteilig auf das Kind auswirken. In diesen Bereichen bestehen Kompensationsmöglichkeiten, wie Eltern auf andere Art und Weise dem Ziel der gesetzlichen Pflicht nachkommen können. Da es für das Kindeswohl aber entscheidend ist, was eine Maßnahme beim Kind bewirkt und nicht, ob die Eltern gegen eine gesetzliche Pflicht verstoßen, kann hier noch nicht von einer Indi-

---

[498] BayObLG NJW 1984, 928f.; *Hannemann/Münder*, RdJB 2006, 244, 249.
[499] So anscheinend BayObLG NJW 1984, 928f.
[500] MüKo/*Huber*, BGB, § 1631 Rn. 31.

kation gesprochen werden. Vielmehr muss in diesen Fällen untersucht werden, wie sich das Verhalten der Eltern auf das Kind auswirkt. Es kommt beim Fernhalten der Kinder vom Schulbesuch und der Durchführung von Heimunterricht demnach darauf an, welche Konsequenzen diese Maßnahmen für das konkrete Kind haben.

a) Argumente gegen Homeschooling

Im Wesentlichen werden zwei Kritikpunkte in der Argumentation gegen die Zulässigkeit von Homeschooling benannt: Befürchtet wird die Förderung von Parallelgesellschaften und mangelnde soziale Fähigkeiten seitens der zu Hause unterrichteten Kinder.

aa) Förderung von Parallelgesellschaften

Ein immer wiederkehrender Kritikpunkt am Homeschooling ist der Verweis, dass hierdurch Parallelgesellschaften entstehen oder gefördert würden[501]. Dabei stellt sich die Frage, was unter dem Begriff Parallelgesellschaft zu verstehen ist und worin die Gefahr solcher Strukturen besteht. In der Rechtsprechung wird die Parallelgesellschaft zwar als Argumentationsstütze herangezogen, jedoch nicht näher dargelegt, wie der Begriff zu füllen ist[502]. Erkennbar ist nur, dass Parallelgesellschaften offenbar ein gewisses Gefährdungspotenzial bergen, das es zu verhindern gilt.

Dabei handelt es sich bei dem Terminus Parallelgesellschaft um einen sozialwissenschaftlichen Begriff, der dort wesentlich differenzierter bewertet wird. Was eine Parallelgesellschaft ausmacht, ist demnach an fünf Indikatoren festzumachen: Es bedarf einer weitgehend ethnischen und/oder religiösen Homogenität, der Abgrenzung gegenüber der Mehrheitsgesellschaft, der Verdopplung der mehrheitsgesellschaftlichen Institutionen, der freiwilligen Segregation

---

[501] BVerfG FamRZ 2006, 1094, 1095; BVerfG NVwZ 2003, 1113; OLG Hamm NJW 2006, 237, 238.

[502] Auffällig ist schon, dass der Begriff in nahezu jedem Urteil lediglich in Anführungszeichen gesetzt wird, kritisch zum Ganzen auch *Micus/Walter,* Der Bürger im Staat 2006, 215; *Langer*, KritV 2007, 277; *Möllers*, FAZ vom 31.07.2006, S. 31.

sowie der siedlungsräumlichen Segregation[503]. Parallelgesellschaften haben dabei verschiedene Funktionen, deren Berücksichtigung ein differenziertes Bild zu ihrer Bedeutung zeichnet. Ihnen wird unter anderem eine persönlichkeitsstabilisierende Funktion für ihre Mitglieder bescheinigt[504]. Die Parallelgesellschaft bietet ihren Mitgliedern ein sicheres soziales Netz, wodurch das Selbstvertrauen gefördert wird[505]. Ist die Ausrichtung der Parallelgesellschaft dabei noch offen und nach außen anstatt auf Abschottung gerichtet, wird ihr eher eine integrationsfördernde als -hemmende Funktion zugesprochen[506]. Allerdings kann sich eine Parallelgesellschaft auch von der Mehrheitsgesellschaft abschotten, um ihre religiösen oder politischen Überzeugungen losgelöst vom Gesamtstaat zu verfolgen. In dieser Konstellation würde die Integration durch die Parallelgesellschaft gehindert werden[507]. Den Entscheidungen der Gerichte liegt erkennbar letzteres Bild einer Parallelgesellschaft zu Grunde[508]. Wann immer der Begriff für Entscheidungsgründe herangezogen wird, ist er negativ besetzt.

Schulverweigerer sind häufig Eltern, die einen gänzlich anderen, durch ihre strengen religiösen Glaubensüberzeugungen geprägten Lebensstil pflegen. Die Verweigerung des Schulbesuchs nimmt einen Berührungspunkt, an dem sowohl die Eltern, aber noch wesentlich stärker die Kinder in Kontakt zur Mehrheitsmeinung der Gesellschaft getreten wären. Sind Eltern und Kinder nicht mehr über die Schule gezwungen, sich an der Mehrheitsgesellschaft zu beteiligen, besteht die Befürchtung der vollständigen Abschottung: Dass Familien lediglich Kontakte zu ähnlich streng gläubigen Familien suchen und sich ansonsten vollständig aus dem gesellschaftlichen Leben heraushalten.

---

[503] *Meyer* in ders./Weil, Die Bürgergesellschaft, S. 343, 344.
[504] *Micus/Walter*, Der Bürger im Staat 2006, 215, 217.
[505] *Micus/Walter*, a.a.O.
[506] *Micus/Walter*, Der Bürger im Staat 2006, 215, 217ff. m.w. N.
[507] *Micus/Walter*, Der Bürger im Staat 2006, 215, 217; *Langer*, KritV 2007, 277, 280.
[508] So auch *Langer*, KritV 2007, 277, 280.

bb) Sozialer Umgang

Als weiteres Argument wird vorgebracht, dass Homeschooling zwar durchaus den Kindern eine gleichwertige Bildung ermöglichen könne, dass zu Hause aber keineswegs die soziale Interaktion mit Gleichaltrigen erlernt würde[509]. Selbst wenn ein Kind viele Geschwister habe, sei dies kein adäquater Ersatz zum Umgang in der Klassengemeinschaft. Denn dort müssten Kinder lernen, mit vielen anderen Charakteren zurechtzukommen. Im Gegensatz zu anderen Einrichtungen, in denen Kinder miteinander Kontakt aufnehmen können, setzt die Klassengemeinschaft kein gemeinsames Interesse der Kinder voraus. Wo im Fußballverein nur die Kinder zusammenkommen, die gerne Fußball spielen, oder im Kinderchor diejenigen, die gerne singen, werden Klassen nicht nach den Interessen der Kinder zusammengesetzt. Den Kindern fehlt eine auf den ersten Blick erkennbare gemeinsame Basis. Darüber hinaus haben sie – anders als bei freiwilligen Aktivitäten in ihrer Freizeit – nicht ohne weiteres die Möglichkeit, die Klasse bzw. Schule zu wechseln, sollten sie die anderen Kinder nicht mögen. Sie müssen lernen, sich in die Klassengemeinschaft einzufügen. Da sich alle Kinder in derselben Situation wiederfinden, können sie von- und aneinander soziale Kompetenz erlernen. Hierbei geht es auch darum, das Aufeinandertreffen mit Andersdenkenden zu erleben. Nur durch solche Situationen lernen Kinder, dass es andere Ansichten gibt, diese nicht notwendig falsch sind und dass man sich mit diesen auseinandersetzen muss. Kinder können auf diese Weise üben, ihre Meinung zu begründen oder auch bei besseren Argumenten des Gegenübers die eigene Meinung zu überdenken. Diese Aufzählung schildert sicher eine Idealvorstellung dessen, was Kindern in der Schule an sozialer Kompetenz mitgegeben werden soll. In keiner Klasse wird das Erlernen dieser Regeln des sozialen Miteinanders völlig unproblematisch funktionieren. Trotzdem werden die Schule und die Klassengemeinschaft als die Einrichtung angesehen, in der die soziale Entwicklung am besten gefördert werden kann. Würden Kinder nur zu Hause unterrichtet, träfen sie mit ihren Geschwistern auf

---

[509] BayObLG NJW 1984, 28f.; *Hannemann/Münder*, RdJB 2006, 244, 249.

tendenziell Gleichgesinnte, die von den Eltern dieselben Prägungen erfahren haben. In diesem Rahmen ist eine Auseinandersetzung über verschiedene Ansichten weniger wahrscheinlich, so dass befürchtet wird, dass diese Kinder weniger soziale Bildung erfahren. Selbst wenn sie Sportvereine aufsuchen oder bei anderen Freizeitaktivitäten auf andere Kinder treffen, werden sie sich mit diesen Kindern nicht notwendig über differierende Ansichten auseinander setzen müssen. Es wird argumentiert, dass zu Hause unterrichtete Kinder spätestens in der Berufsausbildung auf eine völlig andere Welt als die ihnen bekannte treffen werden. In dann aufkommenden Konfliktsituationen würden sie sich nicht behaupten können, da sie nie den Umgang mit Andersdenkenden erlernt haben.

2. Vergleich mit Regelungen zur Schulpflicht in anderen Staaten

Angesichts der hohen Meinung von der Leistung der Schule und den soeben aufgeführten Vorbehalten gegen Homeschooling ist die Ausgestaltung der Schulpflicht in anderen Staaten interessant. Weithin bekannt ist, dass die Homeschoolingbewegung in den USA sehr verbreitet ist; das Unterrichten zu Hause ist in jedem US-Staat unter unterschiedlichen Voraussetzungen erlaubt[510]. Grundlegend für diese Entwicklung war ein Urteil des Supreme Court, wonach das Elternrecht das Recht einschließe, „to direct the upbringing and education of children under their control"[511]. Teilweise werden keine Anforderungen an den Hausunterricht gestellt, so dass dieser auch nicht angemeldet werden muss. Daher kann die Zahl der zu Hause unterrichteten Kinder auch nur geschätzt werden, man ging im Jahr 2004 von etwa 2 Millionen Schülern aus[512].

Aber auch in Europa ist der Unterricht zu Hause in den meisten Staaten gestattet. Deutschland befindet sich mit der rigiden Auslegung der Schulpflicht

---

[510] *Mayer/Schirrmacher*, S. 16; Zu den einzelnen Voraussetzungen vgl. HLSDA, http://www.hslda.org/laws/default.asp?printerfriendly=true (Abrufdatum 31.03.2012).

[511] Pierce vs. Society of Sisters of Holy Names of Jesus and Mary, 268 U.S. 510, 529, 534f.

[512] *Mayer/Schirrmacher*, S. 13.

als Schulbesuchspflicht in einer Außenseiterposition[513]. Nahezu alle Nachbarstaaten lassen Hausunterricht unter unterschiedlichen Voraussetzungen, die im
Folgenden näher beleuchtet werden sollen, zu.

So erkennt Irland in Art. 42 Abs. 2 der Verfassung ein Recht der Eltern auf
die Unterrichtung ihrer Kinder zu Hause an. Auch in Dänemark und Norwegen
ist die Möglichkeit, der Bildung des Kindes auf andere Weise als durch den
Schulbesuch nachzukommen, bereits in der jeweiligen Verfassung vorgesehen.
In beiden Staaten ist keine Schul-, sondern nur eine Bildungspflicht bekannt.
Das bedeutet, dass die Eltern, wenn sie für eine ausreichende Bildung ihrer
Kinder Sorge tragen, nicht verpflichtet sind, diese über den Schulbesuch sicherzustellen. Einfachgesetzlich findet sich dieses Recht in Dänemark in § 76
des Schulgesetzes. Demnach haben die Kinder einen Anspruch auf unentgeltli-
chen Unterricht in der Volksschule, müssen diesen allerdings dann nicht wahrnehmen, wenn die Gestaltung einer anderweitigen Bildung den Anforderungen
der Volksschule nicht nachsteht. Ähnlich verhält es sich in Norwegen, wo § 2
des Schulgesetzes die Möglichkeit eines anderweitigen Unterrichts vorsieht.
Entscheiden sich Eltern für Hausunterricht, ist dies der zuständigen Behörde
ohne weitere Begründung lediglich anzuzeigen. Allerdings wird Aufsicht darüber geführt, ob der Hausunterricht den norwegischen Lehrplan zumindest
grundsätzlich einhält, wobei einzelne Abweichungen nicht schaden, § 14
Schulgesetz. Die Aufsicht wird in der Regel nach dem sogenannten „Sveio-
Modell" ausgeübt, wonach zwei Besuche erfolgen, über die ein Bericht ver-
fasst wird, der dann sowohl den Eltern als auch der zuständigen Behörde zuge-
sendet wird.

In Großbritannien regelt der British Education Act das Recht der Eltern, ihre
Kinder zu Hause zu unterrichten. In Section 36 werden den Eltern wenig Grenzen bzgl. Durchführung und Gestaltung des Unterrichts gesetzt. Ihnen wird lediglich die Pflicht auferlegt, für eine schulische oder anderweitige Unterrich-

---

[513] *Tangermann*, ZevKR 51 (2006), 393, 400, der auch noch darauf hinweist, dass außer
Deutschland nur die Niederlande eine ähnlich enge Auslegung der Schulpflicht pflegen.

tung der Kinder zu sorgen. Werden die Kinder zu Hause unterrichtet, besteht keine Verpflichtung, die Behörden hierüber zu informieren. Die Eltern sind bei Durchführung des Hausunterrichtes auch nicht an den staatlichen Lehrplan oder an die Einhaltung eines Stundenplanes gebunden[514]. Großbritannien pflegt damit innerhalb Europas eine der liberalsten Haltungen zu Hausunterricht.[515]

In anderen Staaten ist Hausunterricht entweder als echte Alternative zum Schulunterricht geregelt[516] oder wird zumindest dann gestattet, wenn dieser qualitativ gleichwertig ist[517].

Einen sinnvollen Kompromiss zwischen den sehr liberalen Regelungen und der absoluten Ablehnung des Hausunterrichts zeigt die in Österreich praktizierte Regelung auf, die hier daher näher dargestellt werden soll: Dort wird Hausunterricht zwar akzeptiert, den Eltern im Interesse des Kindes und der Allgemeinheit jedoch nicht freie Hand gelassen. Die Eltern müssen vor Durchführung des Hausunterrichtes eine Gestattung des Bezirksschulrates erwirken, § 11 Abs. 3 österreichisches Schulgesetz. Diese erhalten sie durch die Anzeige, dass sie ihr Kind zu Hause unterrichten wollen. In den Fällen, in denen mit großer Wahrscheinlichkeit anzunehmen ist, dass der häusliche Unterricht nicht gleichwertig zum schulischen ist, wird die Gestattung versagt, § 11 Abs. 3 österreichisches Schulgesetz. Dies zeigt bereits die wichtigste Voraussetzung für den Hausunterricht auf, er darf nur dann erteilt werden, wenn die Gleichwertigkeit gesichert ist, § 11 Abs. 2 österreichisches Schulgesetz. Nach Gestattung des Hausunterrichtes ist die Gleichwertigkeit des Unterrichtes in jährlich stattfindenden Prüfungen nachzuweisen, in denen überprüft wird, ob das Kind auf dem Wissensstand seiner jeweiligen Klasse ist. Sobald eine solche Prüfung

---

[514] Vgl. die Informationen der Regierung zum Hausunterricht auf
http://www.direct.gov.uk/en/Parents/Schoolslearninganddevelopment/ChoosingASchool/DG_40161 24 (Abrufdatum 31.03.2012).
[515] Allerdings wird aktuell über eine Verschärfung der Regeln diskutiert, wonach für die Erteilung von Hausunterricht eine Genehmigung erwirkt werden müsste und Kontrollmechanismen eingeführt würden, um die Entwicklung der Kinder im Blick zu behalten.
[516] So bspw. in Frankreich und Belgien.
[517] So in Schweden, Österreich, Teilen der Schweiz, Italien.

nicht bestanden wird, verlieren die Eltern das Recht, das Kind zu Hause zu unterrichten und müssen es an einer Schule anmelden.

Die europäischen Staaten lassen fast alle Hausunterricht als Alternative zur Schule zu. Vor diesem Hintergrund stellt sich die Frage, warum Hausunterricht in Deutschland derart negativ beurteilt wird. Die unterschiedliche Beurteilung hat einen wesentlichen Grund darin, dass die Schulpflicht in anderen Staaten nur den Aspekt der Bildungspflicht abdeckt und nicht auch die soziale Entwicklung in den Blick nimmt. Die deutsche Rechtsordnung hält im schulischen Bereich bewusst eine abweichende Regelung zu den anderen europäischen Staaten aufrecht. Dies mutet vor dem Hintergrund einer immer umfassenderen Rechtsangleichung innerhalb der EU seltsam an; gerade im Bildungsbereich wurde mit der Bologna-Reform eine umfassende Angleichung der Studienabschlüsse eingeleitet. In diesem Zusammenhang ist auch zu beachten, dass es gerade die direkten Nachbarstaaten sind, mit denen eine große kulturelle Übereinstimmung besteht, die die Frage der Schul- bzw. Bildungspflicht anders bewerten. Da in Deutschland im Hausunterricht eine Kindeswohlgefährdung erblickt wird, kann – überspitzt – gefolgert werden, dass die deutschen Behörden und Gerichte davon ausgehen, dass die meisten anderen europäischen Staaten diese Gefährdung tolerieren.

3. Überprüfung, ob Ziele der Schulpflicht nur durch „öffentliche" Schule zu erreichen sind

Um der Beurteilung, ob sich Hausunterricht nachteilig auf das Kindeswohl auswirkt, näher zu kommen, ist entscheidend, wie die Ziele der Schule erreicht werden können. Das Ziel von Schule, allen Kindern eine gleichwertige Grundbildung mit auf den Weg zu geben und sie gleichzeitig in ihrer sozialen Kompetenz zu stärken und zu bilden, kann und soll hier nicht in Frage gestellt werden. Es ist bereits auf den ersten Blick einleuchtend, Kinder in diesen Bereichen zu fördern. Auch dass sowohl die intellektuelle als auch soziale Bildung

nicht vom sozialen Status abhängen kann, ist heutzutage selbstverständlich[518].
Diese Prämissen können aber nicht über die Frage hinweghelfen, ob die oben
ausgeführten Ziele tatsächlich nur durch öffentliche oder zumindest staatliche
anerkannte Ersatzschulen erreicht werden können.

a) Auseinandersetzung mit Studien zur Entwicklung von Kindern, die zu Hause unterrichtet wurden

Bei dieser Fragestellung können Studien weiterhelfen, die sich mit der Entwicklung von Kindern beschäftigen, die keine öffentliche Schule besucht haben, sondern zu Hause unterrichtet wurden. Solche Studien wurden in mehreren Staaten, die Homeschooling gestatten, durchgeführt. Für Deutschland fehlen gesicherte wissenschaftliche Erkenntnisse, was daran liegt, dass hier aufgrund der strengen Schulpflicht nur die wenigsten Schüler zu Hause unterrichtet werden. Für die Situation in Deutschland können nur Einzelfälle herangezogen werden, die zeigen, wie sich zu Hause unterrichtete Schüler entwickelt
haben. Die internationalen Studien lassen aber auch Rückschlüsse auf die Situation in Deutschland zu.

Allerdings wird auch darauf hingewiesen, dass einige Studien aus verschiedenen Gründen nicht notwendig objektive Ergebnisse erzielten: Untersucht
wurde, ob bei zu Hause unterrichteten Kindern ein Mangel an Sozialkompetenz
festzustellen sei oder ob sie Wissenslücken aufweisen. Die Definition dessen,
was unter „sozialer Kompetenz" zu verstehen ist, ist jedoch nicht einheitlich.
Spiegler weist in seiner Untersuchung der Homeschooling-Bewegung in
Deutschland auf dieses Problem hin[519]. Selbst in den Erziehungswissenschaften
bestehe kein Konsens, wie diese Prämisse zu beantworten sei[520]. Abhängig da-

---

[518] Allerdings haben aktuelle Studien belegt, dass auch das öffentliche Schulsystem dieses Ziel
nicht erreicht: Die frühzeitige Entscheidung für einen Schultyp begünstigt die Selektion zwischen
Schülern aus unterschiedlichen Elternhäusern. Dieses Defizit kann jedoch die Grundidee nicht
anfechten, vielmehr zeigt es die unbefriedigenden und verbesserungswürdigen Punkte des Systems
auf. Problematisch erscheint vielmehr die zunehmende Anzahl von teuren Eliteschulen, die es
wohlhabenden Eltern ermöglichen, ihre Kinder besser unterrichten zu lassen als an einer staatlichen
Schule, vgl. *Bonstein* u.a. in Spiegel 40/2009, S. 40ff.; hierzu nochmal unten Kap. 3 C.VI.
[519] *Spiegler*, Home Education in Deutschland, S. 137.
[520] *Spiegler*, Home Education in Deutschland, S. 138.

von, welche Ansicht bevorzugt wird, variieren die Meinungen darüber, wie Sozialkompetenz erlernt werden kann. Die Ergebnisse der Studien zur Sozialkompetenz zu Hause unterrichteter Kinder hängen demnach auch von der Beantwortung dieser Vorfrage ab.

Von dieser wissenschaftlichen Problematik abgesehen, weist Spiegler darauf hin, dass die Studien nicht notwendig von neutralen Wissenschaftlern durchgeführt wurden, sondern in vielen Fällen von Personen oder Organisationen, die der Homeschooling Bewegung nahe stehen[521]. Auch die Methoden, die in den Studien angewandt werden, sind nicht durchweg über jeden Zweifel erhaben. In einem Fall sollte beispielsweise zur Feststellung des Wissenstandes der zu Hause unterrichteten Kinder ein Wissenstest durchgeführt werden. Den Familien wurde die Teilnahme hieran jedoch freigestellt, auch die Durchführung erfolgte in den Familien ohne jegliche Kontrolle von außerhalb[522]. Diese Methode lässt vermuten, dass die Bereitschaft zur Teilnahme am Test bei den Familien, die ein positives Ergebnis erwarten, größer ist. Hierdurch kann das Ergebnis positiv verfälscht werden. Trotz dieser Probleme lassen sich jedoch aus den verschiedenen Studien einige Resultate zusammenfassen.

aa) Wissensvermittlung

Im Teilbereich Wissensvermittlung wird kein Nachteil auf Seiten der Homeschooler festgestellt. Hier sind die zu Hause unterrichteten Schüler gegenüber den „Schulkindern" eher im Vorteil, denn der Hausunterricht ermöglicht es den Eltern, den Unterricht individuell auf ihre Kinder auszurichten. So besteht die Möglichkeit, effektiver zu lernen. Nachteilig kann sich die mangelnde pädagogische Ausbildung der Eltern auswirken. Allerdings ist hier zu berücksichtigen, dass auch öffentliche Schulen in Zeiten von Lehrernotstand bereits auf Eltern als Lehrkräfte zurückgegriffen haben[523]. Trotzdem können

---

[521] *Spiegler*, Home Education in Deutschland, S. 129, vgl. dort auch Fn. 52, in der er darauf verweist, dass der Autor einer der bekannteren Studien gleichzeitig Leiter einer Lobbyorganisation für Homeschooling ist.
[522] Vgl. hierzu *Spiegler*, Home Education in Deutschland, S. 130.
[523] *Tangermann*, ZevKR 51 (2006), 393, 400.

die wenigsten Eltern aufgrund ihrer eigenen Bildung in jedem Fach einen qualitativ hochwertigen Unterricht anbieten. Dieses Defizit wird zunehmend dadurch ausgeglichen, dass es Organisationen gibt, die Materialien für Hausschüler zur Verfügung stellen[524]. Zumindest scheint die individuelle Betreuung evtl. vorhandene Schwachstellen auszugleichen. So zieht auch *Tangermann* das Fazit, „dass dieses legitime Ziel (der Wissensvermittlung, d. Verf.) aber anstelle einer generellen, wenngleich obligatorischen Bildungspflicht gerade eine Schulbesuchspflicht voraussetzt, (…) nach den Erfahrungen anderer Staaten nicht (mehr) ernsthaft behauptet werden"[525] kann.

bb) Vermittlung sozialer Kompetenz

Wesentlich umstrittener ist die Frage, inwieweit Homeschooling in der Lage ist, den solcherart unterrichteten Kindern soziale Kompetenz zu vermitteln. Doch auch hier lassen sich jenseits aller berechtigter Zweifel an den Studien einige Ergebnisse festhalten:

Die Extrempositionen beider Seiten – sowohl der Home Education Bewegung als auch der Verfechter der Schulunterrichts – können der tatsächlichen Situation nicht gerecht werden. Entgegen einer weit verbreiteten Ansicht lassen sich keine empirischen Beweise finden, die belegen, dass Schule der einzige Ort sei, an dem Kindern soziale Kompetenz vermittelt werden könne[526]. Allerdings ist die Schule auch nicht der Ort, der Kinder nur negativ prägt, wie dies von manchen Homeschoolern vertreten wird[527]. Diese Ansicht wurzelt darin, dass ein nicht unerheblicher Teil der Homeschoolingbewegung unter sozialem Lernen gute Manieren versteht[528]. Dies ist aber kein von der Schule verfolgtes oder gar zu leistendes Ziel.

---

[524] So z.B. die bereits erwähnte Philadelphia-Schule, http://www.philadelphia-schule.de/html/programm.html (31.03.2012).
[525] *Tangermann*, ZevKR 51 (2006), 393, 410.
[526] *Spiegler*, Home Education in Deutschland, S. 141.
[527] *Spiegler*, Home Education in Deutschland, S. 132.
[528] Nachweise bei *Spiegler*, Home Education in Deutschland, S. 132.

In der Realität zeigt sich ein deutlich differenzierteres Bild. Untersuchungen des freiwilligen Engagements in Deutschland haben gezeigt, dass in der Schule zwar der Anspruch auf Vermittlung von Kritikfähigkeit und Mitbestimmung durch politische Bildung bestehe, im Unterrichtsalltag jedoch die reine Vermittlung kognitiver Inhalte dominiere[529]. So wurde auch festgestellt, dass nur an wenigen Schulen der Schulunterricht die Kriterien zur Förderung sozialer Kompetenz erfülle[530]. Das Erlernen sozialer Kompetenz erfolge daher eher im außerschulischen Kontext[531]. Dies geht einher mit der Beobachtung, dass grundlegend für die soziale Entwicklung eines Kindes der familiäre Einfluss ist[532]. Bei Untersuchungen von Schülern und Studenten öffentlicher Bildungseinrichtungen zeigte sich, dass sie sich in ihrem Sozialverhalten oder z.b. ihrem gesellschaftlichen Engagement an dem ausgerichtet haben, was sie aus ihrem Elternhaus kannten[533]. Die gemeinsame Sozialisation in der Schule konnte also nicht dazu führen, dass bei den solcherart Gebildeten eine vergleichbare Entwicklung festgestellt wurde[534]. Dies verdeutlicht, dass die Schule nicht den prägenden Einfluss hat, der ihr teilweise zugesprochen wird. Daher kann aber auch nicht davon ausgegangen werden, dass nur in der Schule soziale Kompetenz erlernt werden kann.

cc) Zwischenergebnis

Gesicherte Erkenntnisse zur Entwicklung von zu Hause unterrichteten Kindern sind bisher in Deutschland nicht verfügbar. Zwar wurden in anderen Staaten Studien durchgeführt, die sich mit dieser Frage beschäftigen. Doch lässt sich bei vielen dieser Arbeiten eine Verbindung zur Homeschooling Bewegung herstellen, die an der Neutralität der Studien zweifeln lässt. Der große Entwick-

---

[529] *Düx* in Rauschenbach/Düx/Sass, Informelles Lernen im Jugendalter, S. 237.

[530] *Hurrelmann*, Einführung in die Sozialisationstheorie, S. 210.

[531] *Düx* in Rauschenbach/Düs/Sass, Informelles Lernen im Jugendalter, S. 237, *Grunert* in dies. u.a., Kompetenzerwerb von Kindern und Jugendlichen, S. 64.

[532] *Grunert* in dies. u.a., Kompetenzerwerb von Kindern und Jugendlichen, S. 64f.; *Hurrelmann*, Einführung in die Sozialisationstheorie, S. 137.

[533] *Flanagan*, Journal of Social Issues 54 (1998), 457.

[534] *Spiegler*, Home Education in Deutschland, S. 141.

lungsvorsprung auf Seiten der zu Hause unterrichteten Kinder, der in diesen Studien häufig vorgebracht wird, ist demnach so nicht unbedingt gegeben. Allerdings kann auch nicht belegt werden, dass diese Kinder einen Nachteil gegenüber in der Schule unterrichteten Kindern haben.

In Bezug auf die hier aufgeworfene Fragestellung kann konstatiert werden, dass der durch Heimunterricht hervorgerufene Schaden für das Wohl des Kindes bei Weitem nicht derart feststeht, wie dies von manchen Gerichten und Kommentatoren der Thematik angeführt wird[535]. Wenn oben ausgeführt wurde, dass der Kindeswohlbegriff unter Zuhilfenahme anderer Wissenschaftsdisziplinen konkretisiert werden muss, so muss auch für den Schulpflichtbereich auf die Erkenntnisse der Sozialwissenschaften zurückgegriffen werden, die hier kein einheitliches Ergebnis liefern. Dies gilt umso mehr, je höher die Intensität eines Eingriffs auf Seiten der Eltern einzuordnen ist, wie beispielsweise bei der Betroffenheit der Religionsfreiheit.[536]

b) Sicherung der staatlichen Erziehungsziele

In der Schule soll jedoch nicht nur Sozialkompetenz vermittelt werden, sie soll auch eine Stätte sein, in der die staatlichen Erziehungsziele weitergetragen werden. Das aus dem Grundgesetz abgeleitete Erziehungsziel der Heranbildung eines selbstverantwortlichen Mitglieds der Gesellschaft[537] soll mit Hilfe des staatlichen Erziehungsauftrags unabhängig von den Eltern durchgesetzt werden können[538]. Diese Möglichkeit nimmt der Staat durch die öffentlichen Schulen wahr. Ob dies allerdings die einzige Möglichkeit ist, steht nicht von vornherein fest. Denn es ist zumindest denkbar, dass es auch andere Wege gibt, die staatlichen Erziehungsziele zu erreichen. Diese Ziele sind der Schule durch Bildungs- und Lehrpläne vorgegeben[539]. Weil der staatliche Erziehungsauftrag gleichberechtigt neben dem Elternrecht steht, könnten solche Pläne auch für

---

[535] Den Rückschluss von Homeschooling auf eine Gefährdung des Kindeswohls kritisiert auch Reimer in *Thurn/Reimer*, NVwZ 2007, 718, 722.
[536] Zu praktischen Konsequenzen aus diesem Ergebnis vgl. unten Kap. 3 C.V., VI.
[537] Hierzu ausführlich Kap. 1 C.I.2b)
[538] *Achilles,* RdJB 2004, 222, 226.
[539] Maunz/Dürig/*Badura*, GG, Art. 7 Rn. 4.

den Hausunterricht verbindlich sein. Auch bei den grundgesetzlich verbürgten Ersatzschulen wird auf diesem Wege das Erreichen der staatlichen Erziehungsziele gesichert. Diese Privatschulen unterliegen der staatlichen Schulaufsicht und sind von vornherein nur dann genehmigungsfähig, wenn die Lernziele mit denen öffentlicher Schulen vergleichbar sind und die Erziehungsziele mit der grundgesetzlichen Ordnung übereinstimmen[540]. Daher können auch im Hausunterricht die staatlichen Erziehungsziele durchgesetzt werden. Sofern durch die Vorgabe von Bildungsplänen der Hausunterricht gesteuert werden kann, könnten auf diese Weise sowohl staatliche Erziehungsziele erreicht als auch die Sicherung der Religionsfreiheit der Eltern gewährleistet werden. Den Kindern wird so letztlich mehr zuteil. Der Staat hätte in diesem Gefüge die Aufgabe, die Ausrichtung des Heimunterrichts durch Bildungspläne vorzugeben und über deren konkrete Einhaltung zu wachen, um so die Erfüllung des grundgesetzlichen Erziehungsziels sicherzustellen.

II. Der Gefährdungsbegriff bei „Relativierung" der Eingriffsschwelle

Stehen Nachteile für das Kindeswohl durch Hausunterricht nicht von vornherein fest, ist zu untersuchen, wo in diesen Fällen die Gefährdungsschwelle verläuft. Es wurde bereits herausgearbeitet, dass die religiöse Motivation einer Erziehungsmaßnahme zur Anhebung der Anforderung an die Wahrscheinlichkeit führt, wenn nicht schwerwiegende Grundrechte des Kindes entgegenstehen[541].

Für die Fälle religiös motivierter Schulverweigerung bedeutet das, dass die Wahrscheinlichkeit des Eintritts des Schadens für das Kindeswohl nicht durch eine einfache Feststellung bejaht werden kann. Vielmehr muss untersucht werden, worin die Gefahr für das Kindeswohl zu sehen und wie diese im konkreten Fall ausgestaltet ist. Denn auch die Kindeswohlbetroffenheit ist, wie dargelegt wurde, bei genauerer Betrachtung nicht so eindeutig wie häufig angenommen. Steht allerdings schon die Betroffenheit des Kindeswohls in Frage, so kann auch dessen Gefährdung nicht ohne weiteres bejaht werden. Insofern

---

[540] BVerwG NVwZ 1992, 1187ff.; *Niehues/Rux*, Schulrecht, Rn. 128, Fn. 16.
[541] Vgl. Kap. 2 C.I.2.b)

hat auch das OLG Frankfurt im Rahmen der strafrechtlichen Beurteilung der Schulverweigerung festgehalten, dass der Grad der Gefahr für das Wohl des Kindes berücksichtigt werden muss[542]. Dort konnte diese Berücksichtigung nur auf der Schuldebene stattfinden, da der Straftatbestand des § 182 HSchG hierfür keinen Raum ließ. Bei der Beurteilung einer Kindeswohlgefährdung im Rahmen des § 1666 BGB ist bei der Bestimmung der Eingriffsschwelle aber gerade Raum für eine solche Abwägung. Die Gefahr muss nach allgemeiner Ansicht gegenwärtig sein und eine erhebliche Schädigung des Kindes mit ziemlicher Sicherheit voraussehen lassen. Bei der Schulverweigerung besteht die Gefahr für das Kindeswohl im Nichterreichen des Erziehungsziels der Heranbildung eines verantwortungsbewussten und selbstständigen Mitglieds der Gesellschaft sowie der nicht ausreichenden Wissensvermittlung.

Fraglich ist, wie überprüft werden kann, ob die Gefährdungsschwelle im Einzelfall überschritten ist oder nicht. Als Ausgangspunkt einer solchen Überlegung sind zunächst zwei Determinanten festzuhalten: Zum Einen wurde festgestellt, dass die abstrakt-generelle Schulpflicht als solche verfassungskonform ist. Lediglich in den Fällen, in denen die Eltern aufgrund ihrer religiösen Überzeugung ihre Kinder zu Hause unterrichten möchten, bedarf es einer Flexibilisierung der Schulbesuchspflicht in Form der Anerkennung subjektiver Ausnahmetatbestände.

Zum Zweiten gilt die Schulpflicht allgemein, der Tatbestand des § 1666 Abs. 1 BGB ist jedoch einzelfallbezogen, so dass die Frage zu beantworten ist, wie sich dieser Gegensatz auf die Bestimmung der Gefährdungsschwelle auswirkt. Sowohl im Sinne der Rechtssicherheit als auch der Praktikabilität kann eine Abwägung nicht allein auf den Einzelfall bezogen sein. Daher bietet es sich an, die Gefährdungsschwelle anhand einer Typologie zu bestimmen, die prima facie auf eine Gefährdung schließen lassen oder eben nicht.

Hierfür gibt die bestehende allgemeine Schulpflicht die Grundrichtung der Beurteilung vor: Die Gefährdungsschwelle kann nur dann nicht erreicht sein,

---

[542] OLG Frankfurt, Beschluss vom 18.03.2011, 2 Ss 413/10, NStZ-RR 2011, 287, 288.

wenn die schulischen Erziehungsziele durch den Heimunterricht erreicht werden. Demnach lassen sich vier Typen für die Beurteilung des Hausunterrichtes heranziehen, die sich jeweils aus der Kombination der beiden Erziehungsziele und deren Erreichen bzw. Nichterreichen ergeben. Fall 1 bezeichnet den Fall, dass weder ausreichend Wissen noch Sozialkompetenz vermittelt werden, im Fall 2 wird zwar Sozialkompetenz vermittelt, nicht jedoch Wissen. Fall 3 bildet das Spiegelbild zum vorigen Fall und zeichnet sich durch ausreichende Wissensvermittlung, allerdings mangelnde Vermittlung sozialer Kompetenz aus, während Fall 4 die Erziehungsziele vollständig erreicht. Eine Gefährdung durch Hausunterricht wird nur im vierten Fall zu verneinen sein, die übrigen Typen lassen auf eine Gefährdung schließen. Nach diesem Ergebnis kommt es entscheidend darauf an, wie die Einordnung in diese Fallgruppen vorzunehmen ist.

Dabei kann die Überprüfung des Erziehungsziels der Wissensvermittlung unproblematisch anhand von zentralen Lernkontrollen vorgenommen werden, die nachweisen, ob ein Kind auf dem jeweiligen Wissensstand seines Jahrgangs ist. Zeigt sich, dass dies nicht der Fall ist, ist die Gefährdungsschwelle überschritten. Dies gilt sowohl für die Fälle, in denen das Kind weder Sozialkompetenz noch Wissen vermittelt bekommt als auch für die, in denen lediglich die Wissensvermittlung mangelhaft ist.

Schwieriger ist die Beurteilung hinsichtlich des Erziehungsziels der Sozialkompetenz. Ob diese allerdings auch durch Hausunterricht ausreichend ausgebildet wird, könnte lediglich in jedem Einzelfall durch eine tiefgehende Analyse der Strukturen in der jeweiligen Familie und der Freizeitaktivitäten des Kindes nachgeprüft werden. In dieser Konstellation ist die allgemeine Auslegung des § 1666 BGB sowie die besondere Berücksichtigung der Gefährdungsschwelle in den Fällen des Religionsbezuges zu beachten: Schon allgemein gilt, dass erst eine erhebliche Gefährdung des Kindeswohls zu Eingriffen nach § 1666 BGB berechtigt, die Religionsfreiheit verstärkt dieses Ergebnis. Daraus folgt, dass von einer abstrakten Gefahr nicht auf eine Kindeswohlgefährdung geschlossen werden kann. Damit dieser Grundsatz nicht aus den Angeln gehoben wird, kann die Beweislast für das Vorliegen der Gefährdung nicht auf Seiten der Eltern liegen. Das bedeutet, dass grundsätzlich davon auszugehen ist, dass die Eltern ihrem Kind auch im Rahmen des Hausunterrichtes Sozialkompetenz vermitteln. Denn es gibt keine allgemeinen Erfahrungswerte, dass Eltern, die ihre Kinder zu Hause unterrichten möchten, diese von anderen Gleichaltrigen generell fernhalten. Demnach ist ohne das Vorliegen weiterer Anhaltspunkte davon auszugehen, dass das Erziehungsziel der sozialen Kompetenz erreicht wird.

Liegen solche Anhaltspunkte allerdings vor[543], die auf das Gegenteil schließen lassen, so wäre in diesem Fall die Sozialkompetenz zu untersuchen, so dass im Ergebnis auch eine Gefährdung angenommen werden könnte.

III. Anordnung erforderlicher Maßnahmen

Auch bei der hier vorgeschlagenen Prüfung des § 1666 BGB unter Berücksichtigung der Religionsfreiheit der Eltern ist das Ergebnis denkbar, dass das Fernhalten der Kinder von der Schule das Kindeswohl gefährdet. Das Gericht muss sodann die erforderlichen Maßnahmen zur Abwendung der Gefährdung ergreifen.

Das Ergebnis, dass Hausunterricht nicht notwendig das Kindeswohl gefährdet, wirkt sich im Rahmen der Auswahl der erforderlichen Maßnahmen dahingehend aus, dass auch Maßnahmen in Betracht kommen, die die Eltern beim Unterricht zu Hause unterstützen, wenn schon dadurch die Gefährdung beseitigt wird. Denn der Verhältnismäßigkeitsgrundsatz ermächtigt nur zur Anordnung des relativ mildesten Mittels.

Daneben besteht kein Raum, um die religiöse Überzeugung der Eltern zu berücksichtigen. Nur sofern es erforderlich ist, das Kind in einer anderen Familie unterzubringen, kann die Religionsfreiheit im Rahmen der Angemessenheit in der Weise Wirkung entfalten, dass das Kind nach Möglichkeit in einer Familie untergebracht wird, die der selben Glaubensgemeinschaft angehört.

---

[543] Ein solcher Anhaltspunkt kann nicht schon im Hausunterricht selbst gesehen werden.

IV. Auswirkung des Ergebnisses im Fall der Paderborner Schulverweigerer

Es stellt sich die Frage, wie sich die oben erzielten Wertungen und aufgezeigten Ergebnisse auf den dargestellten Fall der Paderborner Schulverweigerer auswirken. Dort hatte der BGH festgestellt, dass das Fernhalten der Kinder von einer öffentlichen Schule oder anerkannten Ersatzschule nicht mit dem Kindeswohl vereinbar sei. Hierbei wies der BGH insbesondere darauf hin, dass es nicht der Erhebung eines Sachverständigenbeweises zu der Frage bedürfe, ob Hausunterricht das Kindeswohl gefährde, „da sich die vom OLG (…) geschilderten Vorzüge eines nicht hausgebundenen Unterrichts ebenso wie die relativen Nachteile eines Hausunterrichts dem tatrichterlichen Sachverstand ohne weiteres Erschließen"[544]. Die Ausführungen haben allerdings gezeigt, dass sich diese Frage nicht ohne weiteres beantworten lässt[545].

Vielmehr muss untersucht werden, welchem der genannten Typen der Sachverhalt zuzuordnen ist, um eine mögliche Gefährdung des Kindeswohls zu überprüfen.

Die Mutter siedelte während des Verfahrens mit ihren Kindern nach Österreich um, um sie dort zu Hause zu unterrichten. Die Kinder wurden dort ordnungsgemäß zum Hausunterricht angemeldet und legten die jährlichen Leistungsstandsprüfungen ab, welche sie durchweg bestanden[546]. Sie erreichten somit jeweils den für ihren Jahrgang erforderlichen Wissensstand. Insoweit ist der Aspekt der ausreichenden Wissensvermittlung in diesem Fall sogar messbar vorhanden gewesen. Darüber hinaus waren keine Anhaltspunkte ersichtlich, dass die Entwicklung der sozialen Kompetenz der Kinder im vorliegenden Fall zurückgeblieben war.[547] Insofern wären die Paderborner Schulverweigerer nach den zuvor erarbeiteten Grundsätzen der vierten Fallgruppe zuzuordnen

---

[544] BGH NJW 2008, 369, 370.
[545] Vgl. *Thurn/Reimer*, NVwZ 2008, 718, 722 Fn. 69.
[546] Vgl. die Sachverhaltsschilderung OLG Hamm, NJW 2006, 237.
[547] Der BGH hatte nur festgestellt, dass fehlende Entwicklungsmöglichkeiten nachteilig für das Kindeswohl sind, dies im konkreten Fall allerdings ohne weitere Prüfung unterstellt, krit. hierzu auch *Helms*, LMK 2008, 256805.

gewesen, wonach sowohl Wissen als auch Sozialkompetenz im häuslichen Unterricht vermittelt werden. Demnach sprach der Beweis ersten Anscheins dafür, dass das Kindeswohl nicht gefährdet wurde, so dass ein Eingriff nach § 1666 Abs. 1 BGB nicht hätte erfolgen dürfen.

V. Zusammenfassung

Zusammenfassend lässt sich nach dem hier vertretenen Lösungsansatz festhalten, dass die religiös motivierte Schulverweigerung nicht von vornherein als Kindeswohlgefährdung zu qualifizieren ist. Vielmehr hängt eine potentielle Gefährdung von der Ausgestaltung des Heimunterrichts ab.

VI. Exkurs: Ausblick auf eine mögliche gesetzliche Regelung

Aufgrund der Tatsache, dass bisher grundsätzlich von der Unzulässigkeit des Hausunterrichts ausgegangen wird, existieren in Deutschland hierfür keinerlei gesetzliche Regeln und Vorgaben. Dies hat zur Folge, dass derzeit nicht gesichert ist, ob und auf welchem Wege zu Hause unterrichtete Kinder einen Schulabschluss erwerben können, der ihnen erst die Aufnahme einer Berufsausbildung ermöglicht. In der Praxis wurde es daher häufig so gehandhabt, dass zu Hause unterrichtete Kinder – sofern der Unterricht über einen derart langen Zeitraum zugelassen wurde – die 10. Klasse einer Realschule besuchten, um dort ihren Realschulabschluss zu erwerben[548]. Darüber hinaus könnten gesetzliche Vorgaben einen verbindlichen Rahmen für Hausunterricht abstecken, der insbesondere im Interesse der Kinder ausreichende Kontrollmechanismen vorsieht, um im Falle der ungenügenden Gestaltung des Unterrichtes einzugreifen.

Vorbild für eine sinnvolle Regelung des Hausunterrichtes könnte die gesetzliche Ausgestaltung in Österreich sein. Nach der dortigen Gesetzeslage muss für die Durchführung von Hausunterricht eine Gestattung erwirkt werden. Zudem wird der Leistungsstand der Kinder jährlich in zentralen Tests überprüft.

---

[548] Vgl. das Beispiel einer Homeschoolingfamilie aus Kassel http://www.netzwerk-bildungsfreiheit.de/html/dudek.html (Abrufdatum 31.03.2012).

Wird diese Prüfung nicht bestanden, wird die Gestattung widerrufen und das Kind muss ab diesem Zeitpunkt die öffentliche Schule besuchen.

Die Genehmigungsbedürftigkeit eröffnet die Möglichkeit, die Genehmigung an entsprechende Voraussetzungen zu knüpfen, die die Einhaltung der Erziehungsziele absichern[549]. Durch Einführung eines extern zu absolvierenden Schulabschlusses würde die berufliche Zukunft der zu Hause unterrichteten Kinder gesichert werden. Unter Berücksichtigung dieser Prämissen würde ein in engen Grenzen gesetzlich zugelassener Hausunterricht das Kindeswohl nicht gefährden.

Ein solcher Prozess scheint aufgrund des aktuellen öffentlichen Meinungsbildes in Deutschland derzeit nur schwer vorstellbar. Nach Ansicht der Verfasserin ist bisher jedoch nicht ausreichend berücksichtigt worden, dass der Staat in Teilbereichen schon selbst seine Maßstäbe verwässert hat: So erscheint das Argument, dass nur in gemischten Klassen mit Kindern unterschiedlicher Voraussetzungen und Herkunft Sozialkompetenz erlernt werden könne, in anderem Licht, wenn man sich vergegenwärtigt, dass es bereits heute möglich ist, sein Kind mit entsprechenden finanziellen Mitteln an einer Schule anzumelden, an der es nur auf Kinder höherer sozialer Schichten trifft. Ein solcher politischer Prozess würde Deutschland auch aus seiner Außenseiterposition im Vergleich zu seinen europäischen Nachbarstaaten holen.

---

[549] Für die Legalisierung von Hausunterricht unter strengen Auflagen auch Spiegler, Home Education in Deutschland, S. 264ff.

Kapitel 4: Ausblick auf weitere Probleme religiös motivierter Erziehung

A. Beschneidung von Minderjährigen

Die Beschneidung der Nachkommen stellt in einigen Religionen einen wichtigen Bestandteil der religiösen Traditionen und Gebräuche dar. Aus diesem Grund lassen auch heute noch viele Eltern ihre Kinder beschneiden. Im Christentum ist die Beschneidung nicht üblich, so dass diese rituelle Handlung hierzulande lange Zeit keine größere Beachtung fand. Allerdings hat sie mit zunehmendem Aufkommen anderer Religionen auch hier an Bedeutung gewonnen. Dabei variiert das Ausmaß der Beschneidung zwischen den unterschiedlichen Religionen und Herkunftsregionen. Darüber hinaus sind auch gravierende Unterschiede in Bezug auf Durchführung und Folgen bei der Beschneidung männlicher oder weiblicher Geschlechtsteile festzustellen. Diese verschiedenen Ausgangspunkte gebieten für die rechtliche Beurteilung eine differenzierte Bewertung der verschiedenen Beschneidungsmaßnahmen.

Generell ist für die rechtliche Beurteilung zu berücksichtigen, dass es sich bei der Beschneidung nicht um eine Erziehungsmaßnahme handelt, bei der in die Zukunft gerichtet abgeschätzt werden muss, inwieweit sie einen Schaden hervorrufen könnte. Vielmehr steht schon mit dem Akt der Beschneidung fest, dass in die körperliche Integrität des Kindes eingegriffen wird. Entscheidend ist in diesen Konstellationen vielmehr, ob dieser Eingriff durch positive Auswirkungen aufgewogen werden kann.

I. Weibliche Beschneidung

Die Beschneidung junger Mädchen und Frauen ist in vielen Kulturen sehr stark verwurzelt. Im internationalen Kontext ist von Female Genital Cutting (FGC), weiblicher Genitalbeschneidung, oder Female Genital Mutilation (FGM), weiblicher Genitalverstümmelung, die Rede. Die gravierenden Folgen, die der Akt der Beschneidung nach sich zieht, führen dazu, dass heute hauptsächlich der Terminus Genitalverstümmelung gebraucht wird. Auch die WHO verwendet bewusst diesen Begriff[550]. Er bezeichnet tatsächlich treffender die Folgen der Maßnahme. Allerdings fühlen sich beschnittene Frauen durch diese Bezeichnung häufig in ihrer Ehre verletzt und nicht ernst genommen[551]. Daher soll hier im Folgenden weiterhin von Beschneidung die Rede sein, wodurch die fürchterlichen Konsequenzen der Maßnahme nicht verharmlost, wohl aber die Befindlichkeiten der Betroffenen berücksichtigt werden sollen.

Obwohl die weibliche Beschneidung in europäischen Kulturen nicht üblich ist, werden diese Praxis und deren Hintergründe seit einiger Zeit mit wachsendem Entsetzen verfolgt. Dies rührt zum einen daher, dass einige Betroffene ihre Erfahrungen mit der Beschneidung in autobiographischen Werken festgehalten und so der Öffentlichkeit einen Einblick in die Folgen der Maßnahme für beschnittene Frauen ermöglicht haben[552]. Daneben ist das Bewusstsein gewachsen, dass die Beschneidung auch für Frauen und Mädchen hierzulande grausame Realität werden kann. Die WHO schätzte im Jahre 2008, dass zwischen 100 bis 140 Millionen Frauen und Mädchen weltweit beschnitten sind und jährlich 3 Millionen weitere Mädchen Gefahr laufen, einer solchen Maßnahme unterzogen zu werden[553]. Die Beschneidungspraxis ist in ca. 28 afrikanischen Staaten traditionell verwurzelt, kommt aber auch in Teilen Asiens vor[554]. Durch die sich verstärkende Migration wird dieses Ritual nun auch in Staaten ausgeübt, in denen die Beschneidung ansonsten nicht praktiziert wird[555]. Bereits im Jahr 2002 schätzte man die Zahl der betroffenen Frauen in

---

[550] WHO, Eliminating FGM, S. 3.
[551] *Asefaw*, Weibliche Genitalbeschneidung, S. 12f.; UNICEF u.a., Schnitte in Körper und Seele, S. 13.
[552] Z.B. *Dirie*, Wüstenblume; *dies.*, Schmerzenskinder; *Abdi*, Tränen im Sand; *Khady*, Die Tränen der Töchter.
[553] WHO, Eliminating FGM, S. 1.
[554] Afrikanische Staaten, in denen die weibliche Genitalbeschneidung praktiziert wird, sind: Ägypten, Äthiopien, Benin, Burkina Faso, Djibuti, Elfenbeinküste, Eritrea, Gambia, Ghana, Guinea, Guinea-Bisseau, Indonesien, Jordanien, Kamerun, Kenia, Liberia, Malaysia, Mali, Mauretanien, Niger, Nigeria, Senegal, Sierra Leone, Somalia, Sudan, Tansania, Togo, Tschad, Uganda, Zentralafrikanische Republik, vgl. *Asefaw*, Weibliche Genitalbeschneidung, S. 11.
[555] *Nga Beyeme*, Le Droit International de la Femme, S. 38; in UNICEF u.a., Schnitte in Körper und Seele, S. 6, wird bspw. darauf hingewiesen, dass auch deutsche Gynäkologen zunehmend

Deutschland auf 2000[556]. Daher beschäftigt man sich zunehmend auch hier mit der Genitalbeschneidung. Für die Frage der Beurteilung dieser Maßnahme im Rahmen des § 1666 BGB ist es von Bedeutung, die Hintergründe der Praxis und die Auswirkungen für die Betroffenen näher zu beleuchten.

1. Begriffsbestimmung

In einer gemeinsamen Stellungnahme haben WHO, UNICEF und UNFPA definiert, Beschneidung "comprises all procedures involving partial or total removal of the external female genitalia or other injury to the female genital organs for non-medical reasons"[557]. Die dort vorgenommene Unterscheidung in vier Beschneidungstypen wurde 2008 in einer neuen gemeinsamen Erklärung verfeinert[558]. Die ersten drei Eingriffstypen unterscheiden sich nach der Eingriffsintensität, während Typ vier einen Auffangbegriff darstellt:

Unter Typ I, der Beschneidungsform mit den geringsten Folgen für die Betroffene, fällt die Klitorektomie, bei der die Klitoris vollständig oder teilweise entfernt wird[559].

Typ II bezeichnet die Exzision, bei der neben der Klitoris die inneren Schamlippen entfernt werden[560]. Nicht entscheidend für diese Kategorie ist, ob die äußeren Schamlippen auch beeinträchtigt werden[561]. Wie weit die Exzision geht, hängt von den örtlichen Gebräuchen und erschreckenderweise auch von Faktoren wie der Sehkraft der beschneidenden Person ab[562]. Diese beiden Be-

---

beschnittene Frauen in ihrem Patientenstamm haben. In der bisherigen Ausbildung ist die Behandlung solcher Patientinnen allerdings kein Thema, UNICEF u.a., a.a.O., S. 6f.

[556] *Bumke*, NVwZ 2002, 423.

[557] WHO u.a., Joint statement.

[558] WHO, Eliminating FGM, S. 3; eine Gegenüberstellung der unterschiedlichen Begriffsmerkmale findet sich auf Seite 24; einen kurzen Überblick zu seltener praktizierten Formen der Beschneidung gibt *Nga Beyeme*, Le Droit International de la Femme, S. 33.

[559] WHO, Eliminating FGM, S. 4.

[560] WHO, Eliminating FGM, S. .4; *Asefaw*, Weibliche Genitalbeschneidung, S. 30f.

[561] WHO, Eliminating FGM, S. .4

[562] BMFSFJ, Genitale Verstümmelung, S. 8.

schneidungsarten machen mit 85 % unter den Beschneidungen den größten Anteil aus[563].

Die Infibulation oder auch pharaonische Beschneidung wird dem Typ III zugeordnet. Sie stellt die weitgehendste Beschneidungsart dar. Hierbei werden Klitoris und innere Schamlippen vollständig entfernt sowie die inneren Seiten der äußeren Schamlippen[564]. Danach wird die Scheide bis auf ein winziges Loch zugenäht[565], in das ein Fremdkörper eingeführt wird, damit die Wunden nicht vollständig zusammenwachsen. Diese Öffnung wird für den Abfluss von Urin und Menstruationsblut benötigt[566].

Typ IV bezeichnet alle anderen verletzenden Maßnahmen am weiblichen Geschlechtsorgan[567].

2. Hintergrund und Durchführung

Welche Beschneidungsform angewandt wird und aus welchen Gründen dies erfolgt, differiert zwischen den verschiedenen Staaten, Regionen und Kulturen erheblich. In den allermeisten Fällen ist die Maßnahme jedoch auf eine alte Tradition zurückzuführen, die seit Generationen weitergegeben wird[568]. Die Beschneidung stellt für die Frau eine Art Initiationsritus dar und symbolisiert die Aufnahme ins Erwachsenenleben. So wird in vielen Kulturen der Akt der Beschneidung auch als ein Fest zelebriert, bei dem die gesamte Dorfgemeinschaft feiert, während die frisch beschnittenen Mädchen zur Seite genommen und in die Regeln des Erwachsenenlebens eingewiesen werden[569]. Teilweise werden mit der Beschneidung auch Mythen verbunden. So existiert in einigen Bevölkerungsgruppen die Überzeugung, dass alle Menschen ursprünglich einen androgynen Körper hätten: Der Körperteil, der zum jeweils anderen Ge-

---

[563] BMFSFJ, Genitale Verstümmelung, S. 8.
[564] WHO, Eliminating FGM, S. 4; ausführlicher BMFSFJ, Genitale Verstümmelung, S. 8.
[565] *Nga Beyeme*, Le Droit International de la Femme, S. 32f.
[566] BMFSFJ, Genitale Verstümmelung, S. 8.
[567] WHO, Eliminating FGM, S. 4.
[568] *Jensen* verweist darauf, dass die Beschneidung schon seit über 2500 Jahren existiert, Frauen im Asyl- und Flüchtlingsrecht, S. 143.
[569] *Nga Beyeme*, Le Droit Internatoinal de la Femme, S. 40.

schlecht gehört, soll entfernt werden – bei Frauen wird die Klitoris als männliches Geschlechtsteil angesehen und entfernt – bei Knaben wird der vermeintlich weibliche Teil, die Vorhaut, entfernt[570]. In wieder anderen Gegenden herrscht die Befürchtung vor, dass ein Kind sterbe, wenn es bei der Geburt mit dem Kopf die Klitoris berührt[571]. Diese Vorstellungen zeigen ein verbreitetes Problem der Beschneidung auf: Vor allem in ländlichen Gebieten, in denen die Menschen einen geringen Bildungsgrad aufweisen, ist es schwierig, die Beschneidung und die hiermit verbundenen Mythen zu bekämpfen[572].

Dabei erscheint es nicht selbstverständlich, dass auch heute noch so viele Mädchen und Frauen beschnitten werden, denn auch in Staaten, in denen die Beschneidung weit verbreitet ist, ist sie teilweise bei Strafandrohung verboten[573]. Dass die Beschneidung dennoch durchgeführt wird, zeigt, dass sie entweder für die Betroffenen aus einem höheren Gebot folgt oder nach Ansicht der durchführenden Personen derart positive Konsequenzen nach sich zieht, dass die Gefahr der Bestrafung daneben zurücktritt[574]. Denn immerhin sind es meist die Mütter oder Großmütter, die aus eigener Erfahrung wissen, welchen Schmerzen sie ihre Tochter resp. Enkelin aussetzen, die eine Beschneidung forcieren oder gar durchführen. Um zu verstehen, warum Familien auch heute noch ihre Kinder beschneiden lassen, ist es daher wichtig, sich mit der Bedeutung des Rituals auseinanderzusetzen. Die traditionelle Verhaftung der Beschneidung[575] führt dazu, dass eine unbeschnittene Frau in der jeweiligen Gesellschaft nicht anerkannt ist. Die Beschneidung wird mit Reinheit gleichgesetzt, wer nicht beschnitten ist, gilt als unrein[576]. Darüber hinaus soll sie auch

---

[570] *Spuler-Stegemann* in Klinkhammer/Rink/Frick, S. 207.

[571] *Asefaw*, Weibliche Genitalbeschneidung, S. 44.

[572] UNICEF, FGM/C, S. 9f.

[573] Anmerkungen hierzu bei *Jensen*, Frauen im Asyl- und Flüchtlingsrecht, S. 144.

[574] WHO, Eliminating FGM, S. 5; weitere Gründe bei *Jensen*, Frauen im Asyl- und Flüchtlingsrecht, S. 144.

[575] Diese Verhaftung zeigt sich auch daran, dass der Beruf der Beschneiderin ein hohes soziales Ansehen in der jeweiligen Dorfgemeinschaft genießt, vgl. *Nga Beyeme*, Le Droit International de la Femme, S. 36.

[576] *Nga Beyeme*, Le Droit International de la Femme, S. 40; *Asefaw*, Weibliche Genitalbeschneidung, S. 38; *Spuler-Stegemann* in Klinkhammer/Rink/Frick, S. 207.

die Jungfräulichkeit bis zur Ehe sichern[577]. Der Ehemann hat das Recht, seine Frau zu „öffnen". Dies geschieht für die Frau unter großen Schmerzen[578] und ist nicht selten auch gar nicht ohne medizinisches Gerät zu bewerkstelligen. Die Beschneidung führt dazu, dass eine Frau gut verheiratet werden kann, durch die Heirat steigt ihr sozialer Status und ihr Ansehen[579]. In den Gesellschaften, in denen Beschneidungen praktiziert werden, definiert sich die Stellung der Frau überwiegend aus dem Verheiratetsein und der Anzahl ihrer Kinder[580]. Die Kinder sichern die Versorgung im Alter, je mehr Kinder eine Frau ihrem Mann schenken kann, umso mehr steigt ihr Ansehen. Dies ist auch der Hintergrund, warum beschnittene Frauen trotz der Kenntnis der Folgen auch ihre Töchter beschneiden lassen: Für sie wiegen die sozialen Vorteile die körperlichen Nachteile auf[581]. Das Leiden hat für sie daher einen Sinn, weil sie hierdurch ihrer Ansicht nach Anerkennung und kulturelle Identität erfahren.

a) Anhaltspunkte für religiöse Verwurzelung der Beschneidung

Zwar wird auch immer wieder vorgebracht, die weibliche Beschneidung erfolge aus religiösen Gründen, allerdings gibt es hierfür kaum Anhaltspunkte[582]. Denn der Brauch tritt hauptsächlich regional auf und nicht bei Angehörigen bestimmter Religionen. In den betroffenen Regionen wird die Beschneidung denn auch von Menschen aller Religionszugehörigkeiten vorgenommen, also unabhängig davon, ob es sich um Muslime, Juden oder Christen handelt[583]. Es hat sich gezeigt, dass die Art der Beschneidung nicht von der Zugehörigkeit zu einer Religion abhängt, sondern von der Volksgruppe, in der man lebt[584]. Da

---

[577] UNICEF, FGM/C, S. 17.
[578] Beispiele bei *Asefaw*, Weibliche Genitalbeschneidung, S. 63, 65.
[579] UNICEF, FGM/C, S. 17; UNICEF, Changing a harmful social convention, S. 12.
[580] *Asefaw*, Weibliche Genitalbeschneidung, S. 20.
[581] *Asefaw*, Weibliche Genitalbeschneidung, S. 40.
[582] UNICEF, Changing a harmful social convention, S. 12; *Asefaw*, Weibliche Genitalbeschneidung, S. 43; *Jensen*, Frauen im Asyl- und Flüchtlingsrecht, S. 143.
[583] Vgl. *Spuler-Stegemann* in Klinkhammer/Rink/Frick, S. 207, 208f., die darauf hinweist, dass die Verbreitung des Rituals in bestimmten christlichen Gruppen auf die geographische Verortung dieser Gruppen in Regionen zurückzuführen ist, in denen die Beschneidung traditionell durchgeführt wurde.
[584] *Asefaw*, Weibliche Genitalbeschneidung, S. 42.

die weibliche Beschneidung auch in keiner Religion ursprünglich erwähnt wird – so findet sich bspw. weder in der Bibel noch im Koran eine Sequenz zu diesem Thema – spricht dies gegen die religiöse Begründung des Rituals. Allerdings ist nicht auszuschließen, dass in einigen Naturreligionen die Beschneidung weiblicher Genitalien eine religiöse Verhaltensvorgabe darstellt. Maßgeblich für die Beurteilung, ob eine bestimmte Handlung der Religionsfreiheit unterfällt, ist zunächst das religiöse Selbstverständnis. Übt eine Person die Beschneidung aus, weil sie sich hierzu religiös verpflichtet sieht, so ist dies zunächst zu akzeptieren und der Bewertung zu Grunde zu legen.

b) Berücksichtigung der kulturellen Dimension der Beschneidung

Selbst wenn angenommen wird, dass die weibliche Genitalbeschneidung ihren Ursprung nicht in der Religion, sondern in kultureller Tradition hat, kann die Frage gestellt werden, ob die Erziehungsvorstellungen ausländischer Eltern in besonderer Weise zu berücksichtigen sind und allein hierdurch die Eingriffsgrenze des § 1666 Abs. 1 S. 1 BGB verschoben wird.

Früher wurde teilweise angenommen, dass fremde Rechts- und Kulturvorstellungen in Anlehnung an Art. 6 EGBGB bis zur Grenze des ordre public zu berücksichtigen seien[585]. Hergeleitet wurde diese Ansicht aus den grundrechtlichen Bestimmungen aus Art. 6 i.V.m. Art. 1 Abs. 1, Art. 2 Abs. 1 GG. Die freie Entfaltung der Persönlichkeit gebiete die Rücksichtnahme auf die traditionellen sittlichen und moralischen Vorstellungen der in Deutschland lebenden ausländischen Familien[586], soweit hierdurch nicht grundlegende deutsche Moralvorstellungen verletzt werden. Allerdings gilt die Grenze des ordre public nach Art. 6 EGBGB nur in Fällen, in denen ausländisches Recht maßgeblich ist. Sinn der Regelung ist, die Einhaltung der elementaren Grundsätze der deutschen Rechtsordnung zu sichern[587]. Diese Konstellation ist nicht ohne Weiteres

---

[585] KG Berlin FamRZ 1985, 97f.; *Zacher*, Elternrecht in HdbStR VI (1989), § 134 Rn. 13 Fn. 27; ohne Verweis auf den ordre public ansonsten aber in dieselbe Richtung LG Berlin FamRZ 1983, 943, 946; LG Berlin FamRZ 1983, 947.
[586] LG Berlin, FamRZ 1983, 943, 946.
[587] Bamberger/Roth/*Lorenz*, BGB, Art. 6 Rn. 1.

auf die Frage zu übertragen, ob bei der Anwendung deutschen Rechts bei ausländischen Beteiligten fremde Kultur- und Moralvorstellungen zu berücksichtigen sind[588]. Dies könnte nur dann der Fall sein, wenn die fremden Kultur- und
Moralvorstellungen in einer Weise grundrechtlich geschützt sind, die geeignet
ist, die Auslegung des § 1666 BGB zu beeinflussen. Denn die Schutzrichtung
des § 1666 BGB stellt grundsätzlich die Persönlichkeitsrechte des Kindes in
den Vordergrund[589]. Nach dem hier entwickelten Lösungsansatz kann dieser
Ausgangspunkt nur bei Betroffenheit schwerwiegender Grundrechte der Eltern
angepasst werden[590]. Es kann daher nicht allgemein davon ausgegangen werden, dass fremde Kultur- und Moralvorstellungen immer bis zur Grenze des
ordre public beachtet werden müssten. Der kulturelle Hintergrund bleibt allerdings nicht gänzlich außen vor, sondern ist in den Umständen des Einzelfalles
bei der Abwägung zu berücksichtigen[591]. Dies folgt bereits daraus, dass für die
Entscheidung, was dem Wohl des Kindes am ehesten dienlich ist, auch die
Umstände in der jeweiligen Familie zu berücksichtigen sind. Für jede Maßnahme ist zu fragen, wie sich diese im Familienverband auswirkt[592]. So kann
ein und dieselbe Maßnahme in unterschiedlichen Familienstrukturen einmal zu
einer Beseitigung einer Gefährdung, ein anderes Mal aber aufgrund der Reak-
tionen der übrigen Familienmitglieder zu einer Verstärkung führen. In diesem
Rahmen kann der kulturelle Hintergrund bei der Prüfung des § 1666 BGB Berücksichtigung erfahren. Weitergehende Berücksichtigungen – insbesondere
für solche eingriffsintensive Maßnahmen wie die weibliche Genitalbeschneidung – sind nicht denkbar[593].

---

[588] Staudinger/*Coester*, BGB, § 1666 Rn. 163; MüKo/*Olzen*, BGB, § 1666 Rn. 56.
[589] OLG Düsseldorf FamRZ 1984, 1258; *Abramowski*, Staatliche Schutzmaßnahmen, S. 42f.;
Staudinger/*Coester*, BGB, § 1666 Rn. 163.
[590] Vgl. oben Kap. 2 B.
[591] MüKo/*Olzen*, BGB, § 1666 Rn. 56.
[592] *Coester* in Lipp/Schumann/Veit, Kindesschutz, S. 19, 28.
[593] Ausführlicher zum Ganzen Staudinger/*Coester*, BGB, § 1666 Rn. 162ff.

3. Folgen der Beschneidung

Die Beschneidung hat für die Betroffenen weitreichende Folgen sowohl körperlicher als auch seelischer Natur. Das Ausmaß der körperlichen Auswirkungen hängt in erster Linie davon ab, welche Beschneidungsart praktiziert wurde und unter welchen Bedingungen dies geschehen ist. In diesem Bereich liegen ausführliche Untersuchungen vor, zu welchen Komplikationen die Beschneidung führen kann. Dass die Beschneidung auch psychische Probleme nach sich zieht oder ziehen kann, leuchtet zwar ein, ist bisher aber nicht in gleichem Maße untersucht worden.

a) Körperliche Probleme

Die weibliche Genitalbeschneidung hat weitreichende Konsequenzen für den Gesundheitszustand der beschnittenen Frauen. Die Prozedur verursacht große Schmerzen, die während des gesamten Heilungsprozesses bestehen[594]. Durch die starken Schmerzen oder auch starken Blutverlust kann es zu Schockzuständen kommen. Weil die Beschneidung häufig von Laien durchgeführt wird, sind übermäßige Blutungen keine seltene „Nebenwirkung". Als langfristige Folge treten nicht nur bei der Infibulation Probleme beim Harnlassen auf, durch Schwellungen, Vernarbungen o.ä. gilt dies auch für Typ I oder II Beschnittene. Ein weiteres Problem ist die große Anzahl an Infektionen, die vor allem dadurch verursacht wird, dass die Beschneidung unter unhygienischen Umständen vorgenommen wird[595]. Das Beschneidungs"besteck" ist selten steril und die Wunden werden mit selbsthergestellten Salben aus Kräutermischungen, Asche o.ä. behandelt[596]. Auch die Übertragung von Infektionskrankheiten wie HIV kommt vor, wenn die Instrumente für mehrere Beschneidungen genutzt werden. Darüber hinaus leiden viele beschnittene Frauen unter Problemen beim Geschlechtsverkehr sowie bei der Geburt von Kindern[597].

---

[594] Hierzu und zum Folgenden WHO, Eliminating FGM, S. 33.
[595] *Asefaw*, Weibliche Genitalbeschneidung, S. 54.
[596] BMFSFJ, Genitale Verstümmelung, S. 10.
[597] Vgl. zu den Nebenwirkungen WHO, Elminating FGM, S. 33f.

Die Folgeschäden einer Infibulation sind in den meisten Fällen noch schwerwiegender. Aufgrund des verengten Scheideneingangs kommt es beim Harnlassen und während der Menstruation nahezu immer zu Komplikationen. Das zusammengenähte und beschnittene Gewebe vernarbt nach einiger Zeit, so dass die Körperflüssigkeiten durch kleinste Öffnungen entweichen müssen. Das führt dazu, dass die Menstruation bei infibulierten Frauen bis zu 14 Tage länger dauern kann als bei unbeschnittenen oder anders beschnittenen Frauen[598]. Aber auch das Harnlassen kann durch den verengten Scheideneingang vollständig oder teilweise behindert sein. Blut und Harnrückstände stauen sich daher über längere Zeit und „bilden einen optimalen Nährboden für Bakterien unter der Hautbrücke"[599]. Hierdurch können chronische oder wiederkehrende Infekte von Harn- und Geschlechtsorganen entstehen, die auf Dauer Unfruchtbarkeit hervorrufen können[600]. Eine zusätzliche Komplikation kann aufkommen, wenn die Wunden oder das vernarbte Gewebe einer beschnittenen Frau wieder aufreißen, was z.B. beim Geschlechtsverkehr passieren kann. Spätestens zur Geburt eines Kindes muss das vernarbte Gewebe aufgetrennt (Deinfibulation) werden. Geschieht dies nicht rechtzeitig, kann das schwerwiegende Folgen für Mutter und Kind haben[601]. Nach der Geburt werden die Frauen dann häufig – bezeichnenderweise auch auf eigenen Wunsch – wieder zugenäht (Reinfibulation).

b) Seelische Auswirkungen

Neben diese physischen Auswirkungen treten die psychischen Schäden, die ein Mädchen durch die Beschneidung erleiden kann. Schon länger wird angenommen, dass neben den gravierenden körperlichen Schäden auch psychologische Probleme zu den Folgen einer Beschneidung zählen, allerdings wurde diesem Aspekt in wissenschaftlichen Untersuchungen lange nicht die nötige Aufmerk-

---

[598] *Asefaw*, Weibliche Genitalbeschneidung, S. 52.
[599] Vgl. *Asefaw*, Weibliche Genitalbeschneidung, S. 53.
[600] *Asefaw*, a.a.O., S. 53.
[601] Eine ausführliche Darstellung der möglichen Komplikationen bei nicht rechtzeitiger Deinfibulation findet sich bei *Asefaw*, Weibliche Genitalbeschneidung, S. 48f.

samkeit geschenkt[602]. Bekannt geworden sind immer wieder Fälle, in denen die Betroffenen unter Depressionen und Angstzuständen litten[603]. In einer neueren Untersuchung wurde nun auch eine signifikante Häufung des Posttraumatischen Stresssyndroms bei den Betroffenen festgestellt[604]. Teilweise wird angenommen, dass die psychologischen Folgen, die die Beschneidung haben kann, vom Umfeld der Betroffenen abhängen. Leben Beschnittene in ihrem traditionellen Umfeld, sollen die seelischen Auswirkungen weniger gravierend sind. Dadurch, dass die Beschneidung dort üblich ist, würden seelische Probleme nicht mit der körperlichen Beeinträchtigung in Verbindung gebracht[605]. Viele Frauen entwickeln offenbar erst in der Migration ein Bewusstsein für ihre Situation: Weil die Sinn gebenden Aspekte der Beschneidung hier entfallen, ändert sich die Beurteilung der Betroffenen und der Eingriff wird nun negativ bewertet[606]. Allerdings kann dies nicht verallgemeinert werden, auch bei Frauen in ihrem traditionellen Umfeld sind auffällige psychologische Probleme diagnostiziert worden[607]. Für Kinder, die in der Migration geboren wurden, verstärkt sich diese Problematik nochmals, weil die positive kulturelle Prägung gänzlich fehlt. Dadurch, dass die Beschneidung in den meisten Fällen von nahen Verwandten veranlasst oder sogar durchgeführt wird und die Eltern hiermit in Verbindung gebracht werden, besteht die Gefahr eines Vertrauensbruchs in der Beziehung zu den Eltern. Sind die Eltern erkennbar in diese Entscheidung oder gar die Durchführung involviert, kann dies zu einer ernsthaften Störung des Verhältnisses führen[608].

---

[602] *Behrendt/Moritz*, American Journal of Psychiatry 2005, 1000.

[603] *Whitehorn u.a.*, Sexual and Relationship Therapy 2002, 161, 166.

[604] *Behrendt/Moritz*, American Journal of Psychiatry 2005, 1000, 1001.

[605] *Asefaw*, Weibliche Genitalbeschneidung, S. 66; darüber hinaus wird teilweise angenommen, dass in Bevölkerungsgruppen, in denen die Beschneidung üblich ist, die Nicht-Beschneidung größere psychologische Auswirkungen auf die Betroffenen hat, weil sie als Ausgestoßene behandelt würden, vgl. *Whitehorn u.a.*, Sexual and Relationship Therapy 2002, 161, 165.

[606] *Asefaw*, Weibliche Genitalbeschneidung, S. 68f.

[607] *Behrendt/Moritz*, American Journal of Psychiatry 2005, 1000, 1001, die allerdings auch erwähnen, dass die hohe Anzahl von Betroffenen mit Posttraumatischem Stresssyndrom in ihrer Studie auf die verhältnismäßig geringe Verbreitung der Genitalbeschneidung im Senegal zurückzuführen sein könnte.

[608] *Whitehorn u.a.*, Sexual and Relationship Therapy 2002, 161, 165f.

Darüber hinaus führt in der Migration gerade auch der Umgang von Politik und Öffentlichkeit mit dem Thema weibliche Beschneidung zu Irritationen und Verunsicherungen bei den Betroffenen. Denn sie lernen die Beschneidung als etwas Positives kennen, dass ihnen eine bessere Zukunft bescheren soll. Die schockierte Reaktion der Mitmenschen auf die eigene Beschneidung kommt für viele Betroffene der Ablehnung der eigenen Identität gleich.

4. Beurteilung der Sachverhalte durch Gerichte

Die weibliche Genitalbeschneidung ist bereits mehrfach Gegenstand gerichtlicher Verfahren in Deutschland gewesen. In Asylverfahren wurde sie teils als politische Verfolgung[609], teils als Abschiebungshindernis eingestuft[610]. Aber auch in familiengerichtlichen Verfahren gab es mehrfach Gelegenheit, zu der Problematik Stellung zu nehmen[611]. In diesen Entscheidungen ist zum Ausdruck gekommen, dass die weibliche Genitalverstümmelung[612] das Kindeswohl erheblich beeinträchtigt[613]. Der BGH stellt ausdrücklich klar, dass dies unabhängig von der Art der Beschneidung und den hygienischen Bedingungen bei Durchführung des Eingriffs gelte[614]. Während also der Aspekt der Kindeswohlbeeinträchtigung in diesen Fällen recht eindeutig bejaht wird, fällt die Beurteilung der Gefährdung wesentlich schwerer. Eine in die Zukunft gerichtete Prognose ist zwar in den meisten Fällen schwieriger vorzunehmen, trotzdem verstärkt sich diese Problematik in den Beschneidungsfällen. Denn die drohenden Beschneidungen werden in der Regel nicht in Deutschland, sondern im

---

[609] VG Frankfurt a.M. NVwZ-RR 2002, 460
[610] allgemein hierzu Bumke, NVwZ 2002, 423 ff.;
[611] Zur Frage nach Maßnahmen nach §§ 1666, 1666a BGB: BGH NJW 2005, 672ff.; OLG Karlsruhe NJW 2009, 3521 ff.; AG Bremen ZKJ 2008, 338 ff.; AG Bonn ZKJ 2008, 256 f.
[612] Dieser Begriff wird von den Gerichten verwendet, vgl. BGH NJW 2005, 672, 673.
[613] BGH NJW 2005, 672, 673; OLG Karlsruhe NJW 2009, 3521, 3522; AG Bonn ZKJ 2008, 256f.; AG Bremen ZKJ 2008, 338, 339.
[614] BGH NJW 2005, 672, 673. Dass dies klargestellt wird, macht angesichts der Praxis in einigen afrikanischen Staaten Sinn: Zwar ist die weibliche Beschneidung inzwischen in den meisten Staaten unter Strafe gestellt, trotzdem existiert in einigen Regierungen noch die Ansicht, dass die gesundheitlichen Risiken der Klitoridektomie in erster Linie auf die unhygienischen Bedingungen bei Durchführung des Eingriffs zurückzuführen seien, weshalb das Ritual allmählich in Krankenhäuser o.ä. Einrichtungen verlagert werde; vgl. VG Frankfurt a.M. NVwZ-RR 2002, 460, 462.

Heimatstaat durchgeführt[615]. Weil die Beschneidung Angelegenheit der weiblichen Familienmitglieder und nicht notwendigerweise der Eltern ist, kann es vorkommen, dass sie ohne Einverständnis der Eltern vorgenommen wird[616]. Selbst wenn die Eltern mit ihrem Kind also nur für einen Besuch in die Heimat reisen, kann nicht ausgeschlossen werden, dass die Tochter beschnitten wird. Daher ist die Abwägung über die Wahrscheinlichkeit einer Beschneidung schwierig. Für die Beurteilung haben sich verschiedene Kriterien herausgebildet. In erster Linie kommt es darauf an, wie die Eltern zur Beschneidung stehen. Weiterhin fließt in die Beurteilung mit ein, wie weit die weibliche Beschneidung im entsprechenden Heimatstaat verbreitet ist, ob sie beim jeweiligen Stamm üblich ist, in welchem Alter Mädchen üblicherweise beschnitten werden und welcher Grund für die Reise in den Staat genannt wird[617]. Nur durch Zusammenschau dieser Indizien lässt sich ermitteln, ob eine gegenwärtige Gefahr für die Tochter besteht.

Hierüber hinausgehend wurde die Überlegung angestellt, ob die gegenwärtige Gefahr bei drohender Genitalbeschneidung einen geringeren Wahrscheinlichkeitsgrad aufweisen muss als bei anderen Gefahren. An den Grad der Wahrscheinlichkeit des Schadenseintritts sollen umso geringere Anforderungen gestellt werden, je größer der drohende Schaden ist[618]. Die Gefährdungsgrenze soll demnach zu Gunsten des Kindes herabgesetzt werden, wobei das Gericht explizit darauf hinweist, dass eine abstrakte Gefahr auch bei noch so schwerwiegend erscheinendem Schaden niemals ausreichen würde[619].

Wird die Gefahr bejaht, stehen die Familiengerichte vor der Frage, welche Maßnahmen zu ergreifen sind. In den bisherigen Entscheidungen wurde das Aufenthaltsbestimmungsrecht, beschränkt auf das Verbot, die Kinder außer-

---

[615] Allerdings hatten in einer – nicht repräsentativen – Umfrage unter Gynäkologen immerhin 7,1 % der Befragten von Beschneidungen in Deutschland gehört, UNICEF u.a., Schnitte in Körper und Seele, S. 6.
[616] BGH NJW 2005, 672, 674.
[617] BGH NJW 2005, 672, 674; zum Ganzen auch *Wüstenberg*, FamRZ 2007, 692, 694.
[618] OLG Karlsruhe NJW 2009, 3521, 3522.
[619] OLG Karlsruhe NJW 2009, 3521, 3522.

halb der Grenzen der Bundesrepublik Deutschland zu verbringen, entzogen[620] sowie teilweise angeordnet, für einen regelmäßigen Kindergartenbesuch Sorge zu tragen und eine Erklärung abzugeben, die jeden behandelnden Kinderarzt von seiner Schweigepflicht entbindet[621].

5. Beurteilung der Sachverhalte unter Anwendung der Ergebnisse

Auch hier bleibt zu untersuchen, ob die religiöse Motivation der Maßnahme – sofern sie vorliegt – im Wege des oben entwickelten Lösungsansatzes zu einer abweichenden Beurteilung führt.

a) Kindeswohl

Die weibliche Genitalbeschneidung stellt nach Ansicht der herrschenden Meinung eine erhebliche Schädigung des Kindeswohls dar. Die oben ausgeführten Auswirkungen der Maßnahme lassen hier auch kaum ein anderes Ergebnis zu. Sowohl das körperliche als auch das seelische Wohl der Mädchen werden verletzt.

Die gravierenden Folgen lassen darüber hinausgehend überlegen, ob es sich um einen nach § 1631 Abs. 2 S. 2 BGB indizierten Schaden handelt. Die Personensorge findet in dieser Norm ihre Grenze, wonach körperliche Bestrafungen, seelische Verletzungen und andere entwürdigende Maßnahmen unzulässig sind. Wäre die Beschneidung einem dieser Fälle zuzuordnen, wäre hierdurch ein erheblicher Schaden für das Kindeswohl indiziert.

Als körperliche Bestrafung werden Fälle bezeichnet, in denen eine körperliche Einwirkung im Zusammenhang mit einem Verhalten des Kindes steht, welches sanktioniert werden soll[622]. Unter dieser Prämisse kann die Beschneidung nicht als körperliche Bestrafung verstanden werden, denn sie ist weder Reaktion auf ein kindliches Verhalten noch soll sie Bestrafung sein. Vielmehr

---

[620] BGH NJW 2005, 672, 674; AG Bonn ZKJ 2008, 256, 257.
[621] AG Bremen ZKJ 2008, 338, 340.
[622] Bamberger/Roth/*Veit*, BGB, § 1631 Rn. 20; *Coester* in FS Schwab, S. 747, 753.

bezwecken die Eltern einen positiven Effekt – nämlich die Aufnahme in die Gesellschaft, bessere Heiratschancen o.ä. – für ihr Kind. Daher könnte es sich bei der Beschneidung allenfalls um eine andere entwürdigende Maßnahme handeln. Hierunter sind Maßnahmen zu subsumieren, die das Ehr- und Selbstwertgefühl des Kindes verletzen oder gefährden[623]. Bei der entwürdigenden Maßnahme muss es sich im Gegensatz zur früheren Regelung nicht mehr um eine Erziehungsmaßnahme handeln, entwürdigende Maßnahmen sind auch unzulässig, wenn sie nicht zu Erziehungszwecken erfolgen[624]. Als Beispiele für solche Maßnahmen werden Nacktausziehen, langandauerndes Nichtansprechen des Kindes als Liebesentzug oder die Bloßstellung des Kindes in der Öffentlichkeit, indem es z.b. ein Schild um den Hals tragen muss, das seine Verfehlungen aufzeigt, genannt[625]. Nach den aufgezeigten Konsequenzen der Beschneidung erscheint es nicht ausgeschlossen, dass diese Maßnahme als entwürdigend zu werten ist. Immerhin verursacht sie bei vielen Betroffenen Verunsicherungen und ein Gefühl der Andersartigkeit. Hinzu kommt, dass die Praxis nach Ansicht vieler Experten der Aufrechterhaltung patriarchalischer Gesellschaftsstrukturen und der Unterdrückung der Frau dient[626]. Im Vergleich dazu scheinen die genannten Beispiele weniger eingriffsintensiv zu sein. Andererseits liegt diesen Fällen eine abwertende Intention der Eltern zugrunde, die bei der Beschneidung gerade nicht gegeben ist. Für die entwürdigenden Maßnahmen kommt es demnach nicht nur auf die Auswirkungen beim Kind, sondern auch auf die Intention der Eltern an[627]. Dafür spricht die Tatsache, dass es sich bei der 3. Alternative auch um einen Auffangbegriff handeln soll: Weil für die 2. Alternative, die seelischen Verletzungen, ein Verletzungserfolg eintreten muss, dies aber in Fällen, in denen das Kind vom Verhalten der Eltern nichts

---

[623] BT-Drucks. 8/2788, S. 35; MüKo/*Huber*, BGB, § 1631 Rn. 28; Staudinger/*Salgo*, BGB, § 1631 Rn. 89.

[624] MüKo/*Huber*, a.a.O.; Staudinger/*Salgo*, BGB, § 1631 Rn. 88.

[625] Diese und weitere Beispiele bei Bamberger/Roth/*Veit*, BGB, § 1631 Rn. 22; Staudinger/*Salgo*, BGB, § 1631 Rn. 88.

[626] BMFSFJ, Genitale Verstümmelung, S. 11.

[627] Dies übersieht Herzberg, wenn er für die männliche Beschneidung darauf hinweist, dass diese aufgrund der hervorgerufenen seelischen Verletzungen zu den nach § 1631 Abs. 2 BGB verbotenen Maßnahmen zu zählen sei, JZ 2009, 332, 333.

bemerkt, nie erreicht wird, soll dann auf die anderen entwürdigenden Maßnahmen zurückgegriffen werden[628]. Nach der Vorstellung des Gesetzgebers ging es also insbesondere um elterliche Verhaltensweisen, denen eine schädigende Intention zugrunde lag. Eine solche ist bei der Beschneidung nach der subjektiven Auffassung der Eltern allerdings nicht feststellbar. Daher kann sie nicht unter § 1631 Abs. 2 S. 2 Alt. 3 BGB subsumiert werden.

Trotzdem bleibt festzuhalten, dass es sich bei der weiblichen Genitalbeschneidung um eine erhebliche Schädigung des Kindeswohls handelt. Dieses Ergebnis hat sich in der Rechtsprechung als neuere Fallgruppe bereits etabliert. Auch unter der Prämisse, dass Fallgruppen nicht unhinterfragt übernommen werden können, ist zu berücksichtigen, dass diese Fallgruppe schon in ihrer typischen Zusammensetzung das religiöse Merkmal beinhaltet. Darüber hinaus treten die gravierenden körperlichen Schäden durch eine Beschneidung immer auf, so dass es auf das konkrete Ausmaß der seelischen Auswirkungen nicht entscheidend ankommen wird. Da in einem Verfahren nach § 1666 BGB auch nur Sachverhalte relevant werden können, deren Beteiligte in Deutschland leben, kann diesen Nachteilen auch kein positiver Effekt entgegengesetzt werden[629].

b) Gefährdungsbegriff

Die Problematik in der Beurteilung dieser Fälle zeichnet sich bei der Abschätzung der Gefährdung ab. Denn die Eltern, die die Beschneidung ihrer Tochter planen, werden dies kaum den Behörden ankündigen. Die Beschneidung findet in den weitaus meisten Fällen im Heimatstaat bei einem Familienbesuch statt. Hier gilt es zu unterscheiden, ob lediglich die Familie besucht werden soll oder ob der eigentliche Grund der Reise die Vornahme der Beschneidung ist. Innerhalb dieser schwierigen Gefahrenprognose könnte eine etwaig gegebene religiöse Motivation Berücksichtigung finden.

---

[628] BT-Drucks., 14/1247, S. 8.
[629] Nur in diesen Fällen ist die Zuständigkeit deutscher Gerichte gegeben und deutsches Recht anwendbar, vgl. Art. 1 MSA.

Nach den oben entwickelten Grundsätzen erhöht sich die Wahrscheinlichkeitsschwelle bei religiös motivierter Erziehung. Nur sofern im konkreten Fall die Betroffenheit gewichtiger Grundrechte des Kindes zu verzeichnen ist, können diese in der konkreten Abwägung die erhöhten Anforderungen überwinden. Die Besonderheit bei der weiblichen Beschneidung besteht allerdings darin, dass die Maßnahme unabhängig vom Beschneidungstyp bei allen Betroffenen schwerwiegende körperliche Schäden hervorruft. Bei jeder weiblichen Beschneidung steht der Religionsfreiheit der Eltern, die zur Verstärkung ihrer Rechtsposition führt, das Recht auf körperliche Unversehrtheit, Art. 2 Abs. 2 S. 1 GG, des Kindes gegenüber, das der Staat zu schützen verpflichtet ist[630]. Demnach kann in diesem Fall schon auf abstrakter Ebene die verstärkte Rechtsposition der Eltern wiederum durch das Grundrecht des Kindes überwunden werden. Im Ergebnis kann die Wahrscheinlichkeitsschwelle bei der weiblichen Beschneidung nicht angehoben werden.

Darüber hinausgehend existieren Überlegungen, die Wahrscheinlichkeitsschwelle aufgrund der drohenden erheblichen Schädigung des Kindeswohls abzusenken[631]. Dies kann, wie bereits an früherer Stelle erwähnt, dann nicht gelten, wenn dem gewichtigen Schaden seitens des Kindes gewichtige Grundrechtspositionen der Eltern gegenüberstehen[632]. Im konkreten Fall kommt es somit darauf an, ob die befürchtete Beschneidung religiös motiviert ist oder nicht. Dabei sprechen in den meisten Fällen die besseren Gründe gegen eine religiöse Motivation[633]. Nur wenn eine solche glaubhaft dargelegt wird, bleibt es bei der üblichen Gefährdungsschwelle.

Eine etwaige religiöse Motivation der weiblichen Beschneidung kann aufgrund der gravierenden Verletzungen, die ein Kind durch diese Maßnahme erleidet, nicht zu einer abweichenden Beurteilung im Rahmen eines Verfahrens nach § 1666 Abs. 1 BGB führen. Notwendig ist in diesen Fällen das Heranzie-

---

[630] Maunz/Dürig/*di Fabio*, GG, Art. 2 Abs. 2 S. 1, Rn. 81.
[631] OLG Karlsruhe NJW 2009, 3521, 3522.
[632] Oben Kap. 2 B.I.2.b), *Tiedemann*, NJW 1988, 729, 735.
[633] S.o. Kap. 4 A.I.2.

hen von Anhaltspunkten, die Aufschluss darüber geben, warum eine Reise ins Heimatland vorgenommen wird.

II. Männliche Beschneidung

Die männliche Beschneidung praktizieren traditionell Muslime und Juden. Das Ritual geht in beiden Religionen auf Abraham (Ibrahim) zurück, der nach Auswertung der historischen Texte der erste Mann gewesen ist, der beschnitten wurde[634]. Die Beschneidung Abrahams erfolgte bei ihm erst im hohen Alter von 99 Jahren. Obwohl auch für Christen das Alte Testament von Bedeutung ist, hat sich hier die Beschneidung nicht durchgesetzt[635].

1. Hintergrund: Verbreitung, Gründe

Bei der männlichen Zirkumzision wird die Vorhaut des Penis durch einen operativen Eingriff ganz oder teilweise entfernt[636]. Oftmals wird dies aus kulturellen oder religiösen Gründen getan, daneben gibt es eine Vielzahl von Personen, die aus hygienischen Gründen eine Beschneidung vornehmen lassen[637]. Insgesamt wird die Anzahl zirkumzidierter Männer auf 30 % der Weltbevölkerung geschätzt[638].

---

[634] *Gollaher*, Das verletzte Geschlecht, S. 66, 68.

[635] Vgl. hierzu *Jerouschek*, NStZ 2008, 313, 314.

[636] Früher gab es Versuche, die übrige Vorhaut mittels Gewichten so zu dehnen, dass sie die Eichel wieder bedeckt. Dieser Vorgang muss außerordentlich schmerzhaft gewesen sein. Innerhalb des Judentums wurde auch die Ansicht vertreten, dass das künstliche Rückgängigmachen der Beschneidung gegen den Bund verstoße. Aus diesem Grund wurden die ehemals möglichen unterschiedlichen Varianten der Beschneidung (nach einer Variante wurde nur ein Teil der Vorhaut entfernt) eingeengt: nunmehr muss bei einer Beschneidung die Vorhaut vollständig entfernt werden, damit die künstliche Dehnung nicht mehr möglich sei.

[637] So wurden insbesondere in den 90er Jahren in den USA die meisten neugeborenen Jungen beschnitten, weil man der Überzeugung war, dass dies vor Krankheiten schütze, vgl. *Gollaher*, Das verletzte Geschlecht, S. 172ff., der im Folgenden den Streit zwischen den Beschneidungsbefürwortern und –ablehnern über den Präventionseffekt anschaulich schildert; zu einer neuerdings auftretenden ästhetisch-kulturellen Dimension der Beschneidung, vgl. *Fateh-Moghadam,* RW 2010, 115, 118.

[638] UNAIDS, Male Circumcision, S. 25; näher zu den Methoden der Datenerhebung der WHO, vgl. *Fateh-Moghadam*, RW 2010, 115, 120.

a) Judentum

Im jüdischen Glauben ist die Beschneidung der männlichen Nachkommen sehr wichtig. Der Akt der Beschneidung ist das älteste jüdische Ritual[639] und symbolisiert den Eintritt in die jüdische Gemeinschaft. Die Beschneidung ist in 1. Mose 17, 9-14 erwähnt, woraus hervorgeht, dass sie für den Bund Gottes mit Abraham steht. Nach Vers 14 soll jeder Nachkomme, der sich nicht beschneiden lassen will, aus dem Volk – und damit dem Bund Gottes mit dem Volk Israel – ausgeschlossen werden. Diese Konsequenz wird auch heute noch von vielen jüdischen Gemeinden gelebt – der Jude, der seinen Sohn nicht beschneiden lässt, stellt sich außerhalb des Bundes[640]. Die Deutung dieses Rituals geht dahin, dass ursprünglich der Erstgeborene Gott geopfert wurde und die Beschneidung dieses Opfer nun ersetzt[641].

b) Islam

Auch für Moslems ist die Beschneidung ein wichtiger Akt. Ausgehend vom Propheten Ibrahim (Abraham), der als erster eine Beschneidung vornahm, hat sich dieser Brauch durchgesetzt. Obwohl umstritten ist, ob Mohammed selbst beschnitten war[642], wird die Beschneidung als Zugehörigkeitssymbol zum Islam empfunden. Zeitweise gingen dagegen einige Überlieferungen davon aus, dass Mohammed bereits beschnitten zur Welt gekommen ist[643]. Zumindest sind Aussagen Mohammeds überliefert, die die Beschneidung für jeden Moslem als notwendig benennen. Nach der gängigen Überlieferung ist die Beschneidung daher eine Sunna, also eine Vorschrift mit dem Stellenwert eines Gebotes[644].

---

[639] *Raack/Doffing/Raack,* Recht der religiösen Kindererziehung, S. 58.
[640] Zentralrat der Juden, Geburt und Beschneidung; *Schwarz,* JZ 2008, 1125, 1126.
[641] *Jerouschek,* NStZ 2008, 313.
[642] *Jerouschek,* NStZ 2008, 313, 314.
[643] *Gollaher,* Das verletzte Geschlecht, S. 68.
[644] *Gollaher,* Das verletzte Geschlecht, S. 68.

2. Praxis

Die jüdische Beschneidung folgt einem genauen Ritual, wonach der Neugeborene am achten Tag nach seiner Geburt beschnitten wird[645]. Dies gilt selbst dann, wenn der achte Tag auf einen Sabbat fällt – obwohl die Beschneidung als Arbeit gilt, darf dieser Akt am Sabbat ausgeführt werden[646]. Diese Vorrangregelung verdeutlicht die Wichtigkeit des Rituals. Der einzige Grund, der einen Aufschub der Beschneidung rechtfertigt, ist die Gefährdung des Kindes durch die Durchführung der Maßnahme[647]. Dies ist z.b. dann der Fall, wenn das Kind krank ist oder es sich um eine Frühgeburt handelte. Sie wird dann am achten Tag nach der Gesundung des Kindes nachgeholt[648]. Durchgeführt wird die Beschneidung in der Regel von einem Mohel[649], dem hierfür zuständigen Kultusbeamten. Heutzutage lassen immer mehr Eltern die Beschneidung von Ärzten ambulant oder im Krankenhaus durchführen. Dies ist gestattet, sofern sich der Arzt bei der Durchführung bewusst ist, eine kultische Handlung auszuüben[650]. Bei der Beschneidung erhält der Junge seinen jüdischen Namen, mit dem er bei der Bar Mizwa zur Thora aufgerufen wird[651].

Im Islam gibt es kein festes Ritual, nach dem die Beschneidung durchgeführt wird. Da der Brauch im Koran an keiner Stelle erwähnt wird[652], gibt es auch keinerlei Vorgaben, wann oder wie die Beschneidung durchzuführen ist. Auch die verschiedenen Rechtsschulen des Islam sind zu keiner einheitlichen Auslegung gekommen, weshalb Muslime ihre Söhne bis zur Pubertät beschneiden lassen können[653]. Üblicherweise geht auch hier die Zeremonie mit einem gro-

---

[645] 1. Mose 17, 12

[646] *Raack/Doffing/Raack*, Recht der religiösen Kindererziehung. S. 58.

[647] *Raack/Doffing/Raack*, Recht der religiösen Kindererziehung, S. 58.

[648] *Raack/Doffing/Raack*, Recht der religiösen Kindererziehung, S. 58.

[649] Das Wort „Mohel" ist hebräisch und bedeutet Beschneider – es bezeichnet die Person, die die Beschneidung durchführt, *Raack/Doffing/Raack*, Recht der religiösen Kindererziehung, S. 229, Anm. 50.

[650] Zentralrat der Juden, Geburt und Beschneidung.

[651] *Raack/Doffing/Raack*, Recht der religiösen Kindererziehung, S. 59.

[652] *Raack/Doffing/Raack*, Recht der religiösen Kindererziehung, S. 131.

[653] *Gollaher*, Das verletzte Geschlecht, S. 70, der zusätzlich darauf hinweist, dass ein Konsens am ehesten darin zu sehen sei, dass die Beschneidung besser möglichst früh vorgenommen wird als später.

ßen Fest einher, bei dem das Kind Geschenke bekommt und in der islamischen Gemeinschaft willkommen geheißen wird[654].

3. Beurteilung der Gerichte

Sachverhalte, die sich mit männlicher Beschneidung beschäftigen, sind in unterschiedlichen Konstellationen vor Gerichte getragen worden. Dabei ging es in den bisher entschiedenen Fällen allerdings nie um den typischen, hier interessierenden Fall der Beurteilung einer von beiden Eltern gewünschten Beschneidung ihres Kindes im Rahmen des § 1666 BGB. Vielmehr wurde entweder Prozesskostenhilfe für eine Schadensersatzklage gegen den Vater beantragt, der die Beschneidung ohne wirksame Einwilligung der allein sorgeberechtigten Mutter veranlasst hat[655], es ging um die Einwilligungsfähigkeit eines minderjährigen Kindes in die eigene Beschneidung und Fehler bei der Durchführung der Beschneidung[656] oder um einen etwaigen Anspruch gegen den Sozialhilfeträger auf Übernahme der Kosten einer Beschneidung[657]. Und auch die Strafgerichte hatten sich bisher nicht mit der Frage zu beschäftigen, ob die Beschneidung zur Strafbarkeit des durchführenden Arztes führt oder nicht[658]. Nur das AG Erlangen hatte 2002 die Konstellation zu beurteilen, dass der Sohn muslimischer Eltern bei Pflegeeltern aufwuchs und der leibliche Vater eine Beschneidung vornehmen lassen wollte. Hierin sahen die Richter eine Kindeswohlgefährdung und entzogen den leiblichen Eltern daraufhin das Recht, „religiös motivierte operative Eingriffe an dem Kind vorzunehmen"[659]. Das Gericht sah in der geplanten Beschneidung eine Verletzung der körperlichen Integrität des Kindes. Diesem Fall lag allerdings die Besonderheit zugrunde, dass das·

---

[654] Vgl. die Berichte bei *Gollaher*, Das verletzte Geschlecht, S. 72ff.

[655] OLG Frankfurt a.M. NJW 2007, 3580ff.

[656] LG Frankenthal MedR 2005, S. 243ff.

[657] OVG Lüneburg NJW 2003, 3290ff.

[658] Selbst wenn man die Tatbestandsmäßgkeit und Rechtswidrigkeit bejaht, würde man in den meisten Fällen zu dem Ergebnis kommen, dass der Arzt über den Erlaubnistatbestandsirrtum entschuldigt oder doch gerechtfertigt ist – je nachdem, welcher Theorie man folgt. Vgl. hierzu in Bezug auf die Beschneidung *Putzke* in FS Herzberg, S. 707f., allgemein zum Erlaubnistatbestandsirrtum *Wessels/Beulke*, Strafrecht AT, Rn. 467ff., ausführlich zu dieser Problematik noch unten.

[659] AG Erlangen, Beschl. v. 30.07.2002, 4 F 1092/01.

Kind bereits bei Pflegeeltern lebte. Wie ein typischer Fall religiöser Beschneidung zu beurteilen wäre, ist bisher gerichtlich nicht entschieden.

4. Beurteilung der Fälle religiös motivierter Beschneidung bei Jungen unter Anwendung der erzielten Ergebnisse

Ob die religiös motivierte Beschneidung eines Jungen das Kindeswohl gefährdet und daher zu Maßnahmen nach § 1666 BGB führen kann und muss, soll im Folgenden untersucht werden. Dabei wird nicht einheitlich beurteilt, ob die Beschneidung das Wohl des Kindes beeinträchtigt oder eher fördert. *Herzberg* stellt allerdings die These auf, dass elterliche Entscheidungen zum religiösen Status eines Kindes generell nicht am Kindeswohl gemessen werden dürften, sondern stattdessen als „kindeswohlneutral" zu betrachten seien[660]. Als Beispiel führt er an, dass man sonst auch Eltern aus Gründen des Kindeswohls dazu zwingen könnte, das Kind taufen zu lassen o.ä. Diese Sichtweise übersieht jedoch, dass es dem Staat grundsätzlich verwehrt ist, in die elterliche Erziehung einzugreifen. Erst wenn die Gefährdungsschwelle des § 1666 Abs. 1 BGB erreicht ist, kann den Eltern eine gebotene Maßnahme auferlegt werden. Daraus folgt, dass die Entscheidung über die Zugehörigkeit zu einer bestimmten Religion bis zu dieser Schwelle allein den Eltern obliegt. Selbst wenn deren Entscheidung das Kindeswohl beeinträchtigt, allerdings keinen erheblichen Schaden befürchten lässt, kann das Familiengericht nicht eingreifen. Es sind aber kaum Fälle denkbar, in denen allein die Entscheidung für oder gegen eine Religionszugehörigkeit die Gefährdungsschwelle überschreitet. Auch der Verweis auf das Neutralitätsgebot und Art. 7 Abs. 2 GG führt nicht zu einer Nichtbeachtung des Kindeswohlkriteriums: Dass der Staat keine Bewertung von Religionen vornehmen darf, führt nicht dazu, dass er sich nicht der Auswirkungen einer religiös motivierten Handlungsweise auf das Kind annehmen kann. Es geht dann nicht um die Beurteilung der Religion sondern der tatsächlichen Konsequenzen.

---

[660] *Herzberg*, JZ 2009, 332, 335

a) Erhebliche Schädigung des Kindeswohls

Ob die Beschneidung das Kindeswohl beeinträchtigt, hängt von verschiedenen Faktoren ab. So kann zunächst auf die üblichen Kriterien des körperlichen, geistigen und seelischen Wohls des Kindes abgestellt werden. Insofern wäre zu fragen, wie sich die Beschneidung in Bezug hierauf verhält. Dabei ist eine generelle Beurteilung des Kindeswohls vorzunehmen, die nicht nur das körperliche Wohlbefinden in den Blick nimmt[661].

aa) Beeinträchtigung des körperlichen Wohlbefindens

Die Beschneidung als operativer Eingriff betrifft in erster Linie das körperliche Wohl. Durch die Maßnahme wird ein Teil des Körpers irreversibel entfernt, wie jeder operative Eingriff verursacht auch die Beschneidung körperliche Schmerzen beim Betroffenen. Aber während die einen vertreten, dass die Beschneidung keinerlei Nutzen habe, gibt es durchaus Studien, die positive Effekte der Beschneidung belegen. Im Rahmen der oben entwickelten Vorgehensweise zur Beurteilung religiös motivierter Erziehungsmethoden sind bei der Beurteilung dessen, was dem Wohl des Kindes dient, aktuelle wissenschaftliche Erkenntnisse mit einzubeziehen und im konkreten Sachverhalt zu berücksichtigen. Wenn die positiven Effekte die negativen Folgen aufwiegen, könnte man zu dem Ergebnis kommen, dass die Beschneidung das körperliche Wohl gar nicht erst beeinträchtigt.

(1) Beschneidung als Präventionsmaßnahme

Das Kindeswohl ist objektiv zu bestimmen. Bei einer objektiven Betrachtungsweise liegt es zunächst einmal im Interesse eines jeden Kindes, nicht in seiner körperlichen Integrität verletzt zu werden. Eine Verletzung kann nur dann positiv sein, wenn hierdurch schlimmeres abgewendet wird. Die Be-

---

[661] Vgl. *Fateh-Moghadam*, RW 2010, 115, 129, der insoweit auch auf das aus dem englischen Recht bekannte „best interest" verweist, wonach dieses nicht allein nach dem medizinisch besten Interesse bestimmt wird sondern der subjektiv-kulturelle Kontext eines jeden Kindes von Bedeutung ist.

schneidung hat dann einen direkten positiven Nutzen, wenn sie als Behandlungsmaßnahme einer Erkrankung angewendet wird, wenn also eine medizinische Indikation vorliegt. So werden viele Kinder, bei denen eine Phimose, also eine Vorhautverengung, festgestellt wird, beschnitten[662]. Aber auch jenseits der direkten medizinischen Indikation kann die Beschneidung als Vorsorgemaßnahme einen indirekten Nutzen haben: So empfiehlt die WHO die Beschneidung junger Männer als Prävention im Kampf gegen das HI-Virus[663]. Demnach haben beschnittene Männer ein 60 % geringeres Ansteckungsrisiko als unbeschnittene[664]. Weiterhin wurden auffällige Zahlen ermittelt, wonach in jüdischen Kreisen der Anteil der an Gebärmutterhalskrebs erkrankten Frauen signifikant geringer ist[665]. Gebärmutterhalskrebs wird durch das HP-Virus verursacht, das 20 % der unbeschnittenen Männer tragen[666]. Da lediglich 5 % der beschnittenen Männer an dem Virus erkrankt sind, ist das Risiko an Gebärmutterhalskrebs zu erkranken bei der Partnerin eines unbeschnittenen Mannes viermal höher[667]. Genauso erkranken weniger beschnittene Männer an Peniskrebs oder Harnwegsinfekten[668]. Somit könnte die Beschneidung als Präventionsmaßnahme ähnlich einer Schutzimpfung angesehen und beurteilt werden. Denn auch in diesem Bereich ist es Eltern möglich, sich für oder gegen die Impfung ihres Kindes zu entscheiden – beide Entscheidungen tragen ein gewisses Risiko. Auch die männliche Beschneidung könnte auf diese Art das körperliche Wohl des Kindes fördern.

Entscheidend für diese Beurteilung ist, wie hoch das Risiko einer Erkrankung ist und welche Risiken der Eingriff selbst mit sich bringt. Die Häufung

---

[662] *Schlumpelick/Bleese/Mommsen*, Kurzlehrbuch Chirurgie, S. 680f.; teilweise wird bezweifelt, dass die Beschneidung die richtige Therapieform ist, da auch kortikoidhaltige Salben zu einem ähnlichen Ergebnis führten, vgl. *Stehr/Putzke/Dietz*, Dtsch Arztebl 2008, 105, S 34f.

[663] WHO, WHO and UNAIDS announce recommendations from expert consultation on male circumcision for HIV prevention

[664] WHO, WHO and UNAIDS announce recommendations from expert consultation on male circumcision for HIV prevention

[665] *Gollaher*, Das verletzte Geschlecht, S. 191ff.

[666] *Morris*, BioEssays 29 (2007), 1147, 1153.

[667] *Morris*, aaO.

[668] *Gollaher*, Das verletzte Geschlecht, S. 194ff.

der Krankheiten stellt hierbei den wesentlichen Unterschied zwischen Schutzimpfungen und der Beschneidung dar. Während Kinder ein relativ großes Risiko tragen, an typischen Kinderkrankheiten wie Masern, Mumps oder Röteln zu erkranken, geht die American Cancer Society davon aus, dass sich das Risiko an Peniskrebs zu sterben mit der Sterblichkeitsrate durch Zirkumzisionen aufhebt[669]. Auch die WHO hat ihre Empfehlung auf Länder bezogen, in denen die Verbreitung von AIDS ein großes Problem darstellt[670]. In Deutschland gibt es zwar jährlich ca. 3000 Neuerkrankungen, die Gesamtzahl der Erkrankungen lag Ende 2008 jedoch gerade mal bei 0,07 %[671], in Afrika dagegen liegt die Anzahl der Erkrankten in manchen Staaten bei bis zu 38 % der Bevölkerung. Hinzu kommt, dass die Studien den positiven Effekt auf die Übertragung des Virus nur für heterosexuellen Geschlechtsverkehr belegen, die Neuinfektionen in Deutschland jedoch zum größten Teil auf ungeschützten Geschlechtsverkehr zwischen Männern zurückzuführen sind[672]. Einen Präventionseffekt der Beschneidung kann man daher hier nicht anbringen.

(2) Differenzierung nach Art der Beschneidung

Insofern ist entscheidend, ob und wie nachteilig die Beschneidung für ein Kind ist. Hier sind abhängig von der Art der Durchführung große Unterschiede zu verzeichnen.

(a) Traditionelle Beschneidung

Gerade im hier interessierenden religiösen Bereich ist die traditionell durchgeführte Beschneidungszeremonie noch verbreitet. Bei all den Unterschieden zwischen den Religionsgemeinschaften kann als Gemeinsamkeit festgehalten werden, dass die traditionell durchgeführte Beschneidung von einem angesehenen Mitglied der Gemeinschaft praktiziert wird. Da die Beschneidung so-

---

[669] *Gollaher*, Das verletzte Geschlecht, S. 194.
[670] WHO, WHO and UNAIDS announce recommendations from expert consultation on male circumcision for HIV prevention.
[671] BZGA, Verbreitung von HIV und Aids.
[672] BZGA, a.a.O.

wohl im Judentum als auch im Islam ein Freudenfest ist, wird sie häufig im eigenen Haus mit vielen Gästen durchgeführt.

Naturgemäß sind im häuslichen Umfeld andere Bedingungen gegeben als in Krankenhäusern oder Arztpraxen. Um das Infektionsrisiko möglichst gering zu halten, ist bedeutsam, während des Eingriffs und bei der Wundversorgung auf eine sterile Umgebung und ebensolche Materialien zu achten. Dies kann im häuslichen Umfeld, gerade bei einer großen Feier, problematisch sein. Desgleichen kann ein medizinischer Laie eine Beschneidung nicht nach den Regeln der ärztlichen Kunst durchführen[673]. Insbesondere kann bei auftretenden Komplikationen nicht schnell und richtig reagiert werden.

Neben dieser Problematik wird gerade im religiösen Kontext häufig auf eine Betäubung des Kindes verzichtet. Ursprünglich gab es sogar unter Medizinern Erwägungen, dass bei Kleinkindern das Schmerzempfinden noch nicht ausgeprägt sei und sie daher keiner Betäubung bedürften[674]. Heute ist zumindest medizinisch eindeutig erwiesen, dass das Schmerzempfinden Neugeborener dem Erwachsener nicht nachsteht[675].

Wird ein operativer Eingriff ohne Narkose durchgeführt, führt dies zu kaum vorstellbaren Schmerzen des Kindes[676]. Diese vermeidbaren und im Vergleich zu den normalen Wundschmerzen zusätzlichen Schmerzen stellen eine erhebliche Schädigung des Kindeswohls dar.[677] Hierfür spricht auch, dass weder im Judentum noch im Islam Vorgaben existieren, wonach es von Bedeutung wäre, dass das Kind die Beschneidung spürt. Abgesehen von den körperlichen Schmerzen erscheint es nicht ausgeschlossen, dass ein Kind durch einen solch schwerwiegenden Eingriff nachhaltige seelische Schäden davonträgt. So wurde bei Kindern, die ohne Betäubung beschnitten wurden, ein erhöhtes Schmerz-

---

[673] U.a. auf diese Aspekte stellte auch das AG Frankenthal ab, MedR 2005, 243, 244.

[674] *Gollaher*, Das verletzte Geschlecht, S. 184f.

[675] *Gollaher*, Das verletzte Geschlecht, S. 187.

[676] Bei *Gollaher,* Das verletzte Geschlecht, S. 185, wird die betäubungslose Beschneidung als „grausamer Akt" bezeichnet.

[677] Zu den Betäubungsmöglichkeiten vgl. *Morris*, BioEssays 29 (2007), 1147, 1154.

empfinden im Vergleich zu nicht zirkumzidierten Kindern festgestellt[678]. Daher wird vermutet, dass die Durchführung eines solchen Eingriffs ohne Narkose ein posttraumatisches Stresssyndrom hervorrufen könnte[679].

Eine traditionell durchgeführte Beschneidung, die ohne Betäubung, ohne Arzt und unter mangelhaften hygienischen Umständen durchgeführt wird, beeinträchtigt daher das Wohl des Kindes[680]. Aufgrund der schwerwiegenden Folgen ist auch davon auszugehen, dass hierdurch die Erheblichkeitsschwelle überschritten würde[681].

(b) Ärztliche Beschneidung

Da die Beschneidung zunehmend nicht nur auf traditionelle Art, sondern auch von Ärzten in Krankenhäusern vorgenommen wird, stellt sich die Frage, ob der Eingriff auch unter diesen Umständen als unvereinbar mit dem Kindeswohl anzusehen ist. In diesem Fall wird der Eingriff im Krankenhaus in steriler Umgebung und mit Narkose durchgeführt. Denkbar sind auch Fälle, in denen ein Arzt die Beschneidung bei der Familie durchführt und hierbei einen ausreichenden Hygienestandard sicherstellt. Durch einen Arzt können die Risiken der Beschneidung minimiert werden[682], die Narkose erspart dem Kind unnötige Schmerzen[683]. Wird die Beschneidung nach den Regeln der ärztlichen Kunst vorgenommen, heilt die Wunde wie jede andere Operationswunde und das Kind erleidet keine übermäßigen Schmerzen.

Die Meinungen zu den Folgen der Beschneidung nach der Heilung gehen hingegen auseinander: Einige medizinische Vertreter sprechen davon, dass die

---

[678] *Gollaher*, Das verletzte Geschlecht, S. 190.

[679] *Gollaher*, Das verletzte Geschlecht, aaO.

[680] So auch AG Frankenthal MedR 2005, 243, 244.

[681] Ohne Differenzierung für alle Fälle von Beschneidung Staudinger/*Coester*, BGB, § 1666 Rn. 126.

[682] Die Komplikationsrate bei Beschneidungen wird mit weniger als ein Prozent angegeben, *Schlumpelick/Bleese/Mommsen*, Kurzlehrbuch Chirurgie, S. 680f.

[683] Dagegen wurde schon früher angebracht, dass eine Narkose insbesondere bei Kleinkindern nicht risikolos durchzuführen sei, vgl. die Nachweise bei *Gollaher*, Das verletzte Geschlecht, S. 187.

Vorhaut keinerlei Funktion habe und ihr Fehlen somit auch keine Folgen[684] oder dass die Nachteile nur minimal seien und insofern von den Vorteilen aufgewogen würden[685]. Andere gehen davon aus, dass die Vorhaut für die Empfindsamkeit des Gliedes eine nicht unerhebliche Rolle spielt[686].

So bleibt festzuhalten, dass die nach den Regeln der ärztlichen Kunst durchgeführte Beschneidung zwar die negativen körperlichen Auswirkungen für das Kind erheblich vermindert, trotzdem allerdings nicht ohne Konsequenzen bleibt, denn zumindest während des Heilungsprozesses treten auch hier Schmerzen auf. Darüber hinaus weisen glaubwürdige Studien darauf hin, dass die Empfindsamkeit des Gliedes ohne Vorhaut nachlässt.

bb) Förderung des seelischen Wohles durch kulturelle Identität

Daher ist die Frage zu stellen, ob die Beschneidung – wenn schon nicht auf körperlicher Seite – andere Vorteile bringt. Da die in § 1666 Abs. 1 BGB genannten Kindeswohlkriterien körperliches, geistiges und seelisches Kindeswohl gleichberechtigt nebeneinander stehen, folgt daraus, dass ein Eingriff in die körperliche Integrität nicht nur durch einen Gewinn für das körperliche Wohl aufgewogen werden kann, sondern genauso durch Vorteile für das geistige oder seelische Kindeswohl. Daher ist zu prüfen, wie sich die Beschneidung in Bezug hierauf darstellt. Überwiegen solche Vorteile schon unter Zugrundelegung der skeptischen medizinischen Studien, so kann dahingestellt bleiben, welchem der verschiedenen medizinischen Untersuchungen zuzustimmen ist.

Die Beschneidung könnte das seelische Wohl fördern. Sie hat die Funktion, die Zugehörigkeit zur jeweiligen Religionsgemeinschaft zu symbolisieren. Bei den Juden steht sie für Gottes Bund mit den Menschen, die Muslime zelebrieren hiermit die Aufnahme in das Erwachsenenleben. Die Funktion der Be-

---

[684] *Kern/Köhler*, Ärzteblatt Sachsen 2006, 104,105.
[685] *Morris*, BioEssays 29 (2007), 1147, 1155.
[686] *Sorrells u.a.*, British Journal of Urology International 99 (2007), 864, 865f.

schneidung ist damit vergleichbar mit der Taufe in christlichen Gemeinden[687].
Um zu vermeiden, dass das eigene Kind kein vollwertiges Mitglied der Religionsgemeinschaft ist, der man selbst angehört, wird ein Ritual vorgenommen, das diese Zugehörigkeit demonstriert[688]. Wird ein Kind nicht beschnitten, so kann dies in sehr traditionellen Gemeinden zu einer Stigmatisierung des Kindes führen, die Auswirkungen auf das seelische Wohlbefinden des Kindes hat. Für das seelische Kindeswohl kann es daher durchaus vorteilhaft sein, die Beschneidung vorzunehmen[689].

(1) Exkurs: Vergleich mit Ohrlochstechen

Diese Ansicht wird durch folgende Überlegung verstärkt: Es scheint einen Zusammenhang zwischen der Beurteilung eines medizinisch nicht indizierten Eingriffs in die körperliche Integrität und gesellschaftlichen Ansichten und Normen zu bestehen. Dies zeigt sich am Beispiel des Ohrlochstechens bei Kindern.

Hierbei handelt es sich um eine Maßnahme, die ausschließlich ästhetischen Gründen dient und keinerlei gesundheitliche Vorteile hat. Vielmehr verursacht das Ohrlochschießen zumindest kurzzeitige Schmerzen. Trotzdem wird dem jeweiligen Kind das Ohrläppchen mit Hilfe der Ohrlochpistole durchschossen oder mit einer Nadel durchstochen. Die Intensität des Eingriffs ist wesentlich geringer zu bewerten als die der Beschneidung, aber auch hier wird ein medizinisch nicht indizierter Eingriff vorgenommen, der für das Kind zunächst zu Schmerzen führt. Es gibt keine Altersgrenze, ab wann einem Kind Ohrlöcher

---

[687] Auch die Taufe hat in christlichen Glaubensgemeinschaften konstitutive Bedeutung für die Zugehörigkeit zur Gemeinschaft, nach katholischer Lehre hängt von ihr auch das individuelle Heil ab, vgl. *Munsonius*, ZevKR 2009, 83, 85.
[688] Wird dieses Ritual, wie die Taufe zumindest in der katholischen und evangelischen Kirche und die Beschneidung im Judentum, an Kleinstkindern vorgenommen, kann dem auch noch kein anderslautender Kindeswille entgegenstehen. Sind die Kinder allerdings schon älter und wollen nicht der Religionsgemeinschaft der Eltern angehören, ist der engegenstehende Kindeswille bei der Entscheidung für oder gegen die Vornahme eines solchen Rituals beachtlich. Hier ist denkbar, dass bereits die Nichtberücksichtigung des Kindeswillens zu einer Beeinträchtigung des Kindeswohls führt.
[689] Ähnlich *Schwarz*, JZ 2008, 1125, 1128.

gestochen werden dürfen, so dass Eltern dies häufig bereits in einem Alter vornehmen lassen, in dem der Wunsch nicht von den Kindern ausgehen kann. So finden sich auch im Internet Foren, in denen Eltern anderen Eltern dazu raten, die Ohrlöcher möglichst frühzeitig stechen zu lassen, weil die Kinder dann noch ruhiger sitzen würden[690]. Argumentiert wird in diesem Rahmen, dass Eltern in diesen Eingriff aufgrund seiner Geringfügigkeit einwilligen können[691]. Im Rahmen des § 1666 Abs. 1 BGB wäre tatsächlich auch daran zu zweifeln, ob das Stechen eines Ohrloches die Erheblichkeitsschwelle erreicht. Allerdings wird hier etwas als völlig unproblematisch angesehen, was allein aus ästhetischen Gründen – für die Eltern wohlgemerkt! – Schmerzen beim Kind verursacht. Die Geringfügigkeit kann aber nur deshalb über die Verletzung der körperlichen Integrität hinweghelfen, weil das Tragen von Ohrringen gesellschaftlich anerkannt ist. Die kulturelle Akzeptanz einer Maßnahme hat demnach Auswirkungen auf die Beurteilung einer Maßnahme für das Kindeswohl.

(2) Schlussfolgerung für Beschneidung

Weil die Beschneidung in der christlichen Tradition nicht üblich ist, wird sie daher kritischer bewertet als das Ohrlochstechen aus ästhetischen Gründen bei einem Kind. Für die Beurteilung des Kindeswohls muss der Blick aber auf die Gesellschaftsstrukturen der Betroffenen gerichtet werden[692]. Der Abwägung dürfen nicht ausschließlich die gesellschaftlichen Strukturen der Durchschnittsbevölkerung zu Grunde gelegt werden, vielmehr muss berücksichtigt werden, wie das engere persönliche Umfeld strukturiert ist. Während einem christlichen Jungen aus einer Beschneidung keinerlei Vorteile erwachsen würden, ist ein jüdischer Junge, der nicht beschnitten wurde, stets Außenseiter und in der religiösen Gemeinschaft nicht voll integriert. Er selbst kann dies nicht beeinflussen, ist aber derjenige, der die Konsequenzen tragen muss.

---

[690] http://www.talkteria.de/forum/topic-24362.html (Abrufdatum 31.03.2012).
[691] *Kern*, NJW 1994, 753, Fn. 46.
[692] So auch *Fateh-Moghadam*, RW 2010, 115, 129.

Die Beschneidung bringt dem Betroffenen demnach Vorteile auf sozialer Ebene. Dem stehen die körperlichen Nachteile gegenüber. Wird das Kind hingegen nicht beschnitten, erleidet es zwar körperlich keinen Schaden, ist allerdings gewissermaßen stigmatisiert und aus der Perspektive der religiösen Strukturen kein vollwertiges Mitglied der Gemeinschaft. Hierdurch wäre das seelische Wohl betroffen. Daher muss abgewogen werden, ob durch die Vornahme oder Nichtvornahme der Maßnahme dem Kindeswohl eher gedient ist. Insoweit wird zwar vorgebracht, dass die Beschneidung dann keine sozialen Vorteile bringe und das Kind dann keine Ausgrenzung erfahre, wenn sie generell verboten würde und sich daher die Tradition ändere, so dass der gesamte Nachwuchs nicht mehr beschnitten werde[693]. Der Nachteil des körperlichen Kindeswohls könnte dann nicht durch das seelische Kindeswohl ausgeglichen werden. Solche Veränderungen sind allerdings schwerlich von heute auf morgen durch Verbote herbeizuführen. Daher ist zumindest derzeit davon auszugehen, dass die Nichtvornahme der Beschneidung zur Stigmatisierung eines Kindes führt.

In der Abwägung spricht für die Durchführung der Maßnahme, dass der körperliche Eingriff zwar nicht unerheblich ist, allerdings keine schwerwiegenden Folgen hat. Wird der Eingriff nach den Regeln der ärztlichen Kunst durchgeführt, können auch die Risiken des Eingriffs minimiert werden. Darüber hinaus sind die positiven medizinischen Wirkungen der Beschneidungen zu berücksichtigen. Diese sind zwar nicht derart gravierend, dass sie zu einer medizinischen Indikation der Maßnahme führen würden, allerdings trotzdem erwiesen[694]. Die Vorteile, die ein Kind durch die Aufnahme in die Gemeinschaft erfährt, wiegen schwerer als die kurzfristigen körperlichen Nachteile durch den Eingriff.

---

[693] *Putzke* in FS Herzberg, S. 669, 703.
[694] Vgl. hierzu oben Kap.4 A.II.4.a) aa) (1).

cc) Berücksichtigung von Art. 24 Abs. 3 Kinderrechtsübereinkommen

Allerdings sind bei der Auslegung des Kindeswohls gesetzliche Bestimmungen zu berücksichtigen. Daher stellt sich die Frage, ob sich die Gewichtung von körperlichem und seelischem Kindeswohl aufgrund von Art. 24 Abs. 3 Kinderrechtsübereinkommen verschiebt. In diesem Artikel haben sich die Vertragsstaaten verpflichtet, alle wirksamen Maßnahmen zu ergreifen, um überlieferte Bräuche abzuschaffen, die die Gesundheit des Kindes schädigen. Diese UN-Konvention hat in Deutschland gemäß Art. 59 Abs. 2 GG den Rang eines einfachen Gesetzes und kann insofern in die Auslegung des Kindeswohls einfließen. Denkbar wäre, dass die Norm in ihrem Anwendungsbereich dazu führt, dass das seelische Kindeswohl hinter das körperliche zurücktritt und die Abwägung im Falle unterschiedlicher Ergebnisse in beiden Teilbereichen zugunsten des körperlichen Wohls ausfällt. Weiterhin käme in Betracht, dass im Anwendungsbereich der Vorschrift eine Kindeswohlbeeinträchtigung angenommen wird, die im Einzelfall widerlegt werden muss.

Unabhängig davon, welche konkreten Folgen die Vorschrift auf die Auslegung des § 1666 Abs. 1 BGB hätte, können diese allerdings nur dann eintreten, wenn der Anwendungsbereich für die männliche Beschneidung eröffnet ist. Bei der Beschneidung müsste es sich demnach um einen überlieferten Brauch handeln, der die Gesundheit von Kindern schädigt. Dabei dürften mit überlieferten Bräuchen solche Maßnahmen bezeichnet werden, die in bestimmten Regionen aufgrund einer längeren Tradition verwurzelt sind. Bei der männlichen Beschneidung handelt es sich um einen solchen Brauch: Sowohl im Judentum als auch im Islam wird der Eingriff seit mehreren tausend Jahren durchgeführt und ist dort kulturell verwurzelt[695]. Dass der Eingriff nicht förderlich für das körperliche Wohlbefinden ist, wurde auch bereits festgehalten. Insofern könnte die männliche Beschneidung nach dem Wortlaut eine solche Maßnahme i.S.d. Art. 24 Abs. 3 Kinderrechtsübereinkommen sein.

---

[695] Vgl. oben Kap.4 A.II.1.

Fraglich ist allerdings, ob dies auch bezweckt war. Das Kinderrechtsübereinkommen wurde im Jahr 1990 verabschiedet, an den Beratungen waren auch all jene Staaten beteiligt, in denen die männliche Beschneidung der Nachkommen üblich ist. Keiner dieser Staaten hielt es für erforderlich, einen Vorbehalt zu dieser Norm abzugeben. Dies verdeutlicht, dass die Vertragsstaaten offensichtlich davon ausgingen, dass die männliche Beschneidung nicht von der Vorschrift erfasst sei. Diese These stützt ein weiterer Aspekt aus den Beratungen: Auf Vorschlag Kanadas wurde diskutiert, ob als Beispiel für einen solchen Brauch die weibliche Beschneidung aufgenommen werden sollte[696]. Diese Frage war heftig umstritten, insbesondere die Staaten, in denen die weibliche Beschneidung praktiziert wurde und wird, hatten Einwände hiergegen, so dass im Ergebnis der Vorstoß nicht aufgenommen wurde[697]. Trotz der thematischen Nähe von weiblicher und männlicher Beschneidung wurde letztere in den Beratungen nicht erwähnt. Dies spricht dafür, dass die männliche Beschneidung von den Vertragsstaaten nicht als ein überlieferter Brauch i.S.d. Art. 24 Abs. 3 Kinderrechtsübereinkommen angesehen wurde. Daher entfaltet die Norm keine Auswirkungen auf die Auslegung des Kindeswohls im Rahmen der männlichen Beschneidung.

b) Wahrscheinlichkeit des Schadenseintritts

Die Wahrscheinlichkeit des Schadenseintritts ist auch hier unter Berücksichtigung der religiösen Motivation der Maßnahme zu bestimmen. Steht der erhebliche Schaden für das Kindeswohl schon nicht fest, stellt sich die Frage, wie sich dies auf die Gegenwärtigkeit des Schadens auswirkt. Allerdings ist hier zu berücksichtigen, dass die Schädigung von zwei Faktoren abhängt: Zunächst kommt es darauf an, dass eine Beschneidung überhaupt nur dann als nicht schädigend angesehen werden kann, wenn sie nach den Regeln der ärztlichen Kunst und unter Narkose durchgeführt wird. Darüber hinaus ist entscheidend,

---

[696] E/CN.4/1987/25, S. 8 Nr. 30.
[697] E/CN.4/1987/25, S. 8f.; *Dorsch*, Die Konvention der Vereinten Nationen über die Rechte des Kindes, S. 171.

ob im konkreten Fall die körperlichen Nachteile durch die Förderung des seelischen Wohls ausgeglichen werden. Um die Wahrscheinlichkeit einer Schädigung festzustellen, bedarf es deshalb der Untersuchung der familiären und sozialen Strukturen des Umfelds des einzelnen Kindes. Kommen hierbei ausreichende Anhaltspunkte zum Vorschein, die darauf schließen lassen, dass nur das beschnittene Kind als vollwertiges Mitglied der Gesellschaft oder Gemeinde anerkannt wird, spricht dies für die Förderung des seelischen Wohls.

Dies dürfte in der Regel dann der Fall sein, wenn die Beschneidung dem Willen beider Eltern entspricht[698]. In diesen Fällen kann angenommen werden, dass der religiös-kulturellen Beschneidung im engeren persönlichen Umfeld eine solche Bedeutung zukommt, die darauf schließen lässt, dass sie sich positiv auf das seelische Wohl des Kindes auswirkt.

Streiten die Eltern allerdings über die Notwendigkeit einer Beschneidung sind weitergehende Anhaltspunkte erforderlich, die auf eine Förderung des seelischen Wohls schließen lassen[699]. Als Kriterien für die Beurteilung können die Zugehörigkeit zu einer Gemeinde oder Moschee dienen, die Zusammensetzung des persönlichen Umfelds der Familie, die gemeindlichen Aktivitäten usw. Anhaltspunkt für den Stellenwert der Beschneidung in der konkreten Familie könnte die Beschneidung der übrigen männlichen Familienmitglieder geben. Aus einer Zusammenschau dieser Kriterien ist ein Bild zu ermitteln, das letztlich die Beurteilung erleichtert, welche Folgen die Beschneidung für das Kind haben könnte. Stellt sich im konkreten Fall heraus, dass es keine Anhaltspunkte für einen besonderen Stellenwert der Beschneidung gibt, ist sie als erhebliche Schädigung des Kindeswohls einzuordnen. Aus diesem Grund ist auch dem AG Erlangen im Ergebnis zuzustimmen. Im dort zu entscheidenden Sachverhalt existierten keine Anhaltspunkte, die darauf hinwiesen, dass es für die Entwicklung des Kindes von Bedeutung wäre, beschnitten zu werden. Das Kind lebte bei Pflegeeltern und befand sich insofern bereits in einem Umfeld,

---

[698] *Fateh-Moghadam*, RW 2010, 115, 130.
[699] *Fateh-Moghadam*, aaO.

in dem der Beschneidung keinerlei Bedeutung zugemessen wird. Dies zeigt schon die ablehnende Haltung zum Ansinnen des leiblichen Vaters. Zwar ist die Pflegschaft nur auf Zeit angelegt, so dass während dieses begrenzten Zeitraums keine Dispositionen getroffen werden sollten, die dem Kind die Rückkehr zu seinen leiblichen Eltern erschweren. Allerdings handelte es sich um eine muslimische Familie, bei der es keine konkreten zeitlichen Vorgaben für die Vornahme der Beschneidung gibt. Sollte das Kind zu seinem Vater zurückkehren, kann diese nachgeholt werden.

Kommt man zu dem Ergebnis, dass im konkreten Fall die Beschneidung zu einer Schädigung des Kindeswohls führen würde, bereitet die Feststellung der Gegenwärtigkeit der Gefahr zumindest bei einer jüdischen Familie keine Probleme. Denn hier ist, wie bereits dargestellt, der achte Tag nach der Geburt als verbindlicher Beschneidungstermin vorgegeben. In muslimischen Kreisen ist insofern darauf abzustellen, wann mit einer Beschneidung in der Regel zu rechnen ist. Hierfür kann berücksichtigt werden, wann in der entsprechenden Gemeinde üblicherweise Jungen beschnitten werden, ob größere Feste geplant werden o.ä. Diese Überlegungen können jedoch wie bereits erwähnt, nur dann angestellt werden, wenn im Einzelfall davon auszugehen ist, dass das Kindeswohl durch die Beschneidung geschädigt würde.

5. Exkurs: Die strafrechtliche Beurteilung der medizinisch nicht indizierten Beschneidung

Die religiöse Beschneidung wirft nicht nur Fragen nach einer potentiellen Kindeswohlgefährdung auf, thematisiert wird auch immer wieder der Aspekt der möglichen Strafbarkeit des durchführenden Arztes[700]. Wie oben bereits erwähnt wurde, wird durch die Beschneidung die körperliche Integrität des Kindes nachhaltig verletzt. Ein Teil der Penisvorhaut wird irreversibel entfernt.

---

[700] Vgl. *Putzke* in FS Herzberg, 669, 673ff.; *ders.,* NJW 2008, 1568, 1569ff.; *Jerouschek,* NStZ 2008, 313, 317f.; *Herzberg,* JZ 2009, 332ff.

Trotzdem wurde bisher – soweit ersichtlich – in der Rechtsprechung der deutschen Strafgerichte kein Fall von männlicher Beschneidung entschieden[701].

Wenn über die strafrechtliche Relevanz der Beschneidung nachgedacht wird, kann es nur um die Körperverletzungsdelikte, §§ 223 ff. StGB, gehen. Rechtsgut der Körperverletzungsdelikte ist die körperliche Integrität einer anderen Person[702]. Merkmale des objektiven Tatbestands in § 223 Abs. 1 StGB sind die körperliche Misshandlung und die Gesundheitsschädigung. Inwieweit ein ärztlicher Eingriff eine Körperverletzung darstellt, ist umstritten. Allerdings besteht zumindest in der Rechtsprechung die einhellige Ansicht, dass auch ärztliche Heileingriffe den Tatbestand der Körperverletzung mit den ggf. einschlägigen Qualifikationen erfüllen. Die Strafbarkeit für den durchführenden Arzt entfällt erst auf der Ebene der Rechtfertigung durch die Einwilligung des Patienten oder seines gesetzlichen Vertreters[703]. Die Frage, wie ärztliche Heileingriffe strafrechtlich zu beurteilen sind, ist für den Fall der Beschneidung jedoch nur selten relevant. Denn ein zu beschneidender Junge hat in der Regel keine körperliche Vorerkrankung, die durch die Beschneidung geheilt werden müsste. Da bereits dargelegt wurde, dass schon ein ärztlicher Heileingriff tatbestandlich eine Körperverletzung darstellt, gilt dies erst recht für die medizi-

---

[701] Lediglich das AG Düsseldorf verurteilte einen muslimischen Knabenbeschneider wegen gefährlicher Körperverletzung – allerdings nicht weil die Eltern nicht in die Beschneidung als solche hätten einwilligen können sondern weil er unhygienisches Besteck verwendete. Das Gericht war der Ansicht, dass die Eltern in Kenntnis dieser Umstände nicht in die Beschneidung eingewilligt hätten und die Einwilligung somit unwirksam war, vgl. AG Düsseldorf, Urt. V. 17.11.2004, 411 Ds 60 Js 3518/00.

[702] *Joecks*, StGB, vor § 223 Rn. 1.

[703] Vgl z.B. BGH NStZ 2004, 442; in der Literatur wird in unterschiedlichen Ausprägungen überwiegend vertreten, dass ein ärztlicher Heileingriff auch tatbestandlich schon keine Körperverletzung darstellen könne: Nach der Erfolgtheorie kommt es darauf an, ob es dem Patienten nach der Summe der ärztlichen Behandlungen besser oder zumindest nicht schlechter geht als vorher; eine andere Meinung stellt darauf ab, ob der Eingriff kunstgerecht ausgeübt wurde – solange dies der Fall sei und er zum Zwecke der Heilung durchgeführt wurde, sei der Tatbestand der Körperverletzung nicht gegeben, selbst wenn der Eingriff letztlich misslingt. Zum Ganzen MüKo-StGB/*Joecks*, § 223 Rn. 43ff. Problematisch an diesen Auffassungen ist, dass Strafbarkeitslücken für die Fälle entstehen, in denen Ärzte eigenmächtig gelingende Heileingriffe vornehmen, die der Patient so abgelehnt hat.

nisch nicht indizierte Beschneidung[704]. Für die Strafbarkeit kommt es demnach darauf an, ob der Eingriff gerechtfertigt werden kann. Hierbei ist in erster Linie an die rechtfertigende Einwilligung, § 228 StGB, zu denken. Bei der Prüfung, ob eine rechtfertigende Einwilligung vorliegt, bedürfen zwei Merkmale einer genaueren Untersuchung: Zum einen dürfte die medizinisch nicht indizierte Zirkumzision nicht gegen die guten Sitten verstoßen, denn in diesem Fall wäre eine Einwilligung in jedem Fall unwirksam. Zum anderen ist zu überlegen, wer die Einwilligung erklären kann und ob die Eltern hierzu berechtigt sind.

a) Verstoß gegen die guten Sitten

Die Körperverletzung ist trotz Einwilligung rechtswidrig, wenn sie gegen die guten Sitten verstößt. Die Sittenwidrigkeit wird vom BGH bei einem Verstoß gegen das „Anstandsgefühl aller billig und gerecht Denkenden" angenommen[705]. Diese Definition ist nun nur wenig konkreter als der Begriff der guten Sitten selbst[706]. Für das Strafrecht wird angenommen, dass eine Tat dann gegen die Sitten verstößt, wenn eine schwere Gesundheitsschädigung droht[707]. Zwar wirkt sich die Zirkumzision nachteilig aus, allerdings erreichen diese Nachteile nicht das Gewicht einer schweren Gesundheitsschädigung. Insofern verstößt eine Einwilligung nicht gegen die guten Sitten[708]. Eine rechtfertigende Einwilligung in die Beschneidung ist grundsätzlich möglich.

b) Einwilligungsfähigkeit

Somit kommt es auf die Frage an, wer die Einwilligung erklären kann. Grundsätzlich ist dies immer nur die geschädigte Person selbst. Die hier zu behandelnde religiös motivierte Beschneidung wird in den meisten Fällen bei Kindern durchgeführt, so dass der Frage nachzugehen ist, inwiefern diese bereits

---

[704] Ausführlich zur Prüfung der Tatbestandsmäßigkeit der männlichen Zirkumzision *Putzke* in FS Herzberg, S. 669, 673ff.
[705] BGHZ 141, 357, 361; BGHSt 4, 24, 32.
[706] Kritisch hierzu MüKo-StGB/*Hardtung*, § 228 Rn. 17.
[707] MüKo-StGB/*Hardtung*, § 228 Rn. 24.
[708] Vgl. *Putzke* in FS Herzberg, S. 669, 695.

einwilligungsfähig sind. Die Einwilligungsfähigkeit unterliegt keiner starren Altersgrenze[709]. Entscheidend ist vielmehr, ob ein Kind nach seiner geistigen und sittlichen Reife die Folgen des Eingriffs abschätzen kann[710]. Bei Kleinstkindern ist dies unproblematisch zu verneinen. Das LG Frankenthal hat auch für einen 9-jährigen Jungen entschieden, dass dieser noch nicht über die notwendige Einsichtsfähigkeit bzgl. der Folgen einer Beschneidung verfüge, um selbst in den Eingriff einwilligen zu können[711]. Die muslimische Beschneidung kann allerdings auch noch im Jugendalter vorgenommen werden; daher ist zu überlegen, ob bspw. ein 16jähriger einwilligungsfähig wäre. Der BGH hat einem 16jährigen die Einwilligungsfähigkeit für aufschiebbare Entscheidungen abgesprochen[712]. Inwieweit die Beschneidung aufschiebbar wäre, insbesondere weil das 16. Lebensjahr auch für die muslimische Beschneidung schon recht spät ist, bliebe zu überlegen. Letztlich könnte für die Einsichtsfähigkeit aber auch die Regelung in § 5 S. 1 RKEG herangezogen werden. Demnach kann ein Kind mit Vollendung des 14. Lebensjahres selbst über seine Religionszugehörigkeit entscheiden. Dies könnte dafür sprechen, dass ein Kind dann auch selbstständig darüber entscheiden kann, ob es sich den in dieser Religionsgemeinschaft üblichen Riten unterziehen möchte. Allerdings muss zwischen der Entscheidung für oder gegen eine Religion und einem Eingriff in die körperliche Integrität unterschieden werden[713]. Denn auch die religiöse Motivation eines Eingriffs führt nicht dazu, dass ein Kind eher die Folgen eines Eingriffs abschätzen kann – genau diesem Zweck dient das Erfordernis der Einsichtsfähigkeit aber. Genauso kann umgekehrt die Tatsache, dass eine Beschneidung religiös motiviert ist, nicht dazu führen, dass die Anforderungen an die Einwilligungsfähigkeit Minderjähriger höher angesetzt werden, denn allein die medizinische Indikation hat keine Auswirkung auf die Fähigkeit des Min-

---

[709] *Fateh-Moghadam*, RM 2010, 115, 124.
[710] OLG Frankfurt a.M. NJW 2007, 3580, 3581; *Gernhuber/Coester-Waltjen*, Familienrecht, § 57 Rn. 79; *Schwarz*, JZ 2008, 1125, 1128.
[711] LG Frankenthal MedR 2005, 243.
[712] BGH NJW 1972, 335, 337.
[713] Ähnlich *Putzke* in FS Herzberg, S. 669, 684; *Fateh-Moghadam*, RW 2010, 115, 125.

derjährigen die Folgen des Eingriffs abzuschätzen[714]. Insofern kann § 5 S. 1 RKEG nicht als Altersgrenze für die Einwilligungsfähigkeit herangezogen werden.

Im vorliegenden Fall kommt es hierauf letztlich nicht notwendig an, weil zumindest die jüdische Beschneidung zu einem Zeitpunkt erfolgen muss, zudem eine potentielle Einsichtsfähigkeit des Kindes in weiter Ferne liegt. Aber auch sonst spricht die Irreversibilität des Eingriffs dafür, mit der Rechtsprechung in anderen Fällen davon auszugehen, dass die Einsichtsfähigkeit eines Kindes in eine Körperverletzung erst mit Vollendung des 18. Lebensjahres gegeben ist[715].

c) Dispositionsbefugnis

Wenn also auch bei der muslimischen Beschneidung die Einwilligungsfähigkeit der Betroffenen verneint werden muss, können nur die jeweiligen gesetzlichen Vertreter die Einwilligung in die Zirkumzision erklären. Nach § 1626 S. 1 BGB sind dies die Eltern als Inhaber der elterlichen Sorge. Es drängt sich nach all dem Vorgesagten allerdings die Frage auf, ob die Eltern berechtigt sind, in einen medizinisch nicht indizierten körperlichen Eingriff für ihr Kind einzuwilligen, mit anderen Worten, ob sie dispositionsbefugt sind. Die Entscheidung, das Kind beschneiden zu lassen oder nicht, unterfällt der elterlichen Sorge. Diese steht den Eltern nicht unbegrenzt zu, sondern ist gebunden an das Wohl des Kindes, § 1627 S. 1 BGB. Für die hier zu klärende Frage bedeutet dies, dass die Eltern nur dann wirksam in die Beschneidung ihres Kindes einwilligen können, wenn die Beschneidung nicht das Kindeswohl verletzt[716]. Wie oben bereits dargelegt wurde, stellt die nach den Regeln der ärztlichen Kunst vorgenommene religiöse Beschneidung in einem bestimmten Umfeld keine Schädigung des Kindeswohls dar. Insofern können die Eltern eine wirksame rechtfer-

---

[714] *Fateh-Moghadam*, RW 2010, 114, 125.
[715] So bspw. auch das OLG Hamm, welches diese Grenze schon für ärztliche Heilbehandlungen ansetzt, NJW 1998, 3424, 3425.
[716] LG Frankenthal MedR 2005, 243; *Putzke* in FS Herzberg, S. 669, 686; *ders.*, NJW 2008, 1568, 1569.

tigende Einwilligung gemäß § 228 StGB erklären[717].[718] Die Durchführung der Beschneidung würde dann zwar den Tatbestand einer gefährlichen Körperverletzung erfüllen, jedoch gemäß § 228 StGB gerechtfertigt sein.

6. Fazit

Eine rituelle Beschneidung stellt nicht automatisch eine Kindeswohlgefährdung dar. Sofern die Beschneidung unter Betäubung und von einem Arzt durchgeführt wird, vermindern sich die Nachteile für das körperliche Wohl des Kindes. Diesen stehen die mit der Beschneidung verbundenen Vorteile für das seelische Wohl des Kindes gegenüber, wenn es durch die Maßnahme als vollwertiges Mitglied der religiösen Gemeinschaft aufgenommen wird. Ob ein solcher Vorteil besteht, kann anhand eines übereinstimmenden Beschneidungswunsches der Sorgeberechtigten festgestellt werden. Sind diese allerdings unterschiedlicher Auffassung, so bedarf es einer näheren Prüfung, inwieweit eine Beschneidung das seelische Wohl fördern würde.

B. Zwangsheirat

Ein weiteres, im Zusammenhang religiös motivierter Verhaltensweisen häufig diskutiertes Thema ist die Zwangsheirat. Unter Zwangsheirat versteht man eine Heirat, bei der mindestens einer der Eheschließenden durch eine Drucksituation zur Ehe gezwungen wird, gleich ob er oder sie seine Weigerung offen ausspricht oder sich aus Furcht vor seinem Umfeld nicht traut, sich zu widersetzen[719]. Das Thema Zwangsheirat trifft häufig bereits volljährige junge Menschen, die von ihren Eltern in eine Ehe mit einer anderen Person gedrängt werden. Allerdings sind auch Fälle bekannt, in denen noch minderjährige Kinder verheiratet werden. In dieser Konstellation ist die Untersuchung der Zwangsehe auch hier relevant. Im Folgenden wird daher zunächst allgemein unter-

---

[717] A.A. *Putzke*, FS Herzberg, 669, 707.
[718] Problematisch ist die Unsicherheit für den durchführenden Arzt. Ihm wird es in der Regel nicht möglich sein – und es ist auch nicht seine Aufgabe -, die Hintergründe einer Beschneidung zu untersuchen und sich ein Bild über die Lebensverhältnisse der Familie zu machen.
[719] *Karakaşoglu/Subaşi* in BMFSFJ, Zwangsverheiratung, S. 99, 100; *Schubert/Moebius*, ZRP 2006, 33, 34.

sucht, was unter Zwangsehen zu verstehen ist und ob diese Maßnahme religiös oder eher kulturell verwurzelt ist. Daran anschließend wird dargestellt, wie sich eine Zwangsverheiratung auf die Betroffenen, insbesondere wenn es sich um Kinder handelt, auswirkt. Schließlich wird im Rahmen der rechtlichen Bewertung erst der allgemeine Rechtsrahmen untersucht, um zum einen Wertungen für die Auslegung des § 1666 BGB zu gewinnen, darüber hinaus aber auch die allgemeinen Sanktions- und Schutzmechanismen zu beleuchten. Deren Kenntnis ist für die Beurteilung relevant, welche Maßnahmen ggf. im Rahmen des § 1666 BGB angeordnet werden müssen.

I. Darstellung der Problematik

Die Zwangsheirat war lange Zeit nicht in das Bewusstsein von Öffentlichkeit und Experten gelangt, da solche Formen der Eheschließung in Deutschland glücklicherweise schon lange als überwunden gelten können. Dadurch, dass die Zwangsheirat in den Heimatländern einiger Migranten traditionell verankert ist, hat sie aber auch hier wieder an Bedeutung gewonnen. Dabei wurde die Aufmerksamkeit häufig durch Migrantinnen der zweiten Generation auf die Praxis gelenkt, die bereits einen Großteil ihrer Kindheit und Jugend in Deutschland verbracht hatten und entsprechend in der westlichen Kultur verwurzelt waren. Gleichwohl wurden sie von ihren Eltern beim Thema Hochzeit mit einem Brauch aus ihrer Heimat konfrontiert. Einige dieser Migrantinnen haben sich offen dagegen zur Wehr gesetzt und sich dem Kampf gegen die hergebrachten Bräuche ihrer Heimat und die Unterdrückung der Frau verschrieben[720].

Die Anzahl der von Zwangsverheiratungen betroffenen Personen in Deutschland ist bisher nicht Gegenstand umfassender Untersuchungen gewesen. Deshalb gibt es lediglich Anhaltspunkte, wie viele Betroffene es hierzulande gibt. So wurden in den Jahren 2006 und 2007 in Baden-Württemberg, Hamburg und

---

[720] Auch zu diesem Thema hat es in den vergangenen Jahren einige Veröffentlichungen in Buchform gegeben, die große Aufmerksamkeit erzielten, so z.B. *Kelek*, Die fremde Braut; *Cileli*, Wir sind eure Töchter, nicht eure Ehre; *Hirsi Ali*, Ich klage an: Plädoyer für die Befreiung der muslimischen Frau.

Berlin jeweils Befragungen an verschiedenen Hilfeeinrichtungen aus dem Ju-
gend- und Migrationsbereich durchgeführt, um ungefähre Zahlen der von
Zwangsheirat Bedrohten oder Betroffenen zu ermitteln. Demnach sind allein in
Berlin im Jahr 2007 378 Fälle von Zwangsverheiratungen bekannt geworden[721], in Hamburg wurde 2005 von 210 Personen eine Beratung zum Thema
Zwangsverheiratung in Anspruch genommen, 169 hiervon waren selbst betroffen[722]. Die Untersuchung in Baden-Württemberg ermittelte für einen Zeitraum
von 10 Monaten im Jahr 2005 205 von Zwangsheirat Betroffene[723].[724] Allen
Umfragen und Untersuchungen ist gemein, dass davon ausgegangen wird, dass
die Dunkelziffer der Betroffenen noch sehr viel höher liegt[725]. Dies legt nahe,
dass auch hierzulande ein nicht unwesentlicher Anteil an jungen Frauen und
Männern mit Zwangsheirat konfrontiert wird.

1. Begriffsbestimmung und Abgrenzung

Die oben aufgeführten Zahlen beziehen sich auf das Auftreten von
Zwangsverheiratungen. Davon abzugrenzen und deshalb zahlenmäßig auch
nicht erfasst sind sogenannte arrangierte Ehen. Beide Formen unterscheiden
sich, wobei die Grenzen in einigen Fällen fließend sind. Teilweise werden arrangierte Ehen auch bewusst mit der Zwangsheirat gleichgesetzt[726]. Da die
Eingriffsintensität für die Betroffenen nicht unerheblich differiert, ist dies allerdings nicht unproblematisch.

---

[721] Berliner Arbeitskreis gegen Zwangsheirat, S. 1.
[722] Lawaetz-Stiftung, Befragung Zwangsheirat, S. 16f.
[723] Bericht der Fachkommission Zwangsheirat, S. 28.
[724] *Karakaşoglu/Subaşi* berichten in BMFSFJ, Zwangsverheiratung, S. 99, 109f., darüber
hinausgehend von Untersuchungen unter verheirateten Frauen in der Türkei, die zu Tage brachten,
dass 61 % der eingegangenen monogamen Ehen von der Familie arrangiert wurden, davon wurden
46 % der Frauen nicht nach ihrer Meinung gefragt, 51 % waren mit der Ehe nicht einverstanden und
52 % hatten ihren Ehemann vor der Eheschließung noch nie gesehen.
[725] Berliner Arbeitskreis gegen Zwangsheirat, S. 1; Lawaetz-Stiftung, Befragung Zwangsheirat, S.
17f.; *Schubert/Moebius*, ZRP 2006, 33, 34.
[726] *Kelek* in BMFSFJ, Zwangsverheiratung, S. 83, 89; *dies.*, ZAR 2006, 232, 234.

Bei der Zwangsheirat handelt es sich wie bereits erwähnt um eine Eheschließung, die gegen den Willen zumindest eines der Beteiligten stattfindet[727].
Hierbei sind verschiedene Formen der Zwangsheirat bekannt. Üblicherweise
wird die Zwangsheirat untergliedert in die Fallgruppen der Heiratsverschleppung, des Heiratsimports und der Verheiratung innerhalb derselben gesellschaftlichen Gruppe[728]. Unter Heiratsverschleppung versteht man dabei die
Fälle, in denen das jugendliche Kind aus unverdächtigem Anlass in das Herkunftsland der Eltern gelockt wird, um es dort bspw. in den Ferien zu verheiraten, damit es im Anschluss dort mit dem Ehepartner lebt[729].[730] Umgekehrt verläuft die Zwangsverheiratung beim Heiratsimport. Hier wird die bereits erwor-
bene deutsche Staatsangehörigkeit oder der gesicherte aufenthaltsrechtliche
Status des in Deutschland lebenden Jugendlichen genutzt, um ihn oder sie mit
einer Person aus dem Herkunftsland der Eltern zu verheiraten und diesem in
Form des Ehegattennachzugs einen Aufenthaltstitel in Deutschland zu verschaffen, §§ 27ff. AufenthG[731]. Mit dem Leben in Deutschland werden bessere
Lebensbedingungen und ein höherer sozialer Status verbunden, was den deutschen Heiratspartner attraktiv macht. Eine dritte Form der Zwangsheirat findet
sich, wenn zwei in Deutschland lebende Familien mit Migrationshintergrund
entscheiden, dass ihre Kinder miteinander verheiratet werden[732], um die Bande
zwischen den Familien zu stärken[733]. Unabhängig davon, welche Form der
Zwangsheirat gegeben ist, entscheiden hierbei die Eltern, wen ihr Kind heiraten wird. Sie suchen den Partner aus, ohne dass die Meinung des Kindes von
Belang wäre. Der Zwang kann ausdrücklich artikuliert werden, häufig genug
wird er aber durch subtilere Mittel ausgedrückt.

---

[727] *Karakaşoglu/Subaşi* in BMFSFJ, Zwangsverheiratung, S. 99, 100; *Schubert/Moebius*, ZRP
2006, 33, 34.
[728] BMFSFJ, Handreichung Zwangsheirat, S. 6f.; *Freudenberg* in BMFSFJ, Zwangsverheiratung,
S. 242, 244.
[729] *Freudenberg* in BMFSFJ, Zwangsheirat, S. 242, 244.
[730] Zu der hieraus resultierenden aufenthaltsrechtlichen Problematik und den rechtspolitischen
Forderungen s. unten Kap.4 B.I.4.b)
[731] *Freudenberg*, in BMFSFJ, Zwangsheiratung, S. 242, 244.
[732] *Freudenberg* in BMFSFJ, Zwangsheiratung, S. 242, 244.
[733] *Eisenrieder* in Terre des Femmes, Zwangsheirat, S. 20.

In Abgrenzung hierzu versteht man unter einer arrangierten Ehe eine Art Heiratsvermittlung: Die Eltern suchen nach einem geeigneten Partner für ihr Kind, die Ehe kommt aber nur dann zu Stande, wenn die potentiellen Ehepartner ihre Einwilligung erklären[734]. Es handelt sich also auch hier nicht um eine völlig freie Partnerwahl der jungen Menschen, sondern lediglich um die Zustimmung oder Ablehnung zu einem von den Eltern ausgesuchten Kandidaten. Wie weit ein Ehearrangement der Eltern geht, hängt vom Einzelfall ab. Es kann Formen geben, in denen die zu verheiratenden Personen zuerst ein Paar werden und die Ehe dann zwischen den Familien vermittelt wird, genauso gibt es allerdings arrangierte Ehen, die im Graubereich zur Zwangsheirat liegen[735]. Das entscheidende Abgrenzungskriterium zur Zwangsverheiratung ist, dass die endgültige Entscheidung für oder gegen eine Ehe vom freien Willen der Betroffenen abhängt. Dies rechtfertigt auch die unterschiedliche Behandlung von Zwangsverheiratungen und arrangierten Ehen[736]. Für die Beurteilung beider Formen ist von Interesse, wie ihr Auftreten in bestimmten Kulturkreisen zu erklären ist.

2. Kultureller Hintergrund

Die Zwangsheirat kommt insbesondere in islamisch geprägten Kulturkreisen vor. Es wird als das natürliche Recht der Eltern angesehen, den passenden Partner für das Kind auszusuchen. Die Verheiratung des eigenen Kindes hat einen hohen Stellenwert, sozialer Status und Ansehen einer Familie können durch eine entsprechende Hochzeit beeinflusst werden. In der muslimisch geprägten Kultur ist die Hochzeit daher ein wesentliches Ereignis in einer jeden Familie[737], alle Energie und häufig auch viel Geld werden in die Ausrichtung dieses Festes investiert.

---

[734] *Karakaşoglu/Subaşi* in BMFSFJ, Zwangsverheiratung, S. 99, 100; *Schubert/Moebius*, ZRP 2006, 33, 34; *Eisenrieder* in Terre des Femmes, Zwangsheirat, S. 23.
[735] Vgl. hierzu *Straßburger* in BMFSFJ, Zwangsverheiratung, S. 68, 71f.
[736] *Bielefeldt*, Zwangsheirat, S. 22, 24.
[737] *Kelek* in BMFSFJ, Zwangsverheiratung, S. 83, 87.

Dabei ist allerdings keineswegs unumstritten, ob der Koran die Eltern zur Verheiratung ihrer Kinder berechtigt oder gar verpflichtet. Die meisten Untersuchungen zu diesem Thema gehen davon aus, dass sich der Koran gar nicht zur Zwangsheirat äußert und es deshalb auch keine Verpflichtung der Gläubigen gebe[738]. Es wird jedoch auch auf Suren hingewiesen, die die Aufforderung an die Gemeinschaft enthalten, die ledigen Mitglieder zu verheiraten[739]. Allerdings gehen auch diejenigen, die keine explizite Verankerung im Koran sehen, davon aus, dass die Zwangsheirat auf die patriarchalischen Strukturen[740] und den großen Stellenwert der Ehre zurückzuführen ist[741]. Diese Werte sind im Islam traditionell stark verankert, so dass das verstärkte Aufkommen in islamisch geprägten Kulturkreisen hierauf zurückzuführen sein könnte[742].

Die Ehre ist hierbei das zentrale Element: Trägerinnen der Ehre sind Frauen, ihr Verhalten beeinflusst demnach die Ehre der gesamten Familie und nur durch ihr Verhalten kann deren Ehre auch verloren gehen[743]. Die Ehre wird insbesondere durch die Jungfräulichkeit bis zur Ehe gewahrt. Die hierzulande vorherrschende Kultur, in der Jungen und Mädchen gemeinsam aufwachsen, auf Klassenfahrten fahren und miteinander etwas unternehmen, führt im traditionellen Ehrverständnis zu großen Problemen. Denn im Islam ist es untersagt, dass Jungen und Mädchen miteinander befreundet sind, weil beide hierdurch

---

[738] *Freudenberg* in BMFSFJ, Zwangsverheiratung, S. 242; *Gedik* in Institut für Menschenrechte, Jahrbuch Menschenrechte 2005, S. 318, 321; *Lehnhoff* in Terre des Femmes, Zwangsheirat, S. 10; *Eisenrieder* in Terre des Femmes, Zwangsheirat, S. 24; *Bielefeldt*, Zwangsheirat, S. 19, weist darauf hin, dass in der modernen Frauenrechtsdebatte im Islam sogar darauf hingewiesen wird, dass die Ungleichheit zwischen Mann und Frau islamwidrig sei, weil sie dem Mann eine Mittlerfunktion zu Allah zuerkenne, die eine monotheistische Religion nicht dulde.
[739] *Kelek* in BMFSFJ, Zwangsverheiratung, S. 83, 87.
[740] *Lehnhoff* in Terre des Femmes, Zwangsheirat, S. 10.
[741] *Bielefeldt*, Zwangsheirat, S. 13; *Eisenrieder* in Terre des Femmes, Zwangsheirat, S. 24f.
[742] *Bielefeldt*, Zwangsheirat, S. 14ff. kritisiert in diesem Zusammenhang, dass patriarchalische Gesellschaftsstrukturen und die Bedeutung der Ehre häufig als islamische Werte wahrgenommen werden, obwohl ähnliche Sichtweisen bis ins 20. Jahrhundert hinein auch im westlichen Europa anzutreffen waren; auch Studien unter Migranten in Großbritannien zeigten, dass die Zwangsheirat nicht nur von muslimischen Migranten praktiziert wurde, sondern dass es vielmehr darauf ankam, wie alt die Migranten waren und wie lang sie bereits in Großbritannien lebten, *Karakaşoglu/Subaşi* in BMFSFJ, Zwangsverheiratung, S. 99, 111.
[743] *Lehnhoff* in Terre des Femmes, Zwangsheirat, S. 12; *Eisenrieder* in Terre des Femmes, Zwangsheirat, S. 25.

nur in Versuchung geführt würden. Für die Eltern ist es in der Migration daher unter Umständen noch schwieriger, die Jungfräulichkeit der Tochter zu garantieren. Dies sicherzustellen, ist eine wichtige Aufgabe der Eltern. Sie können ihre Tochter nur dann „gut" verheiraten, wenn sie ehrenhaft in die Ehe geht. Dies führt dazu, dass die Mädchen möglichst frühzeitig verheiratet werden[744]. Auch in anderen Bereichen zeigt sich das Phänomen, dass Bevölkerungsgruppen in der Migration viel größeren Wert auf traditionelle Werte legen, als dies in der Heimat der Fall war[745]. Insofern tritt nun auch hier der Brauch der Zwangsheirat auf.

3. Folgen für die Betroffenen

Zwangsheirat trifft sowohl junge Frauen als auch junge Männer. Allerdings sind Frauen und Mädchen nach Ansicht aller Experten häufiger hiervon betroffen[746]. Das mutet auf den ersten Blick ein wenig seltsam an, gehören zu einer Ehe doch zwei Personen. Insofern müssten beide Geschlechter bei den Betroffenen gleichermaßen vertreten sein. Werden Mädchen mit wesentlich älteren Männern in ihrer Heimat verheiratet, trifft diese Form der Zwangsverheiratung nur Mädchen. Es ist auch nicht fernliegend, dass Jungen oder junge Männer aufgrund der patriarchalischen Strukturen bei der Partnerwahl eher gehört werden als junge Mädchen und die Zahl der männlichen Betroffenen aus diesem Grund geringer ist. Darüber hinaus trifft die Zwangsheirat Frauen in der Regel wesentlich härter als Männer[747]. Das eheliche Sexualleben wird von den meisten Betroffenen als eine unzählige Abfolge von Vergewaltigungen empfunden[748]. Die Frau darf sich dem Mann dem kulturell-religiösen Verständnis zufolge nicht verweigern, so dass sie ihm hilflos ausgeliefert ist. Zudem werden die Frauen nicht als gleichwertige Partnerinnen wahrgenommen, sondern sind

---

[744] *Ter Nedden* in BMFSFJ, Zwangsverheiratung, S. 344, 347f.

[745] *Lehnhoff* in Terre des Femmes, Zwangsheirat, S. 12f.; *Bielefeldt*, Zwangsheirat, S. 16.

[746] *Schöpp-Schilling* in BMFSFJ, Zwangsverheiratung, S. 197; *Lehnhoff* in Terre des Femmes, Zwangsheirat, S. 10.

[747] *Schöpp-Schilling* in BMFSFJ, Zwangsverheiratung, S. 197.

[748] *Lehnhoff* in Terre des Femmes, Zwangsheirat, S. 13; *Ter Nedden* in BMFSFJ, Zwangsverheiratung, S. 344, 345.

dem Willen des Mannes unterworfen. Die Ausgestaltung einer unter Zwang eingegangenen Ehe hängt demnach vom Mann ab, so dass dieser, selbst wenn er unter Zwang verheiratet wurde, zumindest hier Gestaltungsmöglichkeiten hat[749].

Weiterhin bedeutet die Ehe für die Frau in der Regel den Abbruch jeglicher Bildungsmöglichkeiten[750]. Fortan besteht ihre Rolle darin, den Haushalt zu führen, Kinder zu gebären und sich um diese zu kümmern. Wird ein junges Mädchen ohne abgeschlossene Schulausbildung verheiratet, bedeutet für sie die Eingehung der Ehe häufig das Ende des Bildungsweges. Denn eine abgeschlossene Schulausbildung oder gar das Erlernen eines Berufes wird für die Aufgaben der Ehefrau nicht als erforderlich angesehen[751].

4. Rechtliche Bewertung

Die Zwangsverheiratung wird allgemein abgelehnt und verstößt gegen zahlreiche Gesetze. Es stehen verschiedene Sanktions- und Schutzmechanismen bereit, die Zwangsheiraten verhindern oder Betroffenen aus einer solchen Ehe heraushelfen sollen. Die meisten Regelungen greifen jedoch erst nach erfolgter Verheiratung ein. Für bedrohte Kinder kann durch § 1666 BGB schon präventiv eine Heirat verhindert werden, sofern sich diese als kindeswohlgefährdend darstellt. Dabei ist für die Einordnung der Maßnahme im Rahmen der Kindeswohlkriterien auch die gesetzgeberische Wertung bzgl. Zwangsheiraten heranzuziehen. Daher soll hier ein Überblick über die allgemeine Rechtslage gegeben werden.

a) Menschenrechte

Mehrere Menschenrechtsverträge stellen heraus, dass Zwangsverheiratungen unrechtmäßig sind. So ist in Art. 16 Abs. 1 AEMR festgelegt, dass volljährige

---

[749] In diesem Sinne auch *Toprak* in Terre des Femmes, Zwangsheirat, S. 27.
[750] *Lehnhoff* in Terre des Femmes, Zwangsheirat,, S. 13; *Ter Nedden* in BMFSFJ, Zwangsverheiratung, S. 344, 345.
[751] Ausführlich hierzu noch unten Kap.4 B.II.3.

Männer und Frauen ohne Beschränkung durch Rasse, Staatsbürgerschaft oder Religion das Recht haben, eine Ehe einzugehen und dass sie bei Eheschließung, während der Ehe und bei einer etwaigen Auflösung gleiche Rechte genießen. Darüber hinaus bestimmt Art. 16 Abs. 1 AEMR, dass eine Ehe nur aufgrund der freien Willenseinigung der zukünftigen Ehegatten zustande kommen kann. Die Norm untersagt damit nicht nur das zwangsweise Verheiraten seiner Kinder, sondern stellt auch das Recht heraus, ohne Zustimmung Dritter oder Gabe eines Brautpreises heiraten zu dürfen[752].

Auch der Internationale Pakt über bürgerliche und politische Rechte (IPBPR) gewährleistet in Art. 23 Abs. 2, 3 das Recht zur selbstbestimmten Eheschließung. Hiermit sind die Regelungen aus der AEMR in verbindliches Vertragsrecht umgesetzt worden[753]. Über die Einhaltung des Vertrages wacht der Menschenrechtsausschuss anhand von Berichten der Vertragsstaaten, Art. 40 IPBPR. Schließlich hat die Generalversammlung im Zusatzübereinkommen über die Abschaffung der Sklaverei sogar explizit dazu aufgefordert, die Zwangsverheiratung der Frau als Ausprägung der Sklaverei zu beseitigen, vgl. Art. 1 lit. c. des Übereinkommens.

Zusammengefasst wurden viele dieser einzelnen Regelungen im Übereinkommen zur Beseitigung jeder Form der Diskriminierung der Frau. Das Besondere an diesem Abkommen ist, dass es nicht nur Schutz vor staatlichen Aktivitäten bietet, sondern nunmehr auch den Staat verpflichtet, die Einzelne vor diskriminierenden Handlungen Privater zu schützen, Art. 2 lit. 6 des Übereinkommens. Kommt er dieser Pflicht nicht nach, macht er sich schadensersatzpflichtig[754]. Auch dieses Abkommen beinhaltet in Art. 16 die Verpflichtung zu Gleichberechtigung im Ehe- und Familienrecht[755].

---

[752] *Schöpp-Schilling* in BMFSFJ, Zwangsverheiratung, S. 197, 201.
[753] Eine ähnliche Regelung ist auch in Art. 10 Abs. 1 IPWSKR aufgenommen worden.
[754] *Schöpp-Schilling* in BMFSFJ, Zwangsverheiratung, S. 197, 204.
[755] Allerdings haben viele Vertragsstaaten zu diesem Artikel einen Vorbehalt abgegeben, um sich dieser Verpflichtung zu entziehen. Inwiefern dies gelungen ist, erscheint aus mehreren Gründen fraglich: zunächst enthält das Abkommen in Art. 5 einen Rahmenartikel, der auf die Auslegung aller anderen Artikel ausstrahlt und der gerade einen Wandel in sozialen oder kulturellen

Aber nicht nur internationale Verträge sehen in der Zwangsheirat einen Verstoß gegen Menschenrechte, auch in Deutschland existiert mit Art. 6 Abs. 1 GG ein Grundrecht, das das Recht auf freie und selbstbestimmte Eheschließung gewährleistet[756].

b) Einfachrechtliche Regelungen

Einfachrechtlich wird die Zwangsheirat explizit vor allem von zwei Regelungen erfasst[757]. Nachdem sie erstmals im Jahr 2005 ausdrücklich als Regelbeispiel eines besonders schweren Falls der Nötigung in § 240 Abs. 4 Nr. 1 StGB sanktioniert wurde, ist sie durch das Gesetz zur Bekämpfung der Zwangsheirat sowie zur Änderung weiterer aufenthalts- und asylrechtlicher Vorschriften (im Folgenden: Zwangsheiratsbekämpfungsgesetz) vom 23.06.2011 in einen eigenen Tatbestand der Zwangsheirat in § 237 StGB überführt worden. Hierdurch wollte der Gesetzgeber noch deutlicher als zuvor zum Ausdruck bringen, dass die Zwangsverheiratung als strafwürdiges Unrecht anzusehen ist[758]. Der eigene Tatbestand soll zudem der Fehlvorstellung entgegenwirken, es handle sich bei der Zwangsheirat um eine tolerable Tradition aus früheren Zeiten und ein eindeutiges Signal senden, dass der Staat die mit der Zwangsheirat verbundenen Eingriffe mit strafrechtlichen Mitteln unterbinden will[759]. Nach der Neufassung

---

Verhaltensmustern zwischen Frau und Mann bewirken will; darüber hinaus ist es völkerrechtlich nicht eindeutig, inwieweit Vorbehalte, die den Vertragszweck aushebeln, wirksam sind. Drittens hatte das Abkommen schon im Jahr 2007 185 Vertragsparteien, so dass es bereits als gewohnheitsrechtlich gültig angesehen werden kann. Schließlich haben einige Vertragsstaaten zwar einen Vorbehalt zu Art. 16 abgegeben, in anderen völkerrechtlichen Verträgen, bspw. dem IPBPR, allerdings keinen Vorbehalt eingebracht, vgl. *Schöpp-Schilling* in BMFSFJ, Zwangsverheiratung, S. 197, 205.

[756] BVerfGE 31, 58, 67f.; 36, 146, 161; 76, 1, 42.

[757] Am 27.10.2010 hat die Bundesregierung den Entwurf eines Gesetzes zur Bekämpfung der Zwangsheirat und zum besseren Schutz der Opfer von Zwangsheirat beschlossen, der nunmehr in den Bundestag eingebracht wurde. Dieser Entwurf greift teilweise die Kritikpunkte an der bisherigen einfachrechtlichen Regelung auf. Soweit dies der Fall ist, wird in der folgenden Darstellung jeweils darauf hingewiesen.

[758] BT-Drucks. 17/4401, S. 9.

[759] BT-Drucks, 17/4401, S. 9; dieses Ziel hatte freilich schon die Änderung aus dem Jahre 2005, vgl. BT-Drucks. 15/5951, S. 1; *Kalthegener* in BMFSFJ, Zwangsverheiratung, S. 211; *Ateş* in BMFSFJ, Zwangsverheiratung, S. 225.

des § 237 StGB wird nicht nur wie bisher die Nötigung zur Eingehung der Ehe von der Strafbarkeit umfasst, sondern gemäß Abs. 2 bereits ein auf die Zwangsverheiratung gerichtetes Handeln, durch das der Betroffene veranlasst wird, sich außerhalb des Geltungsbereichs des StGB zu begeben. Durch die Vorverlagerung der Strafbarkeit auf den Zeitpunkt des Entzuges des Schutzes, der mit dem Aufenthalt im Inland verbunden ist, sollen insbesondere die Fälle der Heiratsverschleppung erfasst werden[760].

Da es denjenigen, die aus ihrer Zwangsehe fliehen wollen, nicht in erster Linie um die strafrechtliche Verfolgung der Täter, sondern um Wege, der Situation zu entkommen, geht, findet sich die zweite Norm im Familienrecht. Gemäß § 1314 Abs. 2 Nr. 4 BGB stellt die unter Drohung eingegangene Ehe einen Eheaufhebungsgrund dar. Eine zwangsverheiratete Person kann die Ehe demnach grundsätzlich aufheben lassen mit der Rechtsfolge, dass die Ehe für die Zukunft aufgelöst ist, § 1313 S. 2 BGB.

Die Aufhebungsregelung bietet den Betroffenen Schutz und eine verhältnismäßig schnelle Lösung. Besonders wichtig ist den Betroffenen die Bestätigung, dass man nicht rechtmäßig verheiratet war und die Ehe deshalb für ungültig erklärt wird[761]. Der Aufhebungsantrag ist in den Fällen des § 1314 Abs. 2 Nr. 4 BGB nach der Änderung durch das Zwangsheiratsbekämpfungsgesetz nunmehr innerhalb von drei Jahren nach Beendigung der Zwangslage zu stellen, vgl. § 1317 Abs. 1 S. 1 BGB. Mit dieser Änderung wurde der Kritik an der vormals geltenden Jahresfrist Rechnung getragen, die für die Fälle der Zwangsheirat als zu kurz angesehen wurde[762]. Die Betroffenen brauchen in Fällen der Zwangsheirat mehr Zeit, um sich über ihre Situation und die Konsequenzen ihres Handelns bewusst zu werden. Der Ausbruch aus der Ehe bedeutet für sie gleichzeitig den Bruch mit der Familie, häufig ist auch die finanzielle Situation völlig ungeklärt[763]. Daher schafften es die meisten Betroffenen

---

[760] BT-Drucks. 17/4401, S. 12f.
[761] *Ateş* in BMFSFJ, Zwangsverheiratung, S. 225, 230.
[762] BT-Drucks. 17/4401, S. 13.
[763] BT-Drucks. 17/4401, S. 13; *Walz-Hildenbrand* in Terre des Femmes, Zwangsheirat, S. 39.

nicht, die Jahresfrist einzuhalten und waren daher auf das übliche Scheidungs-verfahren mit Trennungsjahr angewiesen[764].

Ein weiteres Problem stellt die Beweislastregel dar, wonach derjenige, der den Aufhebungsantrag stellt, beweisen muss, zur Ehe gezwungen worden zu sein[765]. Dies führt im Falle von Zwangsehen zu nicht zu unterschätzenden Problemen, da der oder die Betroffene in der Regel die gesamte Familie gegen sich hat, die das genaue Gegenteil behaupten werden[766]. Fraglich ist, ob diese Problematik Beweiserleichterungen im Eheaufhebungsverfahren erfordert. Problematisch hieran wäre, dass jegliche Beweiserleichterungen die Gefahr nach sich zögen, muslimische Eheschließungen als potentiell erzwungen zu diskriminieren. Grundsätzlich ist es dem Beantragenden möglich, für die Tat-sachen, die auf den Tatbestand des § 1314 Abs. 2 Nr. 4 BGB schließen lassen, Beweis durch die üblichen Beweismittel anzutreten. Insbesondere wird es hier auf den Zeugenbeweis ankommen. Sollte sich dabei herausstellen, dass die Zeugen, was nicht besonders fernliegend erscheint, eine andere Aussage tref-fen als der Beantragende, so besteht die Möglichkeit der Anhörung bzw. Par-teivernehmung, §§ 113 Abs. 1 S. 2 FamFG i.V.m. 448 ZPO. Hierbei gilt es zu berücksichtigen, dass die Parteivernehmung von Amts wegen nur dann zuläs-sig ist, wenn das bisherige Beweisergebnis zur vollen Überzeugungsbildung des Gerichts nicht ausreichend ist[767] oder wenn dies der Grundsatz der Waf-fengleichheit gebietet[768]. Selbst wenn diese Voraussetzungen im Einzelfall nicht gegeben sein sollten, bestünde die Möglichkeit der informatorischen An-hörung nach § 139 Abs. 1, 137 Abs. 4 ZPO, der in der Regel kein geringerer Beweiswert zukommt[769]. Die Beweiswürdigung steht gemäß § 286 Abs.1 ZPO im freien Ermessen des Gerichts. Das zuständige Gericht ist bei seiner Über-zeugungsbildung folglich nicht gehindert, sich ein eigenes Bild über die jewei-

---

[764] *Ateş* in BMFSFJ, Zwangsverheiratung, S. 225, 232, die daher allerdings gefordert hatte, die Frist komplett aufzuheben oder auf mindestens zehn Jahre anzusetzen, S. 233.
[765] Staudinger/*Voppel*, BGB, § 1314 Rn. 80; MüKo/*Müller-Gindullis*, BGB, § 1314 Rn. 37.
[766] *Ateş* in BMFSFJ, Zwangsverheiratung, S. 225, 231.
[767] BGH NJW 1994, 320, 321; MüKo/*Schreiber*, ZPO, § 448 Rn. 3.
[768] BAG NJW 2007, 2427, 2428; MüKo/*Schreiber*, ZPO, § 448 Rn. 3.
[769] MüKo/*Schreiber*, ZPO, § 448 Rn. 3.

lige Familienkonstellation zu machen und diese zu berücksichtigen. Insofern erlangen die Begleitumstände der Eheschließung, wie bspw. die vorherige Kenntnis des Ehegatten und die Aussagen der Ehegatten größere Bedeutung. Ausreichend wäre demnach eine Sensibilisierung der Gerichte für die Fälle der Zwangsehe. Einer Beweiserleichterung, mit möglicherweise diskriminierenden Folgen für alle muslimischen Familien, bedarf es dann nicht.

Hinzuweisen ist in diesem Zusammenhang noch auf die aufenthaltsrechtliche Problematik, die sich ergibt, wenn Betroffene nicht die deutsche Staatsbürgerschaft innehaben. Diese wurde durch das Zwangsheiratsbekämpfungsgesetz wesentlich entschärft: In den Fällen der Heiratsverschleppung[770] erlosch früher der Aufenthaltstitel der Betroffenen, wenn sie nicht innerhalb von sechs Monaten wieder in die Bundesrepublik einreisten, § 51 Abs. 1 Nr. 7 AufenthG a.F. Da diese Frist als viel zu kurz angesehen wurde, wurde für die Zwangsheirat in § 51 Abs. 4 AufenthG ein spezielles Wiederkehrrecht eingeführt, dass es den Betroffenen ermöglicht, nach Erkennen der Zwangslage denselben aufenthaltsrechtlichen Status in Deutschland zu erlangen wie vor der Ausreise[771]. Nach der Neuregelung gilt eine absolute Frist von zehn Jahren für die Wiedereinreise, wobei diese innerhalb von drei Monaten nach Wegfall der Zwangslage erfolgen muss, § 51 Abs. 4 AufenthG. Gleichzeitig ermöglicht § 37 Abs. 2a AufenthG demjenigen Ausländer, dessen Aufenthaltstitel erloschen ist, unter bestimmten Voraussetzungen einen neuen zu beantragen. Die umgekehrte Problematik, dass ein Ausländer im Rahmen des Ehegattennachzugs nach Deutschland gekommen ist und sich hier aus der Ehe lösen will, scheint der Gesetzgeber hingegen nicht hinreichend beachtet zu haben: Auch in diesem Bereich wurde eine Anpassung zugunsten der Betroffenen gefordert, da diese kein eigenständiges Aufenthaltsrecht erhalten konnten, wenn die Ehe nicht bereits zwei Jahre bestanden hatte. Die Frist in § 31 Abs. 1 Satz 1 Nr. 1 AufenthG wurde nunmehr jedoch auf drei Jahre angehoben, um den Anreiz

---

[770] S. oben Kap.4 B.I.1.
[771] BT-Drucks. 17/4401, S. 11; zur früheren Kritik *Freudenberg* in BMFSFJ, Zwangsverheiratung, S. 242, 249; *Walz-Hildenbrand* in Terre des Femmes, Zwangsheirat, S. 35.

zum Eingehen einer Scheinehe entgegenzutreten[772]. Dabei wurde schon im Gesetzgebungsverfahren hinterfragt, ob diese Verschärfung für von der Zwangsheirat Betroffene ausreichend durch die Härtefallregelung in § 31 Abs. 2 AufenthG aufgefangen werde[773]. Insofern ist umso verwunderlicher, dass die Gesetzesbegründung zu dieser Frage keine Stellung nimmt.

Ein anderer Aspekt des Ehegattennachzugs, dessen Änderung gefordert wurde[774], ist bereits 2007 umgesetzt worden. Seitdem legt § 30 Abs. 1 Nr. 1 AufenthG fest, dass ein Ehegattennachzug nur möglich ist, wenn beide Partner das 18. Lebensjahr vollendet haben. Dadurch, dass Minderjährige auf diesem Wege nicht mehr nach Deutschland einreisen dürfen, sollte ein Anreiz genommen werden, sie im Ausland zu verheiraten. Inwiefern dies durch die Erhöhung des Nachzugalters gelungen ist, bleibt abzuwarten[775].

II. Zwangsheirat als Kindeswohlgefährdung

Sollen Minderjährige gegen ihren Willen verheiratet werden, so ist neben den bisher erwähnten Sanktionen und Möglichkeiten, sich der Zwangsheirat zu erwehren, vorrangig an die Regelung des § 1666 BGB zu denken. Stellt die Zwangsheirat eine Kindeswohlgefährdung dar, so können die Familiengerichte entsprechend eingreifen und Maßnahmen zum Schutz des Minderjährigen anordnen. Allerdings stellen sich in diesem Rahmen zwei Fragen: Zunächst können hier nur Fälle relevant werden, in denen zumindest eine der zu verheiratenden Personen noch nicht volljährig ist, denn mit der Volljährigkeit erlischt das Sorgerecht der Eltern und der Anwendungsbereich des § 1666 BGB ist nicht mehr eröffnet. Darüber hinaus ist auch hier die Frage zu berücksichtigen,

---

[772] BT-Drucks. 17/4401, S. 10.
[773] Vgl. hierzu die kritischen Rückfragen in der Bundespressekonferenz vom 27.10.2010, abrufbar unter http://www.bundesregierung.de/nn_774/Content/DE/Mitschrift/Pressekonferenzen/2010/10/2010-10-27-regpk.html (Abrufdatum 31.03.2012).
[774] Z.B. von *Walz-Hildenbrand* in Terre des Femmes, Zwangsheirat, S. 36.
[775] Kritisch hierzu *Freudenberg* in BMFSFJ, Zwangsverheiratung, S. 242, 249f.

wie sich die kulturelle und religiöse Verwurzelung der Maßnahme auf die Beurteilung des Kindeswohls auswirkt.

1. Internationale Zuständigkeit

Vorab ist zu berücksichtigen, dass es sich bei der Zwangsheirat häufig um Fälle mit Auslandsbezug handelt, so dass zu klären ist, ob die deutschen Gerichte überhaupt zuständig sind. Diese Frage stellt sich vor allem für die Konstellationen, in denen die Zwangsheirat im Ausland vorgenommen werden soll. Maßgeblich für diese Beurteilung ist das Haager Minderjährigenschutzabkommen, das die Beitrittsstaaten dazu verpflichtet, diejenigen Maßnahmen zu treffen, die zum Schutz des Kindes oder seines Vermögens notwendig sind[776]. Art. 1 MSA regelt, dass die Zuständigkeit eines Staates durch den gewöhnlichen Aufenthalt eines Kindes begründet wird. Dabei wird das Abkommen in Deutschland auch im Verhältnis zu nicht beigetretenen Staaten angewendet[777], so dass es nicht darauf ankommt, in welchem Staat die Hochzeit vorgenommen werden soll und ob dieser dem MSA beigetreten ist. Da die Minderjährigen im hier interessierenden Zusammenhang in Deutschland aufgewachsen sind oder zumindest hier leben, ist die Zuständigkeit deutscher Gerichte auch bei einer Hochzeit im Ausland gegeben.

2. Anwendungsbereich des § 1666 Abs. 1 BGB

Zunächst ist zu beachten, dass Minderjährige in Deutschland gemäß § 1303 Abs. 1 BGB nicht heiraten sollen. Von dieser Regelung kann das Familiengericht nach Absatz 2 jedoch auf Antrag eine Ausnahme erteilen, wenn der oder die Minderjährige das 16. Lebensjahr vollendet hat und der Partner volljährig ist. Bei der Prüfung des Antrags hat das Familiengericht über die geschriebenen Voraussetzungen hinaus noch ein ungeschriebenes Tatbestandsmerkmal zu berücksichtigen[778]. Denn dem Grundsatz, dass Minderjährige nicht heiraten sollen, wäre mit der alleinigen Feststellung, dass zumindest der Partner voll-

---

[776] *Finger*, FPR 2002, 621, 622.
[777] *Finger*, FPR 2002, 621, 622.
[778] Staudinger/*Strätz*, BGB, § 1303 Rn. 14.

jährig und der Minderjährige das 16. Lebensjahr vollendet hat, nicht ausreichend Rechnung getragen. *Strätz* stellt zutreffend fest, dass es für diese Prüfung auch keines Familienrichters bedürfte, die alleinige Feststellung des Alters könne auch vom Standesbeamten vorgenommen werden[779]. Als ungeschriebenes Tatbestandsmerkmal ist in die Entscheidung eines Antrags gemäß § 1303 Abs. 2 BGB das Kindeswohl einzustellen[780]. Dies allein besagt allerdings noch nicht, welche Maßstäbe an das Kindeswohl zu stellen sind: Ist auf § 1697a BGB zurückzugreifen, wonach das Familiengericht die Entscheidung zu treffen hat, die dem Kindeswohl am ehesten dient? Oder ist der Maßstab des § 1666 BGB anzuwenden, so dass dem Antrag nur dann nicht stattgegeben werden darf, wenn die Ehe das Kindeswohl gefährden würde? Schließlich könnte ein Antrag auch dann bereits verwehrt werden, wenn er dem Kindeswohl zuwiderläuft.

§ 1697a BGB kann nicht direkt auf die Entscheidung des Familienrichters nach § 1303 Abs. 2 BGB angewendet werden, denn er bezieht sich nur auf Verfahren im Rahmen der elterlichen Sorge. Allerdings könnte sein Rechtsgedanke analog auch im Rahmen des § 1303 Abs. 2 BGB Berücksichtigung erlangen. Dies würde voraussetzen, dass neben einer planwidrigen Regelungslücke, die hier wohl bejaht werden könnte, auch eine vergleichbare Interessenlage gegeben ist. Das erscheint vor dem Hintergrund, dass § 1697a BGB für all die sorgerechtlichen Konfliktfelder gilt, in denen Gerichte in das Elternrecht eingreifen und sich deshalb am Kindeswohl zu orientieren haben, aber eher abwegig: Denn durch das Stattgeben eines Antrags nach § 1303 Abs. 2 BGB wird das Elternrecht nicht tangiert[781]. Darüber hinaus müsste der Familienrichter bei analoger Anwendung des § 1697a BGB umfassend prüfen, ob die geplante Heirat das Beste für den jeweiligen Minderjährigen darstellt. Bei dem Antragsverfahren nach § 1303 Abs. 2 BGB geht es jedoch vorrangig darum,

---

[779] Staudinger/*Strätz*, BGB, § 1303 Rn. 14.
[780] Staudinger/*Strätz*, aaO; MüKo/*Müller-Gindullis*, BGB, § 1303 Rn. 6; Bamberger/Roth/*Hahn*, BGB, § 1303 Rn. 7.
[781] Staudinger/*Strätz*, BGB, § 1303, Rn. 14.

negative Folgen vom Minderjährigen fernzuhalten und nicht positive zu bewirken[782]. Eine vergleichbare Interessenlage ist daher nicht festzustellen, so dass eine analoge Anwendung von § 1697a BGB ausscheidet.

Würde man die Anforderungen des § 1666 BGB übertragen, wäre die Hürde, einen Antrag abzulehnen, hingegen sehr hoch. Denn das Familiengericht müsste feststellen, dass die Gefährdungsschwelle durch die mögliche Heirat überschritten wird. Demnach wären irgendwie geartete Nachteile für das Kindeswohl durch die geplante Hochzeit nicht ausreichend, vielmehr müsste ein drohender erheblicher Schaden erkennbar sein. Auch hier scheitert die Übertragung des Maßstabs an der vergleichbaren Interessenlage: Im Rahmen des § 1666 BGB sind die Anforderungen nur deshalb so hoch, weil gegen den Willen der Eltern in ihr verfassungsrechtlich gewährleistetes Elternrecht eingegriffen wird. Hierzu ist der Staat nur berechtigt, wenn die Eltern in ihrer Rolle als Wahrer der Kindesinteressen ausfallen. Ein solcher Konflikt besteht beim Befreiungsverfahren des § 1303 Abs. 2 BGB jedoch nicht, weil das Erziehungsrecht keine Befugnis gibt, das Kind zu verheiraten. Die Eheschließung ist vielmehr auch bei Minderjährigkeit höchstpersönlich, § 1311 S. 1 BGB. Folglich besteht auch kein Grund, die hohen Maßstäbe des § 1666 Abs. 1 BGB auf § 1303 Abs. 2 BGB zu übertragen. Demnach hat das Familiengericht zu prüfen, ob das Eingehen einer Ehe nachteilige Konsequenzen für das Kindeswohl hätte[783]. Sind solche nicht erkennbar, ist die Zustimmung zu erteilen.

Dieses Ergebnis hat Auswirkungen auf den Anwendungsbereich des § 1666 Abs. 1 BGB. Da Minderjährige in Deutschland nur mit Gestattung des Familiengerichts heiraten können und Grundlage der Gestattung u.a. eine Prüfung der Vereinbarkeit der Heirat mit dem Kindeswohl ist, kommt § 1666 Abs. 1 BGB in diesen Fällen nicht zur Anwendung. Denn die Anforderungen an die

---

[782] Hierin ist ein Unterschied zu sehen: im ersteren Fall ist nur zu prüfen, ob die Heirat sich negativ auf das Kindeswohl auswirkt, wobei ein „neutrales" Ergebnis der Stattgabe des Antrags nicht schaden würde, wohingegen dieses Ergebnis bei geforderten positiven Auswirkungen auf das Kindeswohl die genau umgekehrte Folge hätte, dass der Antrag nämlich abgelehnt werden müsste.
[783] Staudinger/*Strätz*, BGB, § 1303 Rn. 14, einige Beispiele, die zur Versagung des Antrags führen, finden sich in Rn. 20ff.

Kindeswohlprüfung in § 1303 Abs. 2 BGB sind, wie soeben dargestellt, geringer als die Voraussetzungen des § 1666 Abs. 1 BGB. Das bedeutet aber wiederum, dass immer dann, wenn eine Kindeswohlgefährdung bejaht werden müsste, ein Antrag nach § 1303 Abs. 2 BGB auch abgelehnt werden würde, so dass der oder die Minderjährige schon aus diesem Grund nicht heiraten könnte. In diesen Fällen kommt § 1666 Abs. 1 BGB daher nicht zur Anwendung.

Aufgrund der restriktiven Regelung des § 1303 BGB sind Fälle der Heiratsverschleppung allerdings nicht selten. Je nach Regelung im Heimatland der Eltern des zu verheiratenden Kindes, kann es dort möglich sein, Minderjährige zu verheiraten[784]. Eine andere Variante, die Regelungen zum Schutz Minderjähriger zu umgehen, ist das Eingehen der Ehe im Rahmen einer religiösen Zeremonie, bei der die gesetzliche Trauung bis zur Volljährigkeit der Ehepartner aufgeschoben wird[785]. An der subjektiv empfundenen Verbindlichkeit der Ehe für die Betroffenen ändert sich hierdurch nichts. In diesen Fällen ist § 1303 BGB nicht anwendbar, so dass es darauf ankommt, ob die Voraussetzungen des § 1666 Abs. 1 BGB vorliegen.

3. Betroffenheit des Kindeswohls

Dabei kann nicht ernstlich in Frage stehen, ob die Zwangsverheiratung eines minderjährigen Kindes dem Kindeswohl zuwiderläuft oder nicht[786]. Das Kind wird hierdurch in seinem Selbstbestimmungsrecht dauerhaft beschnitten, es ist täglich den Konsequenzen dieser Maßnahme ausgesetzt. Gerade bei der Verheiratung junger Mädchen geht diese oft mit erzwungenem Sexualverkehr und Gewalt in der Ehe einher[787]. Selbst wenn dies nicht der Fall ist, bedeutet die Verheiratung für die Mädchen in den meisten Fällen das Ende des Ausbil-

---

[784] *Eisenrieder* in Terre des Femmes, Zwangsheirat, S. 22.

[785] So auch *Motzer/Kugler*, Kindschaftsrecht mit Auslandsbezug, Rn. 349.

[786] Staudinger/*Coester*, BGB, § 1666 Rn. 163; MüKo/*Olzen*, BGB, § 1666 Rn. 55; *Abramowski*, Staatliche Schutzmaßnahmen für Kinder ausländischer Eltern, S. 165f; *Motzer/Kugler*, Kindschaftsrecht mit Auslandsbezug, Rn. 349.

[787] *Lehnhoff* in Terre des Femmes, Zwangsheirat, S. 13.

dungsweges[788]: Es wird nicht weiter in eine Berufsausbildung investiert, da die Frau für Haushalt und Kinder zuständig ist. Aber auch die Verheiratung junger Männer trifft deren Selbstbestimmungsrecht im Kernbereich, gerade hier dient die Verheiratung oft als Disziplinarmaßnahme[789]. Um den Sohn wieder auf den Pfad der Tugend zu bringen und ihm die Traditionen und Werte aus der Heimat nahezubringen, wird er mit einem Mädchen aus dem Heimatland verheiratet. Eine solche Bevormundung seitens der Eltern kann nicht als förderlich für das Kindeswohl angesehen werden.

In den Fällen, in denen Mädchen im Heimatland ihrer Eltern während der Ferien verheiratet werden, gilt dies umso mehr: Sie werden für sie völlig unvermittelt aus der ihnen vertrauten Umgebung gerissen und einem ihnen Unbekannten zur Frau gegeben. Sie müssen in einem Land leben, das ihnen bestenfalls aus Urlauben bekannt ist, gehen nicht mehr zur Schule, sondern führen stattdessen einen Haushalt. Solche Maßnahmen sind unter keinem Aspekt als vereinbar mit dem Kindeswohl anzusehen. Selbst wenn – was, wie oben dargelegt, oft bezweifelt wird – die Zwangsverheiratung auf einer religiösen Pflicht beruhen sollte, kann dies auch unter Berücksichtigung der Umstände des Einzelfalles zu keinem anderen Ergebnis führen. Die geforderte Berücksichtigung der kulturellen Wurzeln einer Familie bei der Beurteilung des Kindeswohls kann sich auch nicht auf derart tiefgreifende Maßnahmen durchschlagen[790].

4. Problematik bei arrangierten Ehen

So klar, wie die Betroffenheit des Kindeswohls in Fällen der Zwangsheirat, hier insbesondere der Heiratsverschleppung, erscheint, kann die Beurteilung der arrangierten Ehen nicht vorgenommen werden. Eindeutig ist, dass zwischen beiden Formen unterschieden werden muss, da den Betroffenen bei arrangierten Ehen zumindest ein Mitspracherecht eingeräumt wird[791]. Allerdings ist für die hier interessierenden Konstellationen zu berücksichtigen, dass wie-

---

[788] *Lehnhoff* a.a.O.
[789] *Toprak* in Terre des Femmes, Zwangsheirat, S. 27, 30.
[790] Staudinger/*Coester*, BGB, § 1666, Rn. 163.
[791] *Eisenrieder* in Terre des Femmes, Zwangsheirat, S. 23.

derum nur solche Fälle im Anwendungsbereich des § 1666 Abs. 1 BGB liegen, in denen es sich um Minderjährige handelt, die im Ausland verheiratet werden oder deren Hochzeit zunächst nur auf traditionelle Art vorgenommen wird. Diese Eingrenzung lässt Zweifel an der Legitimität der arrangierten Ehe aufkommen. Bereits oben wurde deutlich, dass es einen Graubereich zwischen Zwangsehen und arrangierten Ehen gibt. Wird die Hochzeit im Ausland geplant, so befindet man sich eher in der Nähe zur Zwangsheirat als im eindeutigen Bereich normal arrangierter Ehen. Die Wahl des Hochzeitsortes kann auf die Ortsansässigkeit der übrigen Familie zurückzuführen sein, häufig stellt sie allerdings ein Mittel der Umgehung des § 1303 Abs. 2 BGB dar. Auch die Tatsache, dass das Kind freiwillig in so jungem Alter heiratet, ist für in Deutschland aufgewachsene Jungendliche eher ungewöhnlich. Gerade wenn als Partner eine Person aus dem Heimatland ausgewählt wird, bei der vorher nur wenige Möglichkeiten bestehen, dass sich die zukünftigen Eheleute kennenlernen, stellt sich die Frage, wie freiwillig die Betroffenen die Ehe eingehen. Dies alles sind Indizien, die auch bei einer arrangierten Ehe einen kindeswohlgefährdenden Charakter nahelegen. Da die Kindeswohlbeeinträchtigung jedoch nicht in jeder Konstellation eindeutig erscheint, sind die Motive der Familie im Einzelfall zu untersuchen. Von Belang ist z.B., ob nur die Hochzeit im Ausland stattfindet oder ob die Eheleute künftig dort leben sollen. Weiterhin kommt es darauf an, ob durch die Heirat die Bildungschancen eines der Eheleute unterlaufen werden. Gibt es gute Gründe, warum die Ehe im Heimatstaat geschlossen werden soll und sind diese plausibel nachzuvollziehen, so kann eine differenzierte Abwägung auch zu dem Ergebnis führen, dass das Kindeswohl nicht beeinträchtigt wird.

Kommt die Regelung des § 1303 Abs. 2 BGB nicht zur Anwendung, weil die arrangierte Ehe zunächst im traditionellen Rahmen geschlossen wird, muss die Abwägung dies berücksichtigen. In einer solchen Konstellation ist es wahrscheinlicher, dass sich die künftigen Eheleute kennenlernen konnten und so in die Entscheidung mit einbezogen wurden. Entscheidend würde es darauf ankommen, ob die Betroffenen freiwillig die Ehe eingehen, ob ihnen weiterhin

Bildungswege offenstehen und aus welchen Gründen die Ehe lediglich auf traditionelle Art eingegangen wird. Ist hierin eine bewusste Umgehung des § 1303 Abs. 2 BGB zu erblicken, bspw. weil beide Eheleute noch nicht volljährig sind und deshalb eine Gestattung schon nicht erteilt werden könnte, könnte dies ein Indiz für einen gewissen Zwangscharakter sein. Doch selbst wenn die traditionelle Eheschließung nicht der Umgehung dient, ist zu berücksichtigen, dass ein Arrangement auf dieser Basis nicht die Schutzfunktionen einer zivilrechtlichen Ehe nach sich zieht, so dass in diesen Fällen gute Gründe für die Betroffenheit des Kindeswohls gegeben sind.

5. Problematik des Gefährdungsbegriffs

Doch nicht jede nachteilige Entscheidung für das Kindeswohl reicht im Rahmen des § 1666 Abs. 1 BGB für das Eingreifen des Gerichts aus. Insofern müsste auch die Zwangsheirat einen erheblichen Schaden bewirken, dessen Eintritt hinreichend wahrscheinlich ist.

Soll ein Kind gegen seinen Willen mit einer anderen Person verheiratet werden, mit der es dann den Rest des Lebens zu verbringen hat, so ist hierin ein erheblicher Schaden für das Kindeswohl zu sehen. Die absolute Nichtachtung des Selbstbestimmungsrechts des Kindes, die nicht nur punktuell erfolgt, sondern lebenslange Konsequenzen nach sich zieht, kann zu keinem anderen Ergebnis führen. Hierdurch überschreiten die Eltern bei weitem den Rahmen dessen, was noch als vertretbare Erziehungsmethode angesehen werden kann. Die mit der Zwangsheirat bezweckten Ziele, nämlich einer sozialen Absicherung des Kindes und des Ansehens der Familie, können zu keinem anderen Ergebnis führen. Zwar ist ein jedes Kind nicht nur Individuum, sondern lebt auch im Familienverband mit den jeweiligen Besonderheiten. Deshalb ist auch anerkannt, dass bspw. Kinder muslimischer Eltern weitergehendere Bekleidungsvorschriften hinzunehmen haben als andere[792]. Eine Erziehung, die dem Kind jegliche Individualität abspricht und von ihm erwartet, sich den Familienzielen

---

[792] Staudinger/*Coester*, BGB, § 1666 Rn. 163.

unterzuordnen, stellt allerdings eine erhebliche Schädigung des Kindeswohls dar.

Dies ist für arrangierte Ehen nicht in der gleichen Eindeutigkeit zu bejahen. Denn hier suchen die Eltern lediglich ihrer Ansicht nach geeignete Ehepartner aus, die vom jeweiligen Kind allerdings abgelehnt werden können. Auch in diesen Fällen handelt es sich nicht um Liebeshochzeiten, wie sie hierzulande gepflegt werden, sondern zumindest auch um Zweckehen. Allein die Tatsache, dass die Partnerwahl nicht nach den hierzulande üblichen Kriterien verläuft, sondern eher an pragmatischen Gründen orientiert ist, führt aber noch nicht zu einem erheblichen Schaden. Allerdings sind die hier zu beurteilenden Fallgestaltungen der arrangierten Ehen solche, die im Ausland oder in einer traditionellen Zeremonie geschlossen werden. Wie oben bereits angerissen, weisen diese Konstellationen eine größere Nähe zur Zwangsheirat als zur freiwilligen Ehe auf. Insofern wäre in diesen Fällen genau zu prüfen, ob das Kind tatsächlich freiwillig heiratet. Hier kommt es auch auf die Reife des jeweiligen Kindes an. Soll das Leben nach der Heirat im Heimatland weitergeführt werden, spricht dies insbesondere in den Fällen, in denen noch kein Schulabschluss vorliegt, dafür, dass dem Kindeswohl ein erheblicher Schaden droht.

Anhaltspunkte für die Wahrscheinlichkeit einer Zwangsheirat sind in den Fällen, in denen die Hochzeit im Ausland stattfinden soll, vergleichsweise einfach zu finden. Solange keine Auslandsreise bevorsteht oder geplant wird, kann die Zwangsverheiratung nicht vorgenommen werden. Darüber hinaus ist von Bedeutung, wo eine geplante Reise hingeht, denn die meisten Hochzeiten werden im Heimatland der Eltern während der Ferien vorgenommen. Wird eine Auslandsreise in einen anderen Staat geplant und bestehen keine Anhaltspunkte dafür, dass es zu Personen dort besondere Beziehungen gibt, ist allein durch die Auslandsreise keine gegenwärtige Gefahr gegeben. Aber auch Familienbesuche im Heimatland der Eltern werden in den meisten Fällen nicht deshalb vorgenommen werden, um Kinder zu verheiraten. Daher sind weitere Anhaltspunkte heranzuziehen, die den Verdacht erhärten. So kann die Menge an Gepäck oder die Abmeldung des Kindes von der Schule o.ä. Aufschluss geben.

Entscheidende Bedeutung wird dabei aber den Äußerungen des betroffenen Kindes zukommen. Auch die Vergangenheit und die bisherigen Eltern-Kind-Konflikte sind von Bedeutung. Gibt das Verhalten des Kindes Grund zu der Annahme, dass die Eltern sich um die Familienehre sorgen, spricht dies für die frühe Verheiratung des Kindes. Schließlich mag auch von Bedeutung sein, in welchem Alter üblicherweise in der Herkunftsregion der Eltern geheiratet wird oder wann sonstige Familienmitglieder geheiratet haben.

In den Fällen, in denen eine Zwangsheirat oder arrangierte Ehe im Rahmen einer traditionellen Zeremonie abgeschlossen werden soll, können als Anhaltspunkte für die Beurteilung der Wahrscheinlichkeit Vorbereitungshandlungen der entsprechenden Familien für ein großes Familienfest herangezogen werden. Aufmerksamkeit ist auch hier in der Regel den Äußerungen der Familienmitglieder und insbesondere des zu verheiratenden Kindes zu schenken.

Diese Indizien können zusammen ein relativ gesichertes Gesamtbild über die Wahrscheinlichkeit einer unmittelbar bevorstehenden Zwangsheirat liefern. Dabei stellt sich auch hier die Frage der Berücksichtigung einer etwaigen religiösen Motivation der elterlichen Entscheidung. Bestritten wird allerdings, ob die Zwangsverheiratung überhaupt einen Bezugspunkt in der Religion hat, geschweige denn, ob sie von den entsprechenden Religionen vorgeschrieben wird. Beides ist äußerst zweifelhaft, bedarf hier in allen Einzelheiten jedoch keiner Klärung. Denn selbst wenn man eine religiöse Verwurzelung der Zwangsheirat annähme, würde sich die Eingriffsschwelle nicht ändern: Die Zwangsheirat berührt tiefgreifende Grundrechte des Kindes, die im Rahmen der praktischen Konkordanz in einen Ausgleich zur Religionsfreiheit der Eltern gebracht werden müssen. Dies führt dazu, dass in diesen Fällen unabhängig von der Betroffenheit der Religionsfreiheit die Eingriffsschwelle nicht angehoben werden kann.

So lässt sich festhalten, dass eine drohende Zwangsheirat einen erheblichen Schaden für das Kindeswohl hervorruft. An die Wahrscheinlichkeit des Schadenseintritts sind für diese Fälle keine erhöhten Anforderungen zu stellen. Ge-

rade in den Konstellationen der Auslandsverheiratung dürften sich Anhaltspunkte für eine drohende Verheiratung ermitteln lassen, die einen Eingriff ermöglichen.

6. Problematik der zu ergreifenden Maßnahmen

Dabei werfen die zu ergreifenden Maßnahmen bei einer drohenden Zwangsehe
nicht unerhebliche Probleme auf. Nach § 1666 Abs. 1 BGB hat das Familiengericht die „erforderlichen Maßnahmen" unter Achtung des Verhältnismäßigkeitsgrundsatzes anzuordnen. Um die kindeswohlgefährdenden Folgen einer
Zwangsheirat zu vermeiden, würde ausreichen, die Zwangsheirat zu verhindern. Bei einer drohenden Verheiratung im Ausland könnte dies bspw. durch
Entzug des Aufenthaltsbestimmungsrechts geschehen.

Problematisch ist allerdings, dass durch die Verhinderung der Zwangsheirat
und damit der kindeswohlgefährdenden Folgen, eine andere Gefährdung hervorgerufen werden kann. Kann die geplante Hochzeit im Ausland nicht stattfinden, so ist dies für die Familie eine Schande, die die Ehre der Familie beeinträchtigt. Auslöser dieser Ehrverletzung ist das zu verheiratende Kind. Dies gilt
umso mehr, wenn die Behörden nicht nur durch aufmerksame Dritte, sondern
durch das Rat suchende Kind auf die Situation aufmerksam gemacht wurden.
Dann ist das Kind, insbesondere wenn es sich um ein Mädchen handelt, häufig
in nicht unerheblicher Gefahr. Denn zur Wiederherstellung der Familienehre
droht entweder eine neuerliche, als arrangierte Ehe getarnte Heirat. In sehr traditionell verwurzelten Familien, wofür allein die Tatsache spricht, dass eine
Zwangsehe geplant wurde, kann der Wunsch nach Aufrechterhaltung der Familienehre bis zum Ehrenmord vorangetrieben werden[793].

Insofern sind bei der Anordnung der Maßnahmen potentielle Folgegefähr-
dungen im Blick zu behalten und ggf. in die Entscheidung mit einzubeziehen.
Bei drohenden Zwangsehen sind aus diesem Grund tendenziell recht weitreichende Maßnahmen anzuordnen. Häufig muss das Kind zu seinem eigenen

---

[793] *Lehnhoff* in Terre des Femmes, Zwangsheirat, S. 14.

Schutz von der Familie getrennt werden. In diesen Fällen ist darauf zu achten, dass nicht publik wird, wo sich das Kind aufhält. Welche Gefahren konkret gegeben sind, wo Fallstricke für das Kind verborgen liegen und wie ihm am besten zu helfen ist, ist für den Richter, der sich in den seltensten Fällen mit dieser Fragestellung zu befassen hat, schwierig zu überschauen. Daher erscheint es sinnvoll, die Zusammenarbeit mit Beratungsstellen zu suchen und unter Berücksichtigung derer Erfahrungen die erforderlichen Maßnahmen anzuordnen.

III. Zwischenergebnis

Die Zwangsheirat verletzt in allen Erscheinungsformen das Wohl des Kindes. In diesem Zusammenhang kommt auch keine Verschiebung der Wahrscheinlichkeitsschwelle zugunsten der Eltern in Betracht: Zunächst ist schon zweifelhaft, ob die Zwangsheirat auf eine bestimmte Religion zurückzuführen ist. Darüber hinaus führen im Rahmen der praktischen Konkordanz die Grundrechte des Kindes zum Ausgleich der Positionen. Bei den anzuordnenden Maßnahmen ist die Besonderheit zu berücksichtigen, dass das Kind über den Schutz vor der Zwangsverheiratung hinaus schutzbedürftig ist. Es sind also nicht nur solche Anordnungen zu treffen, die die Zwangsheirat verhindern, sondern darüber hinausgehend ist die körperliche Unversehrtheit des Kindes sicherzustellen. Hierfür sollten die Familiengerichte auf die Erfahrungen der Beratungsstellen zurückgreifen.

C. Verweigerung medizinischer Hilfe

Eine der ersten bekannt gewordenen Fragestellungen zum Thema Kindeswohlgefährdung aufgrund religiös motivierter Verhaltensweisen der Eltern ist die Verweigerung notwendiger medizinischer Hilfe wegen Unvereinbarkeit mit den religiösen Überzeugungen der Eltern. In diesen Fällen ging es um Angehörige der Glaubensgemeinschaft der Zeugen Jehovas, nach deren Lehre Bluttransfusionen unrein und abzulehnen sind. Diese Überzeugung geht so weit, dass auch Eltern ihren Kindern Bluttransfusionen verweigerten. Mithin stellte sich die Frage, ob die generelle Ablehnung von Bluttransfusionen eine Kindeswohlgefährdung darstellt, die ein Eingreifen des Familiengerichts erfordert.

Daran anschließend ist die Frage zu beantworten, wo die Gefährdungsgrenze zu ziehen ist.

I. Lehre der Zeugen Jehovas

Nach der Lehre der Zeugen Jehovas ist Blut heilig, weil die Seele eines Lebewesens sich in seinem Blut befinde. Dies wird 1. Mose 9, 4 und 3. Mose 17, 11 entnommen. Die einzige Funktion des Blutes außerhalb des Körpers darf sein Gebrauch für Opferhandlungen sein[794]. Daher ist es untersagt, Blut zu essen oder auch nur das Fleisch eines Tieres, das nicht ausgeblutet ist[795]. Diese Verbote gelten auch für Bluttransfusionen, weil auch durch diese Maßnahme Blut aufgenommen wird[796]. Das Verbot gilt sowohl für Eigen- als auch für Fremdblutspenden[797], weil Blut nicht aufbewahrt werden darf: Jegliches Blut, das den Körper verlässt, muss entsorgt werden[798]. Einzige Einschränkungen zu dieser Regel seien für die Hämodialyse und die Herz-Lungen-Maschine zu machen, denn hierbei wird das Blut nicht außerhalb des Körpers gelagert, sondern nur umgeleitet[799].

Die Lehre von der Heiligkeit des Blutes ist ein wesentlicher Grundpfeiler des Glaubens der Zeugen Jehovas, von der keine Ausnahmen möglich sind[800]. Auch im Falle einer potentiell lebensrettenden Bluttransfusion wird deshalb deren Verabreichung abgelehnt. Sollte sich ein Angehöriger der Glaubensgemeinschaft im Ernstfall doch für eine Transfusion entscheiden, wird ein solches Verhalten mit Gemeinschaftsentzug der übrigen Mitglieder sanktio-

---

[794] Dies wird aus Apostelgeschichte 15, Vers 28f. hergeleitet.

[795] Watch Tower Bible and Tract Society, www.watchtower.org, Ehrfurcht vor dem Leben und Blut haben.

[796] *Oelkers/Kraeft*, FuR 1997, 161, 163.

[797] Watch Tower Bible and Tract Society, www.watchtower.org, Ehrfurcht vor dem Leben und Blut haben.

[798] *Bender*, MedR 1999, 260.

[799] *Bender*, MedR 1999, 260, die Schlauchleitungen werden als Erweiterung des Blutkreislaufsystems angesehen.

[800] *Oelkers/Kraeft*, FuR 1997, 161, 163.

niert[801]. Gemeinschaftsentzug bedeutet, dass den Mitgliedern fortan jeglicher Kontakt zu dem Sündigen untersagt ist[802].

In den entsprechenden Informationsschriften der Glaubensgemeinschaft wird betont, dass die Ablehnung von Bluttransfusionen nicht darin begründet liege, dass Zeugen Jehovas nicht leben wollten. Sie hingen nur nicht um den Preis an ihrem irdischen Leben, ein wesentliches Gebot Gottes zu übertreten[803].

II. Beurteilung durch Gerichte

Die Praxis der strikten Ablehnung von Blutübertragungen war häufig Gegenstand gerichtlicher Verfahren. Die Gerichte haben erkennbar Schwierigkeiten damit, es hinzunehmen, dass jemand den Tod in Kauf nimmt, wenn es eine so einfache und unproblematische Gegenmaßnahme gibt wie eine Bluttransfusion. So wurde sogar die Verfassungsbeschwerde einer erwachsenen Patientin, die Angehörige der Glaubensgemeinschaft der Zeugen Jehovas war, nicht zur Entscheidung angenommen, in der sie sich gegen die Bestellung eines Betreuers wandte, der für sie in die Verabreichung einer Bluttransfusion einwilligen sollte[804]. In dem zugrunde liegenden Sachverhalt hatte die Patientin unmittelbar vor der Durchführung einer Operation die Ärzte darüber informiert, dass sie Angehörige der Zeugen Jehovas sei und daher eine eventuell erforderliche Bluttransfusion ablehne und händigte ihnen hierzu ein entsprechendes Dokument aus. Die Ablehnung der Verfassungsbeschwerde wurde damit begründet, dass die Patientin zwar vor der Operation ihre Ablehnung von Blutübertragungen erklärt habe, sich hieraus jedoch nicht mit Sicherheit schließen lasse, ob sie sich tatsächlich in einer lebensgefährdenden Situation gegen eine solche Behandlung entschieden hätte[805]. Daneben zweifelt das BVerfG bereits daran, dass die Betreuerbestellung überhaupt einen Eingriff in die Religionsfreiheit

---

[801] Hierzu *Bender*, MedR 1999, 260, 266f.
[802] *Bender*, MedR 1999, 260, 267.
[803] Watch Tower Bible and Tract Society, www.watchtower.org, Ehrfurcht vor dem Leben und Blut haben. Daher bemüht sich die Glaubensgemeinschaft darum, alternative blutlose Behandlungsmethoden zu fördern.
[804] BVerfG NJW 2002, 206 ff.
[805] BVerfG NJW 2002, 206, 207.

darstellt. Doch selbst wenn man einen mittelbaren Eingriff annehme, sei dieser gerechtfertigt: Denn die Religionsfreiheit der Patientin kollidiere mit dem Schutz der Familie aus Art. 6 Abs. 1 GG und der Eingriff diene der Wahrung des Kindeswohls, wozu der Staat durch Art. 6 Abs. 2 GG verpflichtet sei[806].

Diese Argumentation zeigt anschaulich die Probleme der Gerichte im Umgang mit solchen Entscheidungen. Trotz der unmittelbar vor der Operation abgegebenen Erklärung, sah das Bundesverfassungsgericht im konkreten Fall ausreichende Anhaltspunkte, um Zweifel an der Ernsthaftigkeit der Entscheidung anzunehmen[807]. Nur deshalb konnten dann in der Abwägung die Interessen von Mann und Kind überwiegen[808].

Sind erwachsene Personen aufgrund der Lehre der Zeugen Jehovas davon überzeugt, dass Blutübertragungen abzulehnen sind, nehmen sie ihre Kinder in der Regel hiervon nicht aus. Vielmehr versuchen sie zwar, im Zweifel alternative Behandlungstherapien zu nutzen, steht eine solche jedoch nicht zur Verfügung, würden die Konsequenzen der Nichtbehandlung hingenommen werden. Diese Problematik ist in unterschiedlichen Fällen vor die Vormundschafts-, bzw. nun Familiengerichte getragen worden.

Die meisten Entscheidungen beschäftigten sich mit der Frage, ob einem Elternteil nach Trennung die alleinige elterliche Sorge übertragen werden soll, § 1671 BGB. Geht ein solcher Antrag beim Familiengericht ein, hat der Richter gemäß § 1671 Abs. 2 Nr. 2 BGB danach zu entscheiden, ob die Aufhebung der gemeinsamen elterlichen Sorge und Übertragung auf einen Elternteil dem Wohl des Kindes entspricht. Gehört ein Elternteil den Zeugen Jehovas an, scheint sich eine Zeitlang allein deshalb der andere Teil Chancen auf das alleinige Sorgerecht ausgerechnet zu haben und beantragte dieses häufig mit der

---

[806] BVerfG, a.a.O.; kritisch zum pauschalen Verweis auf das Kindeswohl Friauf/Höfling/*Burgi*, GG, Art. 6 Rn. 154.

[807] Die Zweifel gründeten auf der Frage, ob die Patientin bei Kenntnis ihrer lebensbedrohlichen Situation ihre Entscheidung gegen eine Bluttransfusion aufrechterhalten hätte. Da die Patientin im Zustand der Bewusstlosigkeit hierzu nicht mehr gehört werden konnte, war es nach Ansicht der BVerfG zulässig, den Ehemann als Betreuer einzusetzen, NJW 2002, 206, 207.

[808] So auch *Ohler/Weiß*, NJW 2002, 194, 195.

Begründung, dass die Ablehnung von Bluttransfusionen das Kind im Bedarfsfall einer schwerwiegenden Gefahr für das körperliche Wohl aussetze[809]. In anderen Verfahren wurde das Sorgerecht zwar dem Elternteil übertragen, der Anhänger der Zeugen Jehovas war, jedoch ohne das Recht zur religiösen Erziehung und zur Bestimmung über Bluttransfusionen, wogegen dann in der Regel Beschwerde eingelegt wurde[810].

Die Gerichte hatten sich dann jeweils mit der Frage zu beschäftigen, ob allein die Zugehörigkeit zur Glaubensgemeinschaft der Zeugen Jehovas die Erziehungseignung in Frage stellt. Dies wird in ständiger Rechtsprechung abgelehnt. Mit der Religionsfreiheit sei es unvereinbar, wenn allein die Zugehörigkeit zu einer Religionsgemeinschaft zur Ungeeignetheit der Ausübung der elterlichen Gewalt führe[811]. Wird durch die Lehren der Zeugen Jehovas Einfluss auf die Entwicklung des Kindes genommen, so komme es entscheidend darauf an, ob hierdurch im Einzelfall das Kindeswohl konkret beeinträchtigt werde[812]. Der Grundsatz der Unteilbarkeit des Personensorgerechts führte schon früher dazu, dass eine Abspaltung des Rechts auf religiöse Erziehung oder von Entscheidungen im medizinischen Bereich nicht ohne Vorliegen einer konkreten Gefahr getroffen werden konnten[813]. Auch wenn dieser Grundsatz bereits durch die Kindschaftsreform von 1998 abgeschafft wurde und daher heute nicht mehr in der Form gilt[814], kann auch heute nicht ohne konkrete Veranlassung ein Teilbereich der elterlichen Sorge von der Sorgerechtsübertragung ausgeklammert werden. Denn die Möglichkeit, Teilregelungen zu treffen, findet ihren Zweck darin, soweit möglich nur geringe Eingriffe in die elterliche Rechtsposi-

---

[809] Vgl. Sachverhaltsschilderungen OLG Koblenz Kind-Prax 2000, 158; AG Meschede NJW 1997, 2962.

[810] Vgl. Sachverhaltsschilderungen BayObLG NJW 1976, 2017; OLG Hamm NJWE-FER 1997, 54; OLG München Kind-Prax 2000, 159.

[811] BayObLG NJW 1976, 2017; so auch EGMR,EuGRZ 1996, 648,652 (Verfahren gegen Österreich).

[812] OLG Saarbrücken FamRZ 1996, 561, 562; OLG Hamburg FamRZ 1996, 684.

[813] BayObLG NJW 1976, 2017, 2018; OLG Hamm NJWE-FER 1997, 54; OLG Oldenburg NJW 1997, 2962; AG Meschede NJW 1997, 2962.

[814] Staudinger/*Salgo*, BGB, § 1631 Rn. 62.

tion zu verursachen[815]. Geht es bei einer Sorgerechtsübertragung nach § 1671 Abs. 2 BGB aber gerade darum, dass einem Elternteil ohnehin die gesamte Sorge übertragen werden soll, kann nicht ohne weiteres der Teilbereich Gesundheitsfürsorge ausgespart bleiben. Steht aber nicht etwa eine Operation konkret bevor, so ist die Wahrscheinlichkeit, dass eine Bluttransfusion benötigt wird, äußerst gering. Ein Eingriff in das elterliche Sorgerecht aufgrund eines solch kleinen Risikos würde sich daher als unverhältnismäßig darstellen[816]. Aufgrund der geringen Wahrscheinlichkeit einer benötigten Transfusion wird die konkrete Gefahr in ständiger Rechtsprechung verneint[817]. Die Ablehnung wird auch damit begründet, dass es mit § 1666 BGB eine Regelung gibt, die den Gerichten in der konkreten Situation die Möglichkeit gibt, schnell die Gefahr vom Kind abzuwenden[818].

Auch bei der Frage der Strafbarkeit wegen unterlassener Hilfeleistung wurde mit Verweis auf § 1666 BGB die Unzumutbarkeit der Zustimmungserteilung für die Fälle angenommen, in denen der Elternteil weiß, dass ihm im Zweifel vom Vormundschaftsrichter das Sorgerecht entzogen, bzw. die Zustimmungserklärung ersetzt wird[819]. Dann sei er nicht durch die eigene Zustimmungserteilung verpflichtet, aus seiner religiösen Perspektive schwere Schuld auf sich zu laden[820, 821].

---

[815] Eckebrecht/*V. Swieykowski-Trzaska*, Verfahrenshandbuch Familiensachen, § 2 Rn. 228.
[816] AG Meschede NJW 1997, 2962.
[817] BayObLG NJW 1976, 2017, 2018; OLG Stuttgart FamRZ 1995, 1290, 1291; OLG Hamm NJWE-FER 1997, 54; AG Emden, Urteil vom 08.09.2003 16 F 786/02 So; AG Meschede NJW 1997, 2962.
[818] OLG München Kind-Prax 2000, 159; AG Meschede NJW 1997, 2962..
[819] OLG Hamm FamRZ 1968, 221, 222.
[820] OLG Hamm a.a.O.
[821] Diese Argumentationsstruktur findet sich auch in der Entscheidung des Bundesverwaltungsgerichtes zur Frage der Verleihung des Körperschaftsstatus an die Religionsgemeinschaft der Zeugen Jehovas, BVerwG NVwZ 2001, 924, 925. Religionsgemeinschaften, die den Status einer Körperschaft des öffentlichen Rechts für sich beanspruchen, sind dem Schutz der Rechte Dritter stärker verpflichtet als sonstige Religionsgemeinschaften. Daher war von entscheidender Bedeutung, inwiefern die Ablehnung von Bluttransfusionen von Eltern für ihre Kinder hiermit zu vereinbaren war. Das Bundesverwaltungsgericht sieht in den Möglichkeiten des § 1666 BGB den Ausgleich zwischen Elternrecht und Religionsfreiheit auf der einen Seite und dem Recht des Kindes auf Leben und

Aufgrund dieser umfassenden Bedeutung des § 1666 BGB insgesamt und insbesondere in den vorliegenden Fällen für die Anwendung des § 1671 BGB und § 323c StGB in Bezug auf das elterliche Verhalten ist zu klären, wo genau die Grenzen des staatlichen Eingreifens verlaufen.

III. Kindeswohlgefährdung durch Zeugen Jehovas

Wird seitens der beteiligten Gerichte regelmäßig betont, dass die Zugehörigkeit zu den Zeugen Jehovas allein nicht zu einer Gefährdung des Kindeswohls führe, stellt sich die Frage, ob und wann überhaupt die Gefährdungsgrenze überschritten wird.

In Bezug auf die Zugehörigkeit zu der Glaubensgemeinschaft der Zeugen Jehovas wird eine mögliche Gefährdung des Kindeswohls in zweifacher Hinsicht diskutiert. Neben der grundsätzlichen Verweigerung von Bluttransfusionen wird auch überlegt, ob die Erziehungsmethoden der Mitglieder allgemein das Kindeswohl gefährden.

1. Keine Kindeswohlgefährdung durch Erziehungsmethoden

Kinder von Angehörigen der Zeugen Jehovas werden in der Regel streng erzogen und das Wort Gottes wird als absolut gelehrt[822]. Gelebt wird nach konservativen christlichen Werten, wonach Sexualität ausschließlich im Rahmen der Ehe stattfinden darf, die Frau sich ihrem Mann unterzuordnen hat und Genussmittel wie Alkohol und Tabak verboten sind. Von klein auf nehmen Kinder an den religiösen Veranstaltungen der Glaubensgemeinschaft teil, was einen beträchtlichen Teil der Freizeit in Anspruch nimmt. Der Kontakt zu An-

---

körperliche Unversehrtheit auf der anderen Seite. Das familiengerichtliche Ersetzen von Erklärungen gemäß § 1666 Abs. 3 BGB ermöglicht das Einhalten der religiösen Regeln für die Eltern und gleichzeitig den Schutz des Lebens des Kindes. Solange die Religionsgemeinschaft dies hinnimmt und ihre Mitglieder nur dahingehend bestärkt, nicht selbst die Zustimmung zur Transfusion zu geben, sind aufgrund des § 1666 BGB keine ausreichenden Gründe zur Versagung des Körperschaftsstatus gegeben. Nur darüber hinausgehende Maßnahmen, die die staatlichen Schutzmaßnahmen verhindern und erschweren sollen, würden die Zuerkennung des Status verhindern.

[822] Vgl. hierzu und zu den folgenden Punkten *Oelkers/Kraeft*, FuR 1997, 161, 162f; *Hessler* bezeichnet deren Aufzählung jedoch als „eigenwillige Interpretation", NJW 1997, 2930, 2931.

dersgläubigen wird möglichst vermieden. Insbesondere Geburtstage und das Feiern christlicher Feste wie Weihnachten sind tabu. Die Schule dient der Vermittlung von Wissen, darüber hinausgehende Integration wird nicht gefördert. Auch aus der Politik halten sich Zeugen Jehovas fern und halten auch ihre Kinder dazu an. Diskutiert wird, ob diese recht strikten Erziehungsvorgaben in ihrer Gesamtheit das Kindeswohl beeinträchtigen. Dies wird mit Verweis darauf, dass eine solche Erziehung das Erziehungsziel der Heranbildung eigenverantwortlicher und gemeinschaftsfähiger Menschen verhindere, teilweise bejaht[823].

Dem kann in dieser Allgemeinheit jedoch nicht zugestimmt werden: Problematisch ist insbesondere, dass der Rückschluss von der Zugehörigkeit zu einer Religionsgemeinschaft auf eine Kindeswohlgefährdung eine abstrakte Wertung der Glaubenslehren darstellen würde[824]. Von den allgemeinen Lehren der Zeugen Jehovas kann nicht auf die konkrete Ausgestaltung der Erziehung einzelner Glaubensangehöriger geschlossen werden. Wie streng Eltern diese Vorgaben umsetzen, entzieht sich einer pauschalen Beurteilung. Zudem haben Kinder nach allgemeiner Ansicht kein Recht auf die besten Eltern[825]. Eine vom Durchschnitt abweichende Erziehung kann nicht allein aus dem Grund, dass die meisten anderen andere Vorstellungen haben, sanktioniert werden[826]. Auch hier müsste die Schwelle zur Kindeswohlgefährdung überschritten werden. Dies kann in Bezug auf Erziehungsmethoden von Angehörigen der Zeugen Jehovas nicht allgemein angenommen werden[827], vielmehr bedarf es konkreter Anhalts-

---

[823] *Oelkers/Kraeft*, FuR 1997, 161, 164; so wohl auch *Weychardt*, FamRZ 2008, 632.

[824] BayObLG NJW 1976, 2017; *Hessler*, NJW 1997, 2930, 2931; *Kemper*, FuR 1996, 151, 152.

[825] BVerfGE 60, 79, 94; BVerfG FamRZ 2008, 492; *Gernhuber/Coester-Waltjen*, Familienrecht, § 57 Rn. 100, 106; *Coester*, FPR 2009, 549, 550.

[826] So auch *Kemper*, FuR 1996, 151, 152.

[827] Vgl. aber auch die Anmerkung von *Weychardt*, FamRZ 2008, 632, 633, der darauf hinweist, dass nur deshalb so viele Entscheidungen zugunsten der Angehörigen der Zeugen Jehovas ausgingen, weil vor Gericht zu selten substantiiert vorgetragen würde, was konkret in der Erziehung zu erwarten sei.

punkte im Einzelfall, dass durch die Religionspraxis eine Gefährdung gegeben ist[828].

2. Kindeswohlgefährdung durch Verweigerung von Bluttransfusionen

Darüber hinaus wird als konkrete Ausprägung der Lehre der Zeugen Jehovas diskutiert, wie sich die Lehre der Heiligkeit des Blutes mit dem Kindeswohl verträgt. Die untersagte Einwilligung in die Vornahme einer Bluttransfusion kann das körperliche Wohl beeinträchtigen. Sofern es während einer Operation, aufgrund eines Unfalls oder aus sonstigen Gründen zu einem großen Blutverlust kommt, den der Körper nicht rechtzeitig selbst kompensieren kann, ist es erforderlich, zur Aufrechterhaltung des Blutkreislaufs extern Blut zuzuführen. Durch starken Blutverlust wird der Körper des Betroffenen nicht ausreichend mit Sauerstoff versorgt, was den sogenannten Hämorrhagischen Schock hervorruft, der durch verschiedene Stadien bis zum Tode führen kann[829]. Dass eine solche Folge der verweigerten Einwilligung das körperliche Wohl des Kindes beeinträchtigt, kann nicht ernstlich in Frage gestellt werden.

a) Einordnung alternativer Behandlungsmethoden

Allerdings weist die Glaubensgemeinschaft der Zeugen Jehovas darauf hin, dass Bluttransfusionen nicht das einzige Mittel zur Kompensation des großen Blutverlustes seien. Vielmehr gebe es sogar wirksamere Alternativbehandlungen, die mit den Glaubensgrundsätzen übereinstimmten und weniger Risiken als eine Transfusion[830] bergen[831]. Die wohl wirksamste Alternativbehandlung, um sich vor den Risiken einer Fremdblutspende zu schützen, nämlich die Eigenblutspende, kommt für die Angehörigen der Zeugen Jehovas jedoch nicht in

---

[828] OLG Düsseldorf FuR 1996, 151; mit Anm. *Kemper*, FuR 1996, 151, 152; *Hessler*, NJW 1997, 2930, 2931.

[829] Vgl. *Bob/Bob*, Duale Reihe Innere Medizin, S. 249ff.

[830] Bei der Durchführung von Bluttransfusionen kann es zu verschiedenen Komplikationen kommen: Die Verwechslung von Blutkonserven kann zu einer hämolytischen Transfusionsreaktion führen, das Fremdblut kann mit einem Virus infiziert sein, es kann zu einer Transfusionsreaktion kommen etc., vgl. *Bob/Bob*, Duale Reihe Innere Medizin, S. 1468ff.

[831] *Hessler/Glockenthin*, MedR 2000, 419, 420f.

Betracht[832]. Denn wie bereits erwähnt, verbietet ihr Glaube jeglichen Kontakt mit Blut, das den Körper verlassen hat, gleich ob es sich um eigenes oder fremdes handelt. Zur Vermeidung von Transfusionen wird seitens der Glaubensgemeinschaft der Zeugen Jehovas darauf verwiesen, dass zunächst durch den Einsatz von Blutsparmethoden und genauester Operationstechnik der Bedarf an Bluttransfusionen vermindert würde[833]. Selbst wenn der Hämoglobinwert im Blut eines Patienten sinke, so sei nicht unmittelbar eine Transfusion erforderlich, da die bisher angenommenen Grenzwerte nicht den kritischen Punkt bezeichneten, ab dem ein Patient dringend Blut benötige[834].

Eine echte Alternative stellt hingegen die Möglichkeit dar, dem Körper bei Blutverlust Volumenersatz zuzuführen. Auch ohne Blut seien wirkungsvolle Volumenexpander verfügbar, durch die der Blutkreislauf aufrechterhalten werden könne. Eines der einfachsten Mittel sei das Verabreichen von Kochsalzlösung. Der Vorteil bestehe u.a. darin, dass solche Mittel gut verträglich und günstig in der Herstellung seien. Die Verdünnung des noch vorhandenen Blutes führe dazu, dass dieses leichter durch den Körper gepumpt werde und so den Körper weiterhin mit ausreichend Sauerstoff versorge[835].

Die genannten Alternativen ziehen in mehrfacher Hinsicht Probleme nach sich: Zunächst werden sie bisher nicht überall angewandt, so dass nicht sichergestellt ist, dass im konkreten Bedarfsfall Zugang zu der gewünschten Behandlung besteht. Die nicht ausreichende Verfügbarkeit alternativer Behandlungsmethoden in jedem Krankenhaus versucht man durch die Organisation sogenannter „Krankenhausverbindungskomitees" zu kompensieren. Die Zeugen Jehovas sammeln in diesen Komitees die Namen der Ärzte, die sich bereit erklärt

---

[832] Dies versäumen *Hessler/Glockenthin*, MedR 2000, 419, 420 allerdings zu erwähnen, wenn sie in ihrem Beitrag davon sprechen, dass sich die Behandlung ohne Fremdblut zunehmend durchsetze und als überlegener Standard eingestuft werde.

[833] Watch Tower Bible And Tract Society, www.watchtower.org, Wie kann Blut dein Leben retten?

[834] Watch Tower Bible And Tract Society, www.watchtower.org, Wie kann Blut dein Leben retten?

[835] Hierzu: Watch Tower Bible And Tract Society, www.watchtower.org, Wie kann Blut dein Leben retten?

haben, alternative Behandlungsmethoden anzuwenden und zusichern, auch im Falle des drohenden Todes ihres Patienten hiervon nicht abzuweichen und keine Bluttransfusion zu verabreichen[836]. Den Angehörigen der Glaubensgemeinschaft ist es so möglich, sich über die entsprechenden Ärzte zu informieren und diese gezielt aufzusuchen. Zumindest für die Fälle, in denen eine Bluttransfusion nicht spontan notwendig wird, kann so auf ein alternatives Behandlungskonzept zurückgegriffen werden.

Darüber hinaus sind alle genannten Methoden lediglich bis zu einer gewissen Grenze wirksam: Eine Operation kann nicht immer besonders blutsparend durchgeführt werden. Ein Volumenexpander kann nur dann seine Wirkung erfüllen, wenn der Patient nicht schon zuviel Blut verloren hat.

Zu berücksichtigen bleibt weiterhin die Tatsache, dass Eigen- oder Fremdblutspenden die Standardtherapie[837] bei schwerem Blutverlust darstellen. Die alternativen Behandlungskonzepte sind – zumindest bisher – nicht in gleichem Maße erforscht und anerkannt. Es stellt sich daher die Frage, wie sich der Verweis auf solche Methoden im Rahmen der Prüfung des § 1666 BGB auswirkt. Sofern sie ähnlich erfolgversprechend sind, würde durch die Zustimmungsverweigerung in die Bluttransfusion das Kindeswohl nicht tangiert werden. Die Zeugen Jehovas sehen im Verweis auf Alternativen und die intensive Suche der Eltern nach dem geeigneten Arzt so auch eher Anzeichen für die besondere Berücksichtigung des Kindeswohls[838]. Denn diesen Eltern sei es gerade wichtig, nur die beste Therapie für ihr Kind zu ermöglichen, der medizinische Standard dürfe nicht neuere und erfolgversprechendere Therapien ausschließen[839]. Ob alternative Behandlungskonzepte tatsächlich besser sind, ist aber in Frage zu stellen. Denn häufig liegen zu dieser Frage noch keine gesicherten Erkenntnisse vor, weshalb sie gerade noch nicht in die Standardthera-

---

[836] *Bender*, MedR 1999, 260, 261.
[837] Als medizinischer Standard werden solche Therapien bezeichnet, die durch wissenschaftliche Erkenntnis, ärztliche Erfahrung und einen Konsens innerhalb der Ärzteschaft getragen werden, vgl. *Bender*, MedR 1999, 260, 265.
[838] *Hessler/Glockenthin*, MedR 2000, 419, 420f.
[839] *Hessler/Glockenthin*, MedR 2000, 419, 420.

pien aufgenommen wurden. Ein individueller Heilversuch ist nur dann rechtmäßig, wenn keine erfolgversprechende Standardtherapie zur Verfügung steht[840]. Dieses Risiko auf das selbst nicht einwilligungsfähige Kind zu übertragen und so seine körperliche Gesundheit zu gefährden, kann nicht dem Kindeswohl entsprechen[841]. Daher können alternative Behandlungskonzepte nicht die verweigerte Zustimmung in die Vornahme einer Bluttransfusion kompensieren.

b) Kein Anheben der Gefährdungsschwelle bei Zeugen Jehovas

Aufgrund der eben dargestellten Problematik spielen die alternativen Behandlungsmethoden in den gerichtlichen Entscheidungen zu § 1666 BGB keine Rolle, vielmehr wird das Augenmerk auf die Gefährdungsgrenze gerichtet. Hierbei steht nicht in Frage, ob ein erheblicher Schaden zu befürchten sei. Durch verweigerte Transfusionen wird das Kind schlimmstenfalls sterben. Vielmehr interessiert das Kriterium der Gegenwärtigkeit, ab welchem Stadium also der Eintritt des Schadens wahrscheinlich ist. Da in diesen Fällen das Leben des Kindes gefährdet ist, steht der Religionsfreiheit das Grundrecht aus Art. 2 Abs. 2 GG entgegen. Demnach kann es zu keiner Erhöhung der Gefährdungsschwelle kommen.

Allerdings bleibt zu überlegen, ob es Möglichkeiten gibt, die bisherige Vorgehensweise bei Verweigerung von Bluttransfusionen derart zu optimieren, dass ohne Gefährdung des Kindes die elterliche Religionsfreiheit zu bestmöglicher Entfaltung kommt.

Dabei erscheint es sinnvoll, in den Fällen, in denen der Blutverlust des Kindes durch alternative Behandlungsmethoden kompensiert werden kann, auf solche zurückzugreifen. Dies sollte selbst dann gelten, wenn es sich bei diesen Methoden noch nicht um den medizinischen Standard handelt[842]. Sobald sich allerdings herausstellt, dass lediglich eine Bluttransfusion den Behandlungser

---

[840] *Hart*, MedR 1994, 94, 100.
[841] Ebenso *Bender*, MedR 1999, 260, 266.
[842] So auch *Bender*, MedR 1999, 260, 266.

folg sicherstellen kann, muss auf diese zurückgegriffen werden. In diesen Fällen kann nicht die Religionsfreiheit der Eltern zu einer Gefährdung des Kindes führen. Wann diese Grenze erreicht ist, kann nur von den behandelnden Ärzten entschieden werden. Sofern die Eltern ihre Einwilligung verweigern, kann diese gemäß § 1666 Abs. 3 Nr. 5 BGB gerichtlich ersetzt werden. Haben die Ärzte Zweifel, ob sie die Einwilligung rechtzeitig erwirken können, bestünde die Möglichkeit, sie bereits vorab einzuholen und lediglich im konkreten Notfall davon Gebrauch zu machen. Hierdurch würden die Rechte der Beteiligten weitestgehend berücksichtigt. Das Ersetzen der elterlichen Einwilligung ist auch völlig ausreichend in Bezug auf die konkrete Gefährdung, denn allein hierdurch wird die Gefahr vom Kind abgewendet.

c) Problematik eines evtl. Ausschlusses aus der Glaubensgemeinschaft

Teilweise wird jedoch darauf hingewiesen, dass ein Angehöriger der Glaubensgemeinschaft, der gegen grundlegende Glaubensbestimmungen verstößt, aus der Gemeinschaft verstoßen wird. Dies könnte dazu führen, dass das Leben und die Gesundheit eines Kindes durch die Vornahme der Bluttransfusion zwar gerettet werden, es fortan aber seitens der Familie und der Glaubensgemeinschaft mit Missachtung gestraft wird. Ein solches Verhalten würde das seelische Wohl des Kindes in hohem Maße gefährden. Deshalb käme es entscheidend darauf an, wie die Regeln zum Gemeinschafsentzug seitens der jeweiligen Gemeinde ausgelegt werden. In der Regel wird die Sanktion nur auf solche Mitglieder angewandt, die nicht glaubhaft darlegen können, Reue für ihren Fehltritt zu empfingen[843]. Die Wahrscheinlichkeit, dass ein Kind, das eine gerichtlich verordnete Bluttransfusion verabreicht bekommen hat, bestraft würde, wäre demnach eher gering. Sofern in sehr strengen Gemeinden eine andere Auslegung erfolgt, müsste allerdings über weitergehende gerichtliche Maßnahmen gegen die Eltern nachgedacht werden, wenn diese ihr Kind nicht vor den Sanktionen schützen können oder wollen. Klarzustellen ist, dass der Verweis auf eine mögliche Folgegefahr für das Kindeswohl durch den Gemein-

---

[843] Bender, MedR 1999, 160, 167.

schaftsentzug nicht als Argument gegen die Ersetzung der Einwilligung in eine konkret erforderliche Transfusion herangezogen werden kann. Sofern es Anhaltspunkte für die Praxis des Gemeinschaftsentzuges in der jeweiligen Gemeinde gibt, müsste deshalb über weitergehende Maßnahmen nachgedacht werden.

3. Zwischenergebnis

Die Gefährdungsschwelle in den Fällen der Versagung von Bluttransfusionen kann trotz der Betroffenheit der elterlichen Religionsfreiheit nicht angehoben werden. Trotzdem können alternative Behandlungsmethoden soweit angewendet werden, wie das Kind dadurch nicht konkret gefährdet wird. Ist es für den Genesungsprozess allerdings unumgänglich, eine Bluttransfusion zu verabreichen, kann die elterliche Einwilligung im Zweifel nach § 1666 Abs. 3 Nr. 5 BGB ersetzt werden. Problematisch wird hieran sein, dass Zeugen Jehovas über die sog. Krankenhausverbindungskomitees wenn möglich solche Ärzte aufsuchen werden, die ihnen vorab versichern, auch in lebensbedrohlichen Situationen kein Blut zu verabreichen. Die hier genannte Lösung dürfte also vorwiegend für die Fälle von Bedeutung sein, in denen ein Kind von einem Arzt behandelt wird, der im Zweifel Bluttransfusionen verabreicht. In allen anderen Fällen könnte diese Lösung an der nicht rechtzeitigen Information der Familiengerichtes scheitern.

Fazit und Zusammenfassung der Ergebnisse

Der Kindesschutz war schon immer zentraler Bestandteil des BGB. Dabei hat die Norm des § 1666 BGB im Laufe der Jahre in vielerlei Hinsicht Veränderungen erfahren. Ziel aller Reformen war die Verbesserung und Effektivierung des staatlichen Kindesschutzes. Wurde anfangs ein Verschuldenserfordernis der Eltern als Korrektiv des Elternrechts für erforderlich gehalten, nimmt diese Funktion heute die Gefahrabwendungsbefugnis ein. Diese Änderungen sind im Sinne eines wirksamen Kindesschutzes legitim und halten auch der verfassungsrechtlichen Prüfung stand. Gerade auch die jüngste Reform des § 1666 BGB setzte sich zum Ziel, mögliche Kindeswohlgefährdungen früher vor die Familiengerichte zu bringen, um die Gefährdung mit weniger eingriffsintensiven Anordnungen abwenden zu können[844].

Dabei kommt § 1666 BGB im System des zivilrechtlichen Kindesschutzes als Generalklausel eine entscheidende Funktion zu. Die Norm greift immer dann ein, wenn keine spezielleren Rechtsschutzmöglichkeiten existieren. Als Generalklausel ist sie einer weiten Auslegung zugänglich. Hierfür eignet sich insbesondere der unbestimmte und wertausfüllungsbedürftige Begriff der Kindeswohlgefährdung. Gleichzeitig liegt hier auch die Problematik der Norm. Denn eine Definition des Begriffs fehlt bis heute. Jegliche Definition würde allerdings auch die Gefahr mit sich bringen, den Begriff unzulässig einzuengen. Was unter Kindeswohl zu subsumieren ist, muss dem Wandel der Zeit und den jeweils aktuellen Vorstellungen und Wertungen zugänglich sein. Insofern wird heute unter dem Wohl des Kindes etwas anderes verstanden als vor 30 Jahren. Der Begriff des Kindeswohls kann dabei nicht allein durch die Anwendung juristischer Auslegungsmethoden mit Inhalt gefüllt werden, erforderlich ist der Rückgriff auf die Erkenntnisse anderer Wissenschaftsdisziplinen. Oberstes Ziel der Erziehung ist das grundgesetzliche Erziehungsziel der Heranbildung eines selbstständigen und verantwortungsbewussten Menschen.

---

[844] Vgl. Kap.1 A.

Dieses Ziel ist teilweise einfachrechtlich konkretisiert worden, so z.B. in §
1626 Abs. 2 BGB, wonach mit zunehmendem Alter der Kindeswille größere
Bedeutung erlangt. Darüber hinausgehende Erziehungsziele aus den Landesverfassungen können nicht die Inhalte des Kindeswohlbegriffs bestimmen[845].

Was Eltern in diesem Rahmen als sinnvoll und förderlich für das Wohl ihres
Kindes halten, steht in ihrem Ermessen. Dem liegt die Vorstellung zugrunde,
dass selbst wenn ein Kind nicht optimal gefördert oder versorgt wird, es bei
seinen leiblichen Eltern am besten aufgehoben ist. Deshalb führt nicht jeglicher
Erziehungsfehler zu einem Eingreifen des Staates nach § 1666 BGB. Erst wenn
die Gefährdungsgrenze überschritten wird, darf der Staat eingreifen. Hierfür ist
erforderlich, dass ein gegenwärtiger, erheblicher Schaden für das Kindeswohl
zu befürchten ist[846].

Greift das Familiengericht gemäß § 1666 Abs. 1 BGB zum Schutz des Kindes in die Erziehung der Eltern ein, treffen eine Vielzahl verfassungsrechtlicher Rechte und Pflichten aufeinander, die es in einen Ausgleich zu bringen
gilt. In erster Linie betroffen ist das in Art. 6 Abs. 2 S. 1 GG verbürgte Elternrecht. Dieses steht den Eltern als Abwehrrecht gegen staatliche Eingriffe zur
Seite. Daher sind staatliche Eingriffe auch erst nach Überschreiten der Gefährdungsgrenze und nicht schon bei jeglichem Fehlverhalten zulässig. Art. 6 Abs.
2 S. 1 GG nimmt im Katalog der Grundrechte allerdings eine Sonderrolle ein.
Denn neben seiner Funktion als Abwehrrecht hat das Elternrecht auch Pflichtcharakter, wonach keine negative Freiheit existiert, das Recht nicht auszuüben.
Das Elternrecht verpflichtet demnach gleichzeitig die Grundrechtsträger zur
Ausübung ihrer Freiheit[847]. Neben das Elternrecht tritt das staatliche Wächteramt, das in Art. 6 Abs. 2 S. 2 GG verankert ist. Kommen die Eltern ihrer Verpflichtung nicht nach, muss der Staat als Letztgarant des Kindeswohls eingreifen. Sowohl Elternrecht als auch Wächteramt sind am Kindeswohl auszurich-

---

[845] Vgl. Kap. 1 C.I.
[846] Vgl. Kap. 1 C.II.
[847] Vgl. Kap. 2 A.I.1.a).

ten[848]. Für die Beurteilung sind die Grundrechte des Kindes demnach von entscheidender Bedeutung. Aus Art. 2 Abs. 1 i.V.m. Art. 1 Abs. 1 GG folgt das Menschwerdungsrecht des Kindes, das durch grundgesetzliche Erziehungsziel geschützt wird. Jedes Kind hat ein im Grundgesetz verbürgtes Recht, zu einer eigenverantwortlichen und selbstbestimmten Persönlichkeit heranzuwachsen, die in der Lage ist, seine grundrechtlich gewährten Rechte in Anspruch zu nehmen. Daneben treten spezielle Grundrechte, die der Staat zu schützen hat, wie das Recht auf Leben und körperliche Unversehrtheit, Art. 2 Abs. 2 GG[849].

Interessant sind allerdings die Fälle, in denen die Eltern eine konkrete Verhaltensweise oder Erziehungsmethode aus einer bestimmten Motivation heraus vornehmen und der Grund für die potentielle Kindeswohlgefährdung gerade in diesem Verhalten liegt. Ist das Verhalten auf die religiösen Überzeugungen der Eltern zurückzuführen, ist diese in die verfassungsrechtlichen Rahmenbedingungen mit einzustellen. Hierfür können sich die Eltern auf das vorbehaltlos gewährleistete Grundrecht der Religionsfreiheit aus Art. 4 GG berufen. Weil dieses Grundrecht die Rechtsposition verstärkt, muss es Auswirkungen auf die Beurteilung elterlicher Erziehung haben[850]. Hierfür bietet § 1666 Abs. 1 BGB ausreichend Raum: Aufgrund der Schutzpflichtendimension der Grundrechte können diese ins einfache Recht einfließen, der unbestimmte Rechtsbegriff der Kindeswohlgefährdung ist zudem der Auslegung offen. Daher muss religiös motivierter Erziehung eine besondere Bedeutung in der Beurteilung des § 1666 BGB zukommen[851].

Die Schwierigkeit besteht darin, dass die elterliche Religionsfreiheit nichts an der Schutzbedürftigkeit des Kindes ändert. Die Berücksichtigung kann daher nicht zu einer völligen Neuauslegung der Norm führen. Die Auslegung hat sich vielmehr am Gebot der praktischen Konkordanz zu orientieren, wonach ein Grundrecht nicht auf Kosten des kollidierenden Rechtes eines anderen zur

---

[848] Vgl. Kap. 2 A.I.3.
[849] Vgl. Kap. 2 A.I.2.
[850] Vgl. Kap. 2 A.I.1.b) und Kap. 2 B.IV.
[851] Vgl. Kap. 2 B.I.

vollen Entfaltung gebracht werden darf, sondern beide Rechte derart abgewogen werden müssen, dass sie zu größtmöglicher Wirkung gelangen.

Das führt dazu, dass die Berücksichtigung des Art. 4 GG im Rahmen der Auslegung des § 1666 Abs. 1 BGB weder bei der Beurteilung der Inhalte des Kindeswohls noch bei der Erheblichkeit des drohenden Schadens vorgenommen werden kann. Denn allein eine geschützte elterliche Verhaltensweise kann nicht dazu führen, dass sich die Beurteilung dessen ändert, was der Entwicklung des Kindes zuträglich ist. Genauso kann nicht verlangt werden, dass einem Kind erst ein größerer Schaden drohen müsse, bevor die Eingriffsvoraussetzungen des § 1666 BGB gegeben seien. Denn eine solche Beurteilung würde einseitig die Grundrechte des Kindes belasten[852]. Nur die Gegenwärtigkeit des zu befürchtenden Schadens bietet Raum für eine Abwägung, die die elterliche Religionsfreiheit berücksichtigt. Denn die Anforderungen an die Wahrscheinlichkeit des Schadenseintritts sind nicht starr, sondern variieren in verschiedenen Konstellationen. Daher können auf abstrakter Ebene die Anforderungen an die Wahrscheinlichkeit des Schadenseintritts angehoben werden. Allerdings ist der Spielraum für die erhöhten Anforderungen recht gering, da die Anforderungen schon sonst recht hoch sind und eine Anhebung bis zur absoluten Sicherheit die Wortlautgrenze überschreiten würde.

Stehen im konkreten Fall schwerwiegende Grundrechte des Kindes, wie das Recht auf Leben und körperliche Unversehrtheit, gegenüber, so sind diese wiederum in die Abwägung einzustellen, mit dem Ergebnis, dass sie im konkreten Fall die elterliche Rechtsposition wieder ausgleichen, so dass die Wahrscheinlichkeitsschwelle dem üblichen Maß entspricht[853]. Generell ist für die Fälle religiös motivierter Erziehung zu beachten, dass die Anwendung typischer Fallgruppen von Kindeswohlgefährdungen der Bedeutung der Religionsfreiheit nicht gerecht wird. Daher sind diese Fallgruppen im Einzelfall daraufhin zu überprüfen, ob tatsächlich eine Gefährdung des Kindeswohls gegeben ist.

---

[852] Vgl. Kap. 2 C.I.1., 2.
[853] Kap. 2 C.I.2.b).

Wendet man dieses Ergebnis auf bekannte Fälle religiös motivierter Erziehung an, kommt man zu folgenden Resultaten:

Einige christliche Eltern entscheiden sich, ihre Kinder zu Hause zu unterrichten, um sie nicht einer Erziehung auszusetzen, die nicht mit den eigenen Werten übereinstimmt. Diese religiös motivierte Schulverweigerung stellt nach Auffassung der herrschenden Meinung eine Kindeswohlgefährdung dar, die zu Eingriffen in die elterliche Sorge führen muss[854]. Unterzieht man diese Fallgruppe allerdings einer näheren Prüfung und berücksichtigt im Rahmen der Kindeswohlprüfung wissenschaftliche Erkenntnisse zur Entwicklung von zu Hause unterrichteten Kindern, ist nicht notwendig ein Defizit der Kinder erkennbar. Sofern im Hausunterricht die staatlichen Erziehungsziele der Wissensvermittlung und sozialen Bildung erreicht werden, kann keine Kindeswohlgefährdung angenommen werden. Aufgrund der Schwierigkeiten, die Vermittlung von Sozialkompetenz zu prüfen, ist grundsätzlich davon auszugehen, dass Eltern auch diese vermitteln. Erst wenn anderweitige Anhaltspunkte vorliegen, können diese zu einer konkreten Überprüfung im Einzelfall führen.[855]

Die weibliche Genitalbeschneidung wird in vielen Fällen auf religiöse Motive zurückgeführt, obwohl nicht klar ist, ob es sich nicht eher um einen überlieferten Brauch handelt. Unabhängig davon, ob die Maßnahme religiös motiviert ist, führt das Ausmaß der Verletzungen und der Nachwirkungen dazu, dass eine andere Beurteilung als eine erhebliche Schädigung des Kindeswohls nicht in Betracht kommt. Die mögliche Betroffenheit der Religionsfreiheit kann hier aufgrund der schwerwiegenden Grundrechte des Kindes nicht zu einer Anhebung der Wahrscheinlichkeitsschwelle führen[856].

Differenzierter ist der Fall der männlichen Beschneidung zu betrachten. Dieses Ritual ist sowohl im Judentum als auch im Islam weit verbreitet und stellt

---

[854] Kap. 3 A.II.
[855] Kap. 3 C.I.3., II.
[856] Kap. 4 A.I.5.

für die Betroffenen eine religiöse Pflicht dar. Die Folgen dieser Maßnahme sind auch weitaus weniger gravierend als bei der weiblichen Beschneidung. Allerdings ist auch hier nicht in Abrede zu stellen, dass es sich zunächst um die Verletzung der körperlichen Integrität des Kindes handelt. Allerdings kann die Beeinträchtigung des körperlichen Wohls durch den sozialen Gewinn, der mit der Beschneidung in den praktizierenden Glaubensgemeinschaften einhergeht, aufgewogen werden. Dies gilt allerdings nur dann, wenn der Eingriff von einem Arzt unter Beachtung der Hygienestandards mit zumindest lokaler Betäubung durchgeführt wird. Zudem ergibt sich der positive Aspekt der Beschneidung nur für die Kinder, die in einem religiösen Umfeld in der religiösen Gemeinschaft heranwachsen. Dies kann in der Regel angenommen werden, wenn beide Elternteile in die Beschneidung einwilligen. Nur bei Uneinigkeit zwischen den Elternteilen ist das Umfeld des einzelnen Kindes näher zu beleuchten.[857]

Einen weiteren Anwendungsfall religiös motivierter Erziehung stellt die Zwangsverheiratung dar. Diese tritt insbesondere in islamisch geprägten Familien auf. Dabei ist auch hier unter Experten umstritten, ob sie aus dem Koran abzuleiten oder eher traditionell verwurzelt ist. Jedenfalls gehen die meisten davon aus, dass es sich nur um ein Recht der Eltern, nicht aber um eine religiöse Verpflichtung handelt. Der Anwendungsbereich des § 1666 BGB ist in diesen Fällen recht begrenzt, da schon nach § 1303 Abs. 2 BGB eine Kindeswohlprüfung vorgenommen werden muss, an die geringere Anforderungen als im Rahmen des § 1666 BGB gestellt werden. Relevant wird die Vorschrift deshalb nur für drohende Verheiratungen im Ausland und Hochzeiten in religiöser/traditioneller Zeremonie[858]. Die Konsequenzen einer Zwangsheirat treffen Jungen und Mädchen nicht gleichermaßen, doch in beiden Fällen ist ein erheblicher Schaden des Kindeswohls zu befürchten. Die verletzten Rechte des Kindes sind lebenslänglich tangiert, was die Intensität der Maßnahme verdeutlicht. Daher können auch bei bejahter religiöser Motivation keine erhöhten Anforde-

---

[857] Kap. 4 A.II.4.b)
[858] Kap. 4 B.II.2.

rungen an die Wahrscheinlichkeit gestellt werden. In die Abwägung der Wahrscheinlichkeit des Schadenseintritts sind Anhaltspunkte einzustellen, die dafür sprechen, dass eine Hochzeit bevorsteht. Zu berücksichtigen ist, dass bei einem Eingriff das Gesamtwohl des Kindes im Blick behalten werden muss. Fühlt sich die Familie durch die Nichtvornahme der Hochzeit in ihrer Ehre verletzt, kann dies neue Gefährdungen für das Kind hervorrufen, denen zu begegnen ist[859].

Eltern, die Angehörige der Glaubensgemeinschaft der Zeugen Jehovas sind, sind immer wieder aufgrund der Verweigerung von Bluttransfusionen ins Blickfeld von Jugendämtern und Familiengerichten geraten. In diesem Rahmen hat sich die Beurteilung einer Kindeswohlgefährdung daran zu orientieren, wie hoch die Wahrscheinlichkeit zu bemessen ist, dass ein Kind eine Blutspende benötigt. Liegen keine Vorerkrankungen vor, kann allein durch die grundsätzliche Weigerung die Gefährdungsschwelle nicht überschritten werden. Im konkreten Bedarfsfall sind wiederum schwerwiegende Grundrechte des Kindes in die Abwägung einzubringen, so dass keine erhöhten Anforderungen an die Wahrscheinlichkeit des Schadenseintritts zu stellen sind. Alternative Behandlungsmethoden können nur insoweit Berücksichtigung erfahren, als hierdurch das Kind nicht erheblich gefährdet wird. In diesem Rahmen kommt es dann nicht auf den medizinischen Standard an. Sobald eine Transfusion allerdings unabdingbar ist, muss hierauf zurückgegriffen werden[860].

So ist im Ergebnis festzuhalten, dass religiös motivierten Verhaltensweisen der Eltern im Rahmen des § 1666 BGB ein besonderes Gewicht zukommen muss. Da die Abwägung allerdings die Grundrechte des Kindes mit einzustellen sind, können diese wiederum zu einem Ausgleich der Rechtspositionen führen. Wie zu sehen war, hat dies zur Folge, dass in vielen der in Öffentlichkeit und Medien bekannt gewordenen Fälle kein von der h.M. abweichendes Ergebnis zu erzielen ist. Das Beispiel der Schulverweigerung hat jedoch ge-

---

[859] Kap. 4 B.II.3.-6.
[860] Kap.4 C.III.2.

zeigt, dass ein offener Umgang mit abweichenden Erziehungsvorstellungen zu neuen Ergebnissen führen kann.

Durch die hier vertretene Position soll nicht in Abrede gestellt werden, dass es Familien gibt, die die Flucht in die Religion suchen, um verquere Erziehungsmodelle zu verfolgen. Gleichzeitig scheint sich die Angst vor unbekannten Erziehungsformen oder Lebensweisen im religiösen Bereich allerdings derart durchgesetzt zu haben, dass umgekehrt vielen Familien ein solches Verhalten unterstellt wird. Demgegenüber verlangt das Grundrecht der Religionsfreiheit durchweg Toleranz und Offenheit gegenüber den religiösen Gebräuchen der Grundrechtsträger. Es bleibt zu hoffen, dass die hier vorgeschlagene offene Herangehensweise unter Achtung der Religionsfreiheit und der Kindesrechte Möglichkeiten des Dialogs eröffnet, wodurch Verständnis für die unterschiedlichen Positionen gefördert wird. Im Interesse eines effektiven Kindesschutzes dürfte dies am ehesten zu sinnvollen Ergebnissen führen.

Literaturverzeichnis

Abramowski, Peter: Staatliche Schutzmaßnahmen für Kinder ausländischer Eltern in Deutschland – Zur Frage der Berücksichtigung fremder rechtlicher und kultureller Vorstellungen bei der Anwendung des deutschen Familienrechtes, zugleich Diss. iur. (Göttingen 1991), Göttingen 1991

Achilles, Harald: Christlicher Fundamentalismus und Schulpflicht – Ursachen und Hintergründe der rechtlichen Auseinandersetzung mit der „homeschooling"-Bewegung, RdJB 2004, S. 222 – 229

Arbeitsgruppe „Familiengerichtliche Maßnahmen bei Gefährdung des Kindeswohls": Abschlussbericht vom 17. November 2006
Zit.: Arbeitsgruppe, Abschlussbericht „Kindeswohl", S.

Asefaw, Fana: Weibliche Genitalbeschneidung – Hintergründe, gesundheitliche Folgen und nachhaltige Prävention, Königstein/Taunus 2008
Zit.: Asefaw, Weibliche Genitalbeschneidung, S.

Ateş, Seyran: Trennung, Scheidung und (Rechts-)Folgen. Problemstellung bei der Bekämpfung von Zwangsverheiratung in Bundesministerium für Familie, Senioren, Frauen und Jugend, Zwangsverheiratung in Deutschland, Baden-Baden, S. 225 – 241
Zit.: Ateş in BMFSFJ, Zwangsverheiratung, S.

Avenarius, Hermann / Heckel, Hans: Schulrechtskunde, Ein Handbuch für Praxis, Rechtsprechung und Wissenschaft, 7. Auflage, Neuwied, Kriftel 2000

Bamberger, Heinz Georg / Roth, Herbert: Beck'scher Online-Kommentar BGB, München, Stand 01.11.2011
Zit.: Bamberger/Roth/Bearbeiter, BGB, § Rn.

Bartels, Klaus / Altenkirch, Silke: Von der Gefahrenabwehr zur Gefahrenvorsorge – Der Schutz des Kindeswohls im Wandel, JZ 2009, S. 991 – 996

Becker, Rainer: Kindeswohlgefährdung – Rechtsprobleme und Lösungsansätze im Zusammenhang mit einer obligatorischen Inaugenscheinnahme von Geschwisterkindern bei Hinweisen auf Kindeswohlgefährdungen, ZKJ 2009, S. 28 – 30

Beitzke, Günther: Nochmals zur Reform elterlichen Sorgerechts, FamRZ 1979, S. 8 – 14

Behrendt, Alice / Moritz, Steffen: Posttraumatic Stress Disorder and Memory Problems After Female Genital Mutilation, American Journal of Psychiatry 2005, S. 1000 – 1002

Bender, Albrecht W.: Zeugen Jehovas und Bluttransfusionen – Eine zivilrechtliche Betrachtung, MedR 1999, S. 260 – 267.

Berliner Arbeitskreis gegen Zwangsheirat, http://www.ehrverbrechen.de/1/images/_downloads/bund-laender/Studie_ZH_ Berlin.pdf, zuletzt besucht am 31.03.2012.

Bielefeldt, Heiner: Zwangsheirat und multikulturelle Gesellschaft – Anmerkungen zur aktuellen Debatte, Berlin 2005.
Zit.: Bielefeldt, Zwangsheirat, S.

Bob, Alexander / Bob, Konstantin: Duale Reihe Innere Medizin, Stuttgart, New York 2001.

Böckenförde, Ernst-Wolfgang: Elternrecht – Recht des Kindes – Recht des Staates. Zur Theorie des verfassungsrechtlichen Elternrechts und seiner Auswirkung auf Erziehung und Schule, Essener Gespräche zum Thema Staat und Kirche, Band 14, S. 55 – 98.

Bonner Kommentar: Grundgesetz Kommentar, Loseblattsammlung, hrsg. von Dolzer, Rudolf / Waldhoff, Christian / Graßhof, Karin, Heidelberg (Stand Februar 2012)
Zit.: BK/Bearbeiter, GG, Art. Rn.

Bonstein, Julia u.a.: Haste was, dann wirste was, Spiegel 40/2009, S. 40 – 45.

Bumke, Ulrike: Zur Problematik frauenspezifischer Fluchtgründe – dargestellt am Beispiel der Genitalverstümmelung, NVwZ 2002, S. 423 – 428

Bundeskonferenz für Erziehungsberatung: Kindeswohl, Beratung und Familiengericht – Die FGG-Reform als fachliche Herausforderung, ZKJ 2009, S. 121 – 125

Bundesministerium für Familie, Senioren, Frauen und Jugend: Zwangsverheiratung bekämpfen – Betroffene wirksam schützen. Eine Handreichung für die Kinder- und Jugendhilfe, Berlin 2008.
Zit.: BMFSFJ, Handreichung Zwangsheirat, S.

Bundesministerium für Familie, Senioren, Frauen und Jugend: Genitale Verstümmelung bei Mädchen und Frauen – Eine Informationsschrift für Ärztinnen und Ärzte, Beraterinnen und Berater unter Verwendung von Informationen der Weltgesundheitsorganisation der Vereinten Nationen, Berlin 2005
Zit.: BMFSFJ, Genitale Verstümmelung, S.

BZGA: Verbreitung von HIV und Aids, http://www.gib-aids-keine-chance.de/themen/fakten/verbreitung.php#a-73 , zuletzt besucht am 31.03.2012.

Von Campenhausen, Axel: Religionsfreiheit in Isensee, Josef / Kirchhof, Paul, Handbuch des Staatsrechts der Bundesrepublik Deutschland, Band VII, Freiheitsrechte, 3. Auflage, Heidelberg 2009
Zit.: v. Campenhausen in Isensee/Kirchhof, Hdb. StR VII, Rn.

Coester, Michael: Kinderschutz – Übersicht zu den typischen Gefährdungslagen und aktuellen Problemen, FPR 2009, S. 549 – 552

Coester, Michael: Inhalt und Funktion des Begriffs der Kindeswohlgefährdung – Erfordernis einer Neudefinition? in Lipp, Volker; Schumann, Eva; Veit, Barbara: Kindesschutz bei Kindeswohlgefährdung – neue Mittel und Wege?, 6. Göttinger Workshop zum Familienrecht 2007, Göttingen 2008, S. 19 – 43
Zit.: Coester in Lipp/Schumann/Veit, Kindesschutz, S.

Coester, Michael: Elterliche Gewalt, in Hofer, Sybille; Klippel, Diethelm; Walter, Ute: Perspektiven des Familienrechts – Festschrift für Dieter Schwab zum 70. Geburtstag am 15. August 2005, Bielefeld 2005, S. 747 – 760
Zit.: Coester in FS Schwab, S.

Coester, Michael: Die Bedeutung des Kinder- und Jugendhilfegesetzes (KJHG) für das Familienrecht, FamRZ 1991, S. 253 – 263

Coester, Michael: Das Kindeswohl als Rechtsbegriff, Die richterliche Entscheidung über die elterliche Sorge beim Zerfall der Familiengemeinschaft, zugleich Habilitationsschrift (Augsburg 1982), Frankfurt a.M. 1983
Zit.: Coester, Kindeswohl, S.

269

Dettenborn, Harry: Kindeswohl und Kindeswille – psychologische und rechtliche Aspekte, 2. Auflage, München 2007

Dettenborn, Harry: Die Beurteilung der Kindeswohlgefährdung als Risikoentscheidung, FPR 2003, S. 293 – 299.

Ditzen, Christa: Das Menschwerdungsgrundrecht des Kindes, NJW 1989, S. 2519 – 2520

Dorsch, Gabriele: Die Konvention der Vereinten Nationen über die Rechte des Kindes, zugleich Diss. Iur. (München 1992), Berlin 1994

Dreier, Horst: Grundgesetz Kommentar, Band I, Art. 1 – 19, 2. Auflage, Tübingen 2004
Zit.: Dreier/Bearbeiter, GG, Art. Rn.

Dürig Günter: Grundrechte und Zivilrechtsprechung in Maunz, Theodor: Vom Bonner Grundgesetz zur gesamtdeutschen Verfassung, Festschrift zum 75. Geburtstag von Hans Nawiasky, München 1956, S. 157 – 190
Zit.: Dürig in FS Nawiasky, S.

Düx, Wiebken: „Aber so richtig für das Leben lernt man eher bei der freiwilligen Arbeit." – Zum Kompetenzgewinn Jugendlicher im freiwilligen Engagement in Rauschenbach, Thomas / Düx, Wiebken / Sass, Erich, Informelles Lernen im Jugendalter – Vernachlässigte Dimensionen der Bildungsdebatte, Weinheim, München 2006, S. 205 – 240

Eckebrecht, Marc u.a.: Verfahrenshandbuch Familiensachen, 2. Auflage, München 2010
Zit.: Eckebrecht/Bearb., Verfahrenshandbuch Familiensachen, § Rn.

Ehringfeld, Klaus: Eltern-Kind-Konflikte in Ausländerfamilien: Untersuchung der kulturellen Divergenzen zwischen erster und zweiter Ausländergeneration und der rechtlichen Steuerung durch das nationale und internationale Familienrecht, zugleich Diss. iur. (Bremen 1996), Berlin 1997

Eisenrieder, Claudia: Zwangsheirat bei MigrantInnen – Verwandtschaftliche und gesellschaftspolitische Hintergründe in Terre des Femmes e.V., Zwangsheirat – Lebenslänglich für die Ehre, Tübingen 2006
Zit.: Eisenrieder in Terre des Femmes, Zwangsheirat, S.

Engels, Stefan: Kinder- und Jugendschutz in der Verfassung – Verankerung, Funktion und Verhältnis zum Elternrecht, AöR 122 (1997), S. 212 – 247

Epping, Volker / Hillgruber, Christian: Grundgesetz Beck'scher Online Kommentar, München, Stand 01.01.2012.
Zit.: Epping/Hillgruber/Bearbeiter, GG, Art. Rn.

Erichsen, Hans-Uwe / Reuter, Heidrun: Elternrecht – Kindeswohl – Staatsgewalt: Zur Verfassungsmäßigkeit staatlicher Einwirkungsmöglichkeiten auf die Kindeserziehung durch und aufgrund von Normen des elterlichen Sorgerechts und des Jugendhilferechts, Berlin 1985

Erman, Walter: BGB Handkommentar, Band II, §§ 759 – 2385, 13. Auflage, Köln 2012
Zit.: Erman/Bearbeiter, BGB, § Rn.

Evers, Hans-Ulrich: Die Befugnis des Staates zur Festlegung von Erziehungszielen in der pluralistischen Gesellschaft, Berlin 1979

Fateh-Moghadam, Bijan: Religiöse Rechtfertigung? Die Beschneidung von Knaben zwischen Strafrecht, Religionsfreiheit und elterlichem Sorgerecht, RW 2010, S. 115 – 142.

Fegeler, Susanne: Der Maßstab des Wohls des Kindes, des Mündels, des Pfleglings und des Betreuten bei der gerichtlichen Kontrolle ihrer Interessenvertreter, zugleich Diss. iur. (Münster 1999), Baden-Baden 2000

Fellenberg, Barbara: Entwurf eines Gesetzes zur Erleichterung familiengerichtlicher Maßnahmen bei Gefährdung des Kindeswohls, FPR 2008, S. 125 – 129

Finger, Peter: Zuständigkeiten nach dem MSA und anderen kindschaftsrechtlichen Übereinkommen, FPR 2002, S. 621 – 628

Flanagan, Constance A. u.a.: Ties that Bind: Correlates of Adolescents' Civic Commitments in Seven Countries, Journal of Social Issues 54 (3), 1998, S. 457 – 475.

Flemming, Winfried: Veränderte Anforderungen an das Jugendamt im familiengerichtlichen Verfahren, FPR 2009, S. 339 – 344

Freudenberg, Dagmar: Verfangen im Netz des Aufenthaltsrechts. Aufenthaltsrechtliche Liberalisierungen als zentraler Bestandteil von Präventions- und Interventionsstrategien in Bundesministerium für Familie, Senioren, Frauen und Jugend, Zwangsverheiratung in Deutschland, Baden-Baden, S. 242 – 251

Frey, Veronika: Personensorge und milieugefährdete Kinder – Der Schutz des seelischen Kindeswohls, zugleich Diss. iur. (Tübingen 1987), Tübingen 1987

Friauf, Karl Heinrich / Höfling, Wolfram: Berliner Kommentar zum Grundgesetz, Band I, Art. 1 – 15, Loseblattsammlung, Berlin (Stand 2011)
Zit.: Friauf/Höfling/Bearbeiter, GG, Art. Rn.

Gedik, Ipek: Zwangsheirat bei Migrantinnenfamilien in der Bundesrepublik in *Deutsches Institut für Menschenrechte:* Jahrbuch Menschenrechte 2005 – Schwerpunkt: Frauenrechte durchsetzen!, S. 318 – 325.

Gernhuber, Joachim/ Coester-Waltjen, Dagmar: Familienrecht, 6. Auflage, München 2010

Gollaher, David: Das verletzte Geschlecht – Die Geschichte der Beschneidung, Berlin 2002

Greßmann, Michael: Neues Kindschaftsrecht, Bielefeld 1998

Grunert, Cathleen: Kompetenzerwerb von Kindern und Jugendlichen in außerunterrichtlichen Sozialisationsfeldern in dies. / Helsper, Werner / Hummich, Merle / Theunert, Helga / Gogolin, Ingrid, Kompetenzerwerb von Kindern und Jugendlichen im Schulalter, Wiesbaden 2005
Zit.: Grunert in dies. U.a., Kompetenzerwerb von Kindern und Jugendlichen, S.

Guckelberger, Annette: Die Drittwirkung der Grundrechte, JuS 2003, S. 1151 – 1157.

Habermalz, Wilhelm: Geldbuße und Schulzwang – die andere Seite der Schulpflicht. Über das Instrumentarium des Staates zur Durchsetzung der Schulpflicht, RdJB 2001, S. 218 – 224

Hager, Johannes: Grundrechte im Privatrecht, JZ 1994, S. 373 – 382.

Hannemann, Anika/ Münder, Johannes: Schulpflichtverletzung der Erziehungsberechtigten und Einschränkung der elterlichen Sorge, RdJB 2006, S. 244 – 255

Hart, Dieter: Heilversuch, Entwicklung therapeutischer Strategien, klinische Prüfung und Humanexperiment. Grundsätze ihrer arzneimittel-, arzthaftungs- und berufsrechtlichen Beurteilung, MedR 1994, S. 94 – 105.

Hauck, Karl/ Noftz, Wolfgang: Sozialgesetzbuch Gesamtkommentar, SGB VIII, 1. Band, *Loseblattsammlung Stand 2008, Berlin*
Zit.: Hauck/Noftz/Bearbeiter, SGB VIII, K § Rn.

Hebeler, Timo/ Schmidt, Julia: Schulpflicht und elterliches Erziehungsrecht – Neue Aspekte eines alten Themas?, NVwZ 2005, S. 1368 – 1371

Hellermann, Johannes: Die sogenannte negative Seite der Freiheitsrechte, zugleich Diss. iur. (Freiburg 1992), Berlin 1993

Helms, Tobias: Anmerkung zu BGH, Beschl. v. 17.10.2007, XII ZB 42/07, LMK 2008, 256805.

Herdegen, Matthias: Die Aufnahme besonderer Rechte des Kindes in die Verfassung, FamRZ 1993, S. 374 – 384

Herzberg, Rolf Dietrich: Rechtliche Probleme der rituellen Beschneidung, JZ 2009, S. 332 – 339

Hessler, Gerhard: Die Berücksichtigung der Zugehörigkeit eines Elternteils zu den Zeugen Jehovas im Sorgerechtsverfahren, NJW 1997, S. 2930 – 2932

Hessler, Gerhard / Glockentin, Gajus: Kein genereller Missbrauch des Sorgerechts bei verweigerter Einwilligung in eine Bluttransfusion – Stellungnahme zu Bender, MedR 1999, 260ff., MedR 2000, S. 419 – 422

Hinz, Manfred: Zu den Voraussetzungen der Trennung des gesunden Kindes von seinen behinderten Eltern – Familienrechtliche Anmerkungen zu BVerfG, NJW 1982, 1379, NJW 1983, S. 377 – 379

Hinz, Manfred: Kindesschutz als Rechtsschutz und elterliches Sorgerecht – materiellrechtliche und verfahrensrechtliche Strukturen des vormundschaftsgerichtlichen Rechtsschutzes Minderjähriger nach geltendem und künftigem Recht, Paderborn 1976

Hirsch, Michael: Entzug und Beschränkung des elterlichen Sorgerechts, Praxis und Reformbedürftigkeit des Sorgerechtsentzugs; Reformvorschläge, Berlin, Neuwied 1965

Höfling, Wolfram: Elternrecht in Isensee, Josef / Kirchhof, Paul, Handbuch des Staatsrechts der Bundesrepublik Deutschland, Band VII, Freiheitsrechte, 3. Auflage, Heidelberg 2009
Zit.: Höfling in Isensee/Kirchhof, Hdb. StR VII, Rn.

Hofmann, Ekkehard: Grundrechtskonkurrenz oder Schutzbereichsverstärkung? Die Rechtsprechung des Bundesverfassungsgerichts zum „additiven" Grundrechtseingriff, AöR 133 (2008), S. 523 – 555

Horndasch, Klaus-Peter: Zum Wohle des Kindes: Möglichkeiten und Grenzen staatlicher Einwirkung auf die Erziehungsverantwortung der Eltern, zugleich Diss. Iur. (Göttingen 1983), Göttingen 1983

Hufen, Friedhelm: Grundrechte: Religionsfreiheit; Elternrecht, Anm. zu BVerG, Beschluss v. 21.07.2009. 1 BvR 1358/09, NJW 2009, 3152, JuS 2010, S. 369 – 371

Hufen, Friedhelm: Staatsrecht II – Grundrechte, 2. Auflage, München 2009

Hurrelmann, Klaus: Einführung in die Sozialisationstheorie, 9. Auflage, Weinheim, Basel 2002

Huster, Stefan: Die Bedeutung des Neutralitätsgebots für die verfassungstheoretische und verfassungsrechtliche Einordnung des Religionsrechts in Heinig, Hans Michael / Walter, Christian, Staatskirchenrecht oder Religionsverfassungsrecht, Tübingen 2007

Jans, Karl-Wilhelm/Happe, Günter: Gesetz zur Neuregelung des Rechts der elterlichen Sorge, Kommentar mit Gesetzesmaterialien, Köln 1980

Jarass, Hans D./ Pieroth, Bodo: Grundgesetz für die Bundesrepublik Deutschland, Kommentar, 10. Auflage, München 2009
Zit.: Jarass/Pieroth/Bearbeiter, GG, Art. Rn.

Jauernig, Othmar: Bürgerliches Gesetzbuch mit AGG (Auszug), Kommentar, 14. Auflage, München 2011
Zit.: Jauernig/Bearbeiter, BGB, § Rn.

Jeand'Heur, Bernd: Verfassungsrechtliche Schutzgebote zum Wohl des Kindes und staatliche Interventionspflichten aus der Garantienorm des Art 6 Absatz 2 Satz 2 GG, zugleich Habilitationsschrift (Hamburg 1993), Berlin 1993

Jensen, Inke: Frauen im Asyl- und Flüchtlingsrecht, zugleich Diss. Iur. (Kiel 2002), Baden-Baden 2003

Jerouschek, Günter: Beschneidung und das deutsche Recht – Historische, medizinische, psychologische und juristische Aspekte, NStZ 2008, S. 313 – 319

Jestaedt, Matthias: Schule und außerschulische Erziehung in Isensee, Josef / Kirchhof, Paul, Handbuch des Staatsrechts der Bundesrepublik Deutschland, Band VII, Freiheitsrechte, 3. Auflage, Heidelberg 2009
Zit.: Jestaedt in Isensee/Kirchhof, Hdb StR VII, Rn.

Jestaedt, Matthias: Staatlicher Kinderschutz unter dem Grundgesetz – Aktuelle Kindesschutzmaßnahmen auf dem Prüfstein der Verfassung in Lipp, Volker ; Schumann , Eva ; Veit, Barbara: Kindesschutz bei Kindeswohlgefährdung – neue Mittel und Wege?, 6. Göttinger Workshop zum Familienrecht 2007, Göttingen 2008, S. 5 – 18.

Joecks, Wolfgang: Strafgesetzbuch – Studienkommentar, 8. Auflage, München 2009

Johannsen, Kurt H./ Henrich, Dieter: Eherecht – Trennung, Scheidung Folgen, Kommentar, 5. Auflage, München 2010
Zit.: Johannsen/Henrich/Bearbeiter, Eherecht, § Rn.

Kalthegener, Regina: Strafrechtliche Ahndung der Zwangsverheiratung: Rechtslage – Praxiserfahrung – Reformdiskussion in Bundesministerium für Familie, Senioren, Frauen und Jugend, Zwangsverheiratung in Deutschland, Baden-Baden, S. 211 – 224
Zit.: Kalthegener in BMFSFJ, Zwangsverheiratung, S.

Kamanabrou, Sudabeh: Die Interpretation zivilrechtlicher Generalklauseln, AcP 202 (2002), S. 662 – 688

Karakaşoglu, Yasemin/ Subaşi, Sakine: Ausmaß und Ursachen von Zwangsverheiratungen in europäischer Perspektive. Ein Blick auf Forschungsergebnisse aus Deutschland, Österreich, England und der Türkei in Bundesministerium für Familie, Senioren, Frauen und Jugend, Zwangsverheiratung in Deutschland, Baden-Baden, S. 99 – 126
Zit.: Karakaşoglu/Subaşi in BMFSFJ, Zwangsverheiratung, S.

Kelek, Necla: Heirat ist keine Frage in Bundesministerium für Familie, Senioren, Frauen und Jugend, Zwangsverheiratung in Deutschland, Baden-Baden, S. 83 – 98
Zit.: Kelek in BMFSFJ, Zwangsverheiratung, S.

Kelek, Necla: Heirat ist keine Frage oder Kann durch die Einführung eines Mindestalters für den Nachzug von Ehegatten auf 21 Jahre die „Zwangsehe" verhindert werden?, ZAR 2006, S. 232 – 237

Kemper, Rainer: Anmerkung zu OLG Düsseldorf, Beschluss vom 01. Februar 1995 – 3 UF 1/95, FuR 1996, S. 151 – 152.

Kern, Bernd-Rüdiger / Köhler, Knut: Beschneidung in Deutschland – Religionsfreiheit oder Körperverletzung? Ärzteblatt Sachsen 2006, S. 104 – 105

Kern, Bernd-Rüdiger: Fremdbestimmung bei der Einwilligung in ärztliche Eingriffe, NJW 1994, S. 753 – 759

Kirchhof, Gregor: Kinderrechte in der Verfassung – zur Diskussion einer Grundgesetzänderung, ZRP 2007, S. 149 – 153

Kleinert, Christina: Die Menschenrechte der Frau in der Türkei 2006, Linz 2006

Knöpfel, Gottfried: Zur Neuordnung des elterlichen Sorgerechts, FamRZ 1977, S. 600 – 609

Köster, Thomas: Sorgerecht und Kindeswohl – Ein Vorschlag zur Neuregelung des Sorgerechts, Frankfurt a.M. u.a. 1997, zugleich Diss. Iur. Marburg 1996.

Ladeur, Karl-Heinz / Augsberg, Ino: Toleranz – Religion – Recht, Die Herausforderung des „neutralen" Staates durch neue Formen von Religiosität in der postmodernen Gesellschaft, Tübingen 2007

Langenfeld, Christine: Integration und kulturelle Identität zugewanderter Minderheiten – Eine Untersuchung am Beispiel des allgemeinbildenden Schulwesens in der Bundesrepublik Deuschland, zugleich Habilitationsschrift (Saarbrücken 2000), Tübingen 2001

Langer, Thomas: „Parallelgesellschaften": Allgemeine Schulpflicht als Heilmittel?, KritV 2007, S. 277 – 292

Larenz, Karl / Canaris, Claus-Wilhelm: Methodenlehre der Rechtswissenschaft, 3. Auflage, Berlin et.al. 1995
Zit.: Larenz/Canaris, Methodenlehre, S.

Lawaetz-Stiftung: Ergebnisse einer Befragung zu dem Thema Zwangsheirat in Hamburg, Stand Oktober 2006, abrufbar unter:
http://www.frauenrechte.de/online/images/downloads/ehrgewalt/allgemeine-infos/allgemein_info_zahlen_4.pdf, zuletzt besucht am 31.03.2012
Zit.: Lawaetz-Stiftung, Befragung Zwangsheirat, S.

Lehnhoff, Liane: Sklavinnen der Tradition – Zwangsheirat als weltweite Erscheinung in Terre des Femmes e.V., Zwangsheirat – Lebenslänglich für die Ehre, Tübingen 2006
Zit.: Lehnhoff in Terre des Femmes, Zwangsheirat, S.

Leipziger Kommentar, Strafgesetzbuch, Band 6, §§ 223 – 263a StGB, 11. Auflage, Berlin 2003
Zit.: LK-StGB/Bearbeiter, § Rn.

Lücke, Jörg: Der additive Grundrechtseingriff sowie das Verbot der übermäßigen Gesamtbelastung des Bürgers, DVBl 2001, S. 1469 – 1478

Von Mangoldt, Hermann / Klein, Friedrich / Starck, Christian: Kommentar zum Grundgesetz, Band 1, Präambel, Art. 1 bis 19, 6. Auflage, München 2010
Zit.: v.Mangoldt/Klein/Starck/Bearbeiter, GG, Art. Rn.

Maunz, Theodor / Dürig, Günter: Grundgesetz Kommentar, Loseblattsammlung, München (Stand 2011)
Zit.: Maunz/Dürig/Bearbeiter, GG, Art. Rn.

Maurer, Hartmut: Die Schranken der Religionsfreiheit, ZevKR 49 (2004), S. 311 – 332 .

Mayer, Thomas/ Schirrmacher, Thomas: Wenn Kinder zu Hause zur Schule gehen, Nürnberg 2004.
Zit.: Mayer/Schirrmacher, S.

Meyer, Thomas: Parallelgesellschaft und Demokratie in ders. / Weil, Reinhard, Die Bürgergesellschaft – Perspektiven für Bürgerbeteiligung und Bürgerkommunikation, Bonn 2002, S. 343 – 372
Zit.: Meyer in ders./Weil, Bürgergesellschaft, S.

Meysen, Thomas: Neuerungen im zivilrechtlichen Kinderschutz, NJW 2008, S. 2673 – 2678

Meysen, Thomas: Familiengerichtliche Maßnahmen bei Gefährdung des Kindeswohls – Geändertes Recht ab Sommer 2008, JAmt 2008, S. 233 – 243.

Michael, Lothar/ Morlok, Martin: Grundrechte, 2. Auflage, Baden-Baden 2010

Micus, Matthias/ Walter, Franz: Mangelt es an „Parallelgesellschaften"?, Der Bürger im Staat 2006, S. 215 – 221

Mnookin, Robert H.: Was stimmt nicht mit der Formel „Kindeswohl"?, FamRZ 1975, S. 1 – 6

Möllers, Christoph: Schule geht vor Kirche – Wie das Verfassungsgericht Parallelgesellschaften bekämpft, in FAZ vom 31.7.2006, S. 31

Morris, Brian J.: Why circumcision is a biomedical imperative fort he 21st century, BioEssays 29 (2007), S. 1147 – 1158

Motzer, Stefan / Kugler, Roland: Kindschaftsrecht mit Auslandsbezug, Bielefeld 2003

Von Münch, Ingo / Kunig, Philip: Grundgesetz Kommentar, Band I, Art. 1 – 19, 5. Auflage, München 2000
Zit.: v.Münch/Kunig/Bearbeiter, GG, Art. Rn.

Münchener Kommentar zum Bürgerlichen Gesetzbuch, Band 7, Familienrecht I, §§ 1297 – 1588, 5. Auflage, München 2010
Zit.: MüKo/Bearbeiter, BGB, § Rn.

Münchener Kommentar zum Bürgerlichen Gesetzbuch, Band 8, Familienrecht II, §§ 1589 – 1921, SGB VIII, 5. Auflage, München 2008
Zit.: MüKo/Bearbeiter, BGB, § Rn.

Münchener Kommentar zum Bürgerlichen Gesetzbuch, Band 8, Familienrecht II, Nachtrag zur 5. Auflage §§ 1666 – 1667 BGB, München 2010
Zit.: MüKo/Bearbeiter, BGB, § Rn.

Münchener Kommentar zum StGB, Band 1, §§ 1 – 51 StGB, München 2003
Zit.: MüKo-StGB/Bearbeiter, § Rn.

Münchener Kommentar zum StGB, Band 3, §§ 185 – 262 StGB, München 2003
Zit.: MüKo-StGB/Bearbeiter, § Rn.

Münchner Kommentar zur ZPO, Band 1, §§ 1 – 510c ZPO, 3. Auflage, München 2008
Zit.: MüKo/Bearbeiter, ZPO, § Rn.

Munsonius, Hendrik: Elterliches Sorgerecht und die Taufe religionsunmündiger Kinder, ZevKR 2009, S. 83 – 88

Nga Beyeme, Crescence: Le Droit International de la Femme et son Application dans le Contexte Africain – Le Cas des Mutilations Génitales Féminines, zugleich Diss. Iur. (München 2008), Frankfurt a.M. u.a. 2009
Zit.: Nga Beyeme, Le Droit International de la Femme, S.

Niehues, Norbert / Rux, Johannes: Schul- und Prüfungsrecht, Band 1, Schulrecht, 4. Auflage, München 2006
Zit.: Niehues/Rux, Schulrecht, Rn.

Nipperdey, Hans Carl: Grundrechte und Privatrecht in ders.: Festschrift für Erich Molitor zum 75. Geburtstag, 3. Oktober 1961, München, Berlin 1962, S. 17 – 34
Zit.: Nipperdey in FS Molitor, S.

N.N.: Die Heilige Schrift lehrt „homeschooling", http://www.nua.de/html/homeschooling.htm, zuletzt besucht am 31.03.2012

Oelkers, Harald : Die Rechtsprechung zum Sorge- und Umgangsrecht – Zweites Halbjahr 1995 bis Anfang 1997, FamRZ 1997, S. 779 – 791

Oelkers, Harald / Kraeft, Cindy: Sorgerechtsübertragung auf einen Zeugen Jehovas?, FuR 1997, S. 161 – 165

Ohler, Christoph / Weiß, Wolfgang: Glaubensfreiheit versus Schutz von Ehe und Familie, NJW 2002, S. 194 – 195

Ohly, Ansgar: Generalklausel und Richterrecht, AcP 201 (2001), S. 1 – 47

Ossenbühl, Fritz: Das elterliche Erziehungsrecht im Sinne des Grundgesetzes, Berlin 1981

Papier, Hans-Jürgen: Drittwirkung in Merten, Detlef / ders.: Handbuch der Grundrechte in Deutschland und Europa, Band II, Grundrechte in Deutschland: Allgemeine Lehren I, Heidelberg 2006
Zit.: Papier in Merten/ders., Hdb. Grundrechte, Rn.

Palandt, Otto: Bürgerliches Gesetzbuch, 70. Auflage, München 2011
Zit.: Palandt/Bearbeiter, BGB, § Rn.

Palandt, Otto: Bürgerliches Gesetzbuch, 67. Auflage, München 2008
Zit.: Palandt/Bearbeiter, BGB (2008), § Rn.

Philadelphia Schule e.V.: http://www.philadelphia-schule.de/html/programm.html, zuletzt besucht am 31.03.2012

Prütting, Hanns / Wegen, Gerhard / Weinreich, Gerd: BGB Kommentar, 4. Auflage, Köln 2009
Zit.: Prütting/Wegen/Weinreich/Bearbeiter, BGB, § Rn.

Putzke, Holm: Juristische Positionen zur religiösen Beschneidung, NJW 2008, S. 1568 – 1570.

Putzke, Holm: Die strafrechtliche Relevanz der Beschneidung von Knaben. Zugleich ein Beitrag über die Grenzen der Einwilligung in Fällen der Personensorge, in Festschrift für Rolf Dietrich Herzberg zum siebzigsten Geburtstag am 14. Februar 2008, Tübingen 2008, S. 669 – 710
Zit.: Putzke in FS Herzberg, S.

Raack, Wolfgang: Rechtliche Maßnahmen und Entscheidungsspielräume des Familiengerichts bei Schulabsenz von Kindern und Jugendlichen, FPR 2007, S. 478 – 482.

Raack, Wolfgang / Raack, Martin: Homeschooling – Sorgerechtseingriff wegen Schulpflichtverletzung aus religiösen Gründen, FF 2006, S. 295 – 300

Raack, Wolfgang / Doffing, Regina / Raack, Martin: Recht der religiösen Kindererziehung – Unser Kind und seine Religion, München 2003

Rinio, Carsten: Strafrechtliche Konsequenzen und ordnungsrechtliche Maßnahmen gegen Eltern von „Schulschwänzern", FPR 2007, S. 467 – 470

Röchling, Walter: Kindeswille und Elternrecht, FPR 2008, 481 – 483.

Röchling, Walter: Neue Aspekte zu Kinderschutz und Kindeswohl? - Zum Entwurf eines „Gesetzes zur Erleichterung familiengerichtlicher Maßnahmen bei Gefährdung des Kindeswohls", FamRZ 2007, S. 1775 – 1779.

Röchling, Walter: Anmerkungen zum Abschlussbericht der Arbeitsgruppe „Familiengerichtliche Maßnahmen bei Gefährdung des Kindeswohls" vom 17.11.2006, FamRZ 2007, S. 431 – 435.

Röchling, Walter: Vormundschafsgerichtliches Eingriffsrecht und KJHG – unter besonderer Berücksichtigung der „öffentlichen Hilfen" nach § 1666a Abs. 1 BGB, zugleich Diss. iur. (Hagen 1996), Neuwied, Kriftel/Taunus, Berlin 1997

Rosenboom, Esther: Die familiengerichtliche Praxis in Hamburg bei Gefährdung des Kindeswohls durch Gewalt und Vernachlässigung nach §§ 1666, 1666a BGB – eine qualitative Untersuchung, zugleich Diss. iur. (Hamburg 2005), Bielefeld 2006

Rosenboom, Esther / Rotax, Horst-Heiner: Ein kleiner Meilenstein auf dem Weg zum besseren Kindesschutz, ZRP 2008, S. 1 – 3

Ruffert, Matthias: Die Rechtsprechung des Bundesverfassungsgerichts zum Privatrecht, JZ 2009. S. 389 – 398.

Rupp, Hans Heinrich: Einteilung und Gewichtung der Grundrechte in Merten, Detlef / Papier, Hans-Jürgen: Handbuch der Grundrechte in Deutschland und

Europa, Band II, Grundrechte in Deutschland: Allgemeine Lehren I, Heidelberg 2006
Zit.: Rupp in Merten/Papier, Hdb. Grundrechte, Rn.

Rupp, Hans-Heinrich: Vom Wandel der Grundrechte, AöR 101 (1976), S. 166ff.

Rux, Johannes: Die Schulpflicht und der Bildungs- und Erziehungsanspruch des Staates, RdJB 2002, S. 423 – 434

Sachs, Michael: Grundgesetz Kommentar, 6. Auflage, München 2011
Zit.: Sachs/Bearbeiter, GG, Art. Rn.

Schlüter, Wilfried: BGB – Familienrecht, 13. Auflage, Heidelberg 2009
Zit.: Schlüter, Familienrecht, Rn.

Schlüter, Wilfried: Elterliches Sorgerecht im Wandel verschiedener geistesgeschichtlicher Strömungen und Verfassungsepochen, Münster 1985
Zit.: Schlüter, Elterliches Sorgerecht, S.

Schlumpelick, Volker / Bleese, Niels / Mommsen, Ulrich: Kurzlehrbuch Chirurgie, 7. Auflage, Stuttgart, New York 2006.

Schmidt, Caroline: Früher, schneller, präziser, Der Spiegel 22/07, S. 36 – 37.

Schmidt-Bleibtreu, Bruno; Klein, Franz; Hofmann, Hans; Hopfauf, Hans: Kommentar zum Grundgesetz, 12. Auflage, Köln, München 2011
Zit.: Schmidt-Bleibtreu/Bearbeiter, GG, Art. Rn.

Schmitt-Kammler, Arnulf: Elternrecht und schulisches Erziehungsrecht nach dem Grundgesetz, Berlin 1983.

Scholz, Rupert: Kindschaftsrechtsreform und Grundgesetz, FPR 1998, S. 62.

Schöpp-Schilling, Hanna Beate: Zwangsverheiratung als Menschenrechtsverletzung: Die Bedeutung der internationalen Rechtsinstrumente in Bundesministerium für Familie, Senioren, Frauen und Jugend, Zwangsverheiratung in Deutschland, Baden-Baden, S. 197 – 210
Zit.: Schöpp-Schilling in BMFSFJ, Zwangsverheiratung, S.

Schubert, Karin/ Moebius, Isabella: Zwangsheirat – Mehr als nur ein Straftatbestand: Neue Wege zum Schutz der Opfer, ZRP 2006, S. 33 – 37

Schwab, Dieter: Familienrecht, 19. Auflage, München 2011
Zit.: Schwab, Familienrecht, Rn.

Schwarz, Kyrill-Alexander: Verfassungsrechtliche Aspekte der religiösen Beschneidung, JZ 2008, S. 1125 – 1129

Seier, Nicole: Reform des § 1666 BGB und Verfassungsschutz, FPR 2008, S. 483 – 487

Sorrells, Morris L./ Snyder, James L./ Reiss, Mark D./ Eden, Christopher/ Milos, Marylin F./ Wilcox, Norma/ Van Howe, Robert S.: Fine-touch pressure thresholds in the adult penis, British Journal of Urology International 99 (2007), S. 864 – 869 .

Spiegel online: "USA gewähren deutscher Familie politisches Asyl", Stand 27.01.2010, http://www.spiegel.de/panorama/gesellschaft/0,1518,674260,00.html, zuletzt besucht am 31.03.2012

Spiegler, Thomas: Home Education in Deutschland. Hintergründe – Praxis – Entwicklung, Wiesbaden 2008

Spiegler, Thomas: Kann Ordnungswidrigkeit Bildung sein? Das Spannungsfeld zwischen Home Education und Schulpflicht in Deutschland aus soziologischer Perspektive, RdJB 2005, S. 71 – 82.

Spielmann, Christoph: Die Verstärkungswirkung der Grundrechte, JuS 2004, S. 371 – 375

Spranger, Tade Matthias: Die Figur der „Schutzbereichsverstärkung", NJW 2002, S. 2074 – 2076.

Spuler-Stegemann, Ursula: Mädchenbeschneidung in Klinkhammer, Gritt Maria / Rink, Stefan / Frick, Tobias, Kritik an Religionen – Religionswissenschaft und der kritische Umgang mit Religionen, Marburg 1997, S. 207 – 219.
Zit.: Spuler-Stegemann in Klinkhammer/Rink/Frick, S.

Von Staudinger, J.: Kommentar zum Bürgerlichen Gesetzbuch mit Einführungsgesetz und Nebengesetzen, §§ 1638 – 1683, Berlin (Stand 2009)
Zit.: Staudinger/Bearbeiter, BGB, § Rn.

Von Staudinger, J.: Kommentar zum Bürgerlichen Gesetzbuch mit Einführungsgesetz und Nebengesetzen, §§ 1626 – 1631, Berlin (Stand 2007)

Von Staudinger, J.: Kommentar zum Bürgerlichen Gesetzbuch mit Einführungsgesetz und Nebengesetzen, §§ 1303 – 1362, Berlin (Stand 2007)

Von Staudinger, J.: Kommentar zum Bürgerlichen Gesetzbuch mit Einführungsgesetz und Nebengesetzen, §§ 1638 – 1683, Berlin (Stand 2004)
Zit.: Staudinger/Bearbeiter, BGB (2004), § Rn.

Stehr, Maximilian/ Putzke, Holm/ Dietz, Hans-Georg: Zirkumzision bei nicht einwilligungsfähigen Jungen: Strafrechtliche Konsequenzen auch bei religiöser Begründung, Deutsches Ärzteblatt 2008, 105, S. 34 – 35

Stern, Klaus: Das Staatsrecht der Bundesrepublik Deutschland, Band III, Allgemeine Lehren der Grundrechte, 1. Halbband, München 1988
Zit.: Stern, Staatsrecht, S.

Straßburger, Gaby: Zwangsheirat und arrangierte Ehe – zur Schwierigkeit der Abgrenzung in Bundesministerium für Familie, Senioren, Frauen und Jugend, Zwangsverheiratung in Deutschland, Baden-Baden, S. 68 – 72
Zit.: Straßburger in BMFSFJ, Zwangsverheiratung, S.

Tangermann, Christoph: „Homeschooling" aus Glaubens- und Gewissensgründern, ZevKR 51 (2006), S. 392 – 417

Ter Nedden, Corinna: Zwangsverheiratungen: Erfahrungen in der praktischen Unterstützung Betroffener und Empfehlungen für Politik und Verwaltung Bundesministerium für Familie, Senioren, Frauen und Jugend, Zwangsverheiratung in Deutschland, Baden-Baden, S. 344 – 371
Zit.: Ter Nedden in BMFSFJ, Zwangsverheiratung, S.

Tettinger, Peter J.: Zukunftssicherung durch Bildung der Kinder – verfassungsrechtliche Koordinaten, NWVBl 2005, S. 332 – 334

Thurn, John Philipp; Reimer, Franz: Homeschooling als Option?, NVwZ 2008, S. 718 – 722

Tiedemann, Inge Karin: Aids – Familienrechtliche Probleme, NJW 1988, S. 729 – 738

Toprak, Ahmet: Zwangsverheiratete türkische Männer? Die Verheiratung der Männer als Disziplinarmaßnahme in Terre des Femmes e.V., Zwangsheirat – Lebenslänglich für die Ehre, S. 27 – 33
Zit.: Toprak in Terre des Femmes, Zwangsheirat, S.

UNAIDS: Safe, Voluntary, Informed Male Circumcision and Comprehensive HIV Programming – guidance for decision-makers on human rights, ethical and legal considerations, 2008
Zit.: UNAIDS, Male Circumcision, S.

UNICEF: Female genital mutilation/cutting – a statistical exploration, New York 2005
Zit.: UNICEF, FGM/C, S.

UNICEF: Changing a harmful social convention: female genital mutilation/cutting, New York 2005
Zit.: UNICEF, Changing a harmful social convention, S.

UNICEF/ Terre des Femmes/ Berufsverband der Frauenärzte: Schnitte in Körper und Seele – Eine Umfrage zur Situation beschnittener Mädchen und Frauen in Deutschland, Köln
Zit.: UNICEF u.a., Schnitte in Körper und Seele, S.

Unruh, Peter: Zur Dogmatik der grundrechtlichen Schutzpflichten, Berlin 1996

Veit, Barbara: Das Gesetz zur Erleichterung familiengerichtlicher Maßnahmen bei Gefährdung des Kindeswohls im Überblick, FPR 2008, S. 598 – 602

Volkmann, Uwe: Anmerkung zu BVerfG – 1 BvR 1783/99 – DVBl 2002, 328ff.; DVBl 2002, S. 332 – 336

Wagner, Wiebke: Also lautet der Beschluss, dass der Mensch was lernen muss – Die Erörterung der Kindeswohlgefährdung nach § 50f FGG oder das richterliche „Erziehungsgespräch", FPR 2008, S. 605 – 608.

Walz-Hildenbrand, Marina: Der rechtliche Umgang mit Opfern von Zwangsheirat – Die aktuelle Rechtslage und notwendige Änderungen in Terre des Femmes e.V., Zwangsheirat – Lebenslänglich für die Ehre, S. 34 – 33
Zit.: Walz-Hildenbrand in Terre des Femmes, Zwangsheirat, S.

Watch Tower Bible and Tract Society: Ehrfurcht vor dem Leben und Blut haben, http://www.watchtower.org/x/rq/article_12.htm, zuletzt besucht am 31.03.2012

Weber, Ralph: Einige Gedanken zur Konkretisierung von Generalklauseln durch Fallgruppen, AcP 192 (1992), S. 516 – 567

Wessels, Johannes / Beulke, Werner: Strafrecht Allgemeiner Teil, 39. Auflage, Heidelberg 2009

Weychardt, Dieter Wilhelm: Anmerkung zum Beschluss AG Helmstedt, FamRZ 2007, 1837, FamRZ 2008, S. 632 – 633

Whitehorn, James / Ayonrinde , Oyedeji / Maingay, Samantha: Female genital mutilation: cultural and psychological implications, Sexual and Relationship Therapy 2002, S. 161 – 170

WHO: Eliminating female genital mutilation: an interagency statement UNAIDS, UNDP, UNECA, UNESCO, UNFPA, UNHCHR, UNHCR, UNICEF, UNIFEM, WHO, Genf 2008
Zit.: WHO, Eliminating FGM, S.

WHO: WHO and UNAIDS announce recommendations from expert consultation on male circumcision for HIV prevention, http://www.who.int/hiv/mediacentre/news68/en/, zuletzt besucht am 31.03.2012

WHO / UNICEF / UNFPA: Female genital mutilation – a joint WHO/UNICEF/UNFPA statement
Zit.: WHO u.a., Joint Statement, S.

Wiesner, Reinhard: Kinderrechte in die Verfassung?!, ZKJ 2008, S. 225 – 229

Willutzki, Siegfried: Kindschaftssachen im neuen FamFG – ein Überblick, FPR 2009, S. 327 – 330

Windel, Peter Axel: Über Privatrecht mit Verfassungsrang und Grundrechtswirkungen auf der Ebene des einfachen Privatrechts, Der Staat 37 (1998), S. 385 – 410

Windel, Peter Axel: Zur elterlichen Sorge bei Familienpflege, FamRZ 1997, S. 713 – 724.

Wüstenberg, Dirk: Genitalverstümmelung und elterliches Aufenthaltsbestimmungsrecht, FamRZ 2007, S. 692 – 696

Zacher, Hans F.: Elternrecht in Isensee, Josef / Kirchhof, Paul, Handbuch des Staatsrechts der Bundesrepublik Deutschland, Band VI, Freiheitsrechte, Heidelberg 1989
Zit.: Zacher in Isensee/Krichhof, Hdb StR VI, Rn.

Zentralrat der Juden in Deutschland: Geburt und Beschneidung, http://www.zentralratdjuden.de/de/topic/205.html, zuletzt besucht am 31.03.2012

Zenz, Gisela: Kindesmisshandlung und Kindesrechte, Erfahrungswissen – Normstruktur – Entscheidungsrationalität, Frankfurt am Main 1979

Zenz, Gisela: Zur Reform der elterlichen Gewalt, AcP 173, (1973), S. 527 – 546

Zinell, Herbert O./Kammerer, Tanja: Schulverweigerung als gesellschaftliches und juristisches Problem, VBlBW 2006, S. 99 – 102

Aus unserem Verlagsprogramm:

VERLAG DR. KOVAČ
FACHVERLAG FÜR WISSENSCHAFTLICHE LITERATUR

Postfach 57 01 42 · 22770 Hamburg · www.verlagdrkovac.de · info@verlagdrkovac.de